Annett Ritter-Friedrich

WEGE DES SCHICKSALS

ANNETT RITTER-FRIEDRICH

Wege des Schicksals

Phänomen »Palmblattbibliotheken«

ORIGINALAUSGABE

1. Auflage Januar 2002
AMUN-Verlag
Schleusesiedlung 2, D-98553 Schleusingen,
Tel.: 03 68 41/23 30 57, Fax: 03 68 41/23 30 58
Email: amun@amun-verlag.de
Internet: www.amun-verlag.de

Fotos: Peter Friedrich
Herstellung: Druckerei Foerster & Amun-Verlag,
D-98553 Schleusingen
Printed in Germany
(ISBN 3-935095-25-2)

Inhaltsverzeichnis

I. Vorwort

1. Wunder geschehen immer wieder ...

... man muß sie nur geschehen lassen! – Dieser Ausspruch gehört seit einigen Jahren zu meinen Leitsätzen.

Wer wünscht sich nicht ab und an einmal, in die Zukunft sehen zu können; einen Blick nur von dem zu erhaschen, was vor ihm liegt – sein Schicksal zu kennen, um besser für die Zukunft gewappnet zu sein?

Millionen Menschen lesen tagtäglich die Horoskope diverser Tageszeitungen, Astrologen und Kartenleger bieten zumeist für teures Geld ihre Dienste feil. Heute wie vor vielen hundert Jahren auch hoffen die Menschen auf ein Wunder, wünschen, daß der Schicksalskelch an ihnen vorüberzieht. Doch Wunder sind heutzutage rar geworden. Wir versuchen alles, was wir als Wunder wahrnehmen, wissenschaftlich zu erklären und mit Fakten zu durchleuchten. Religion, Spiritualität und Wissenschaft scheinen unvereinbar getrennt in einer materiellen, kalten Welt, die uns mit Fernsehshows und immer bunter werdender Werbung bombardiert. Der Vergleich zum alten Rom mit seinem Slogan »Brot und Spiele« drängt sich hier geradezu auf!

2. Westliches Verständnis des Lebens

In unserer westlichen Zivilisation definieren wir uns nicht mehr über das Sein, sondern ausschließlich über das Haben. Die selbstverständliche Folge einer solchen Haltung ist, daß wir immer mehr haben wollen, um »etwas zu sein«. Ständig neue Bedürfnisse zu wecken, um sie ebenso rasch zu befriedigen und durch wiederum neue, von außen suggerierte Wünsche abzulösen, dies gilt als der Motor des Fortschritts, der angeblich unsere Gesellschaft unaufhörlich und mit immer höherem Tempo vorwärts treibt. Schon längst haben die meisten aufgehört zu fragen, wohin dieser Weg des Fortschritts denn überhaupt führen soll. In der ständigen Bewegung allein, im laufend neu angeheizten Konsum, im internetverkabelten »globalen Dorf« oder der Scheinbefriedigung einer Karriere in der Arbeitswelt erschöpfen sich heutige Zukunftsvisionen. Niemals aber werden wir genug von dem bekommen, was wir nicht wirklich brauchen!

Es mehren sich deshalb die Zeichen, daß dieser Trend wohl einen katastrophalen Irrläufer der menschlichen Entwicklungsgeschichte darstellt. Nicht nur die zunehmende Verflachung im geistigen Leben ist besorgniserregend – viel auffälliger sind die Zerstörung der Natur und die fortschreitende Plünderung der Ressourcen des Planeten für die Aufrechterhaltung des Wohlstandes eines immer kleiner werdenden Teils der Weltbevölkerung. Die Mißachtung der natürlichen Umwelt setzt sich in den sozialen Beziehungen fort. Wer rücksichtslosen Ellenbogeneinsatz als Leistungsbereitschaft prämiert, Konkurrenz und Verdrängung der Konkurrenten zum alles beherrschenden Prinzip in sämtlichen Lebensbereichen erhebt und dies mit dem Begriff von der Freiheit des Individuums garniert, muß sich nicht wundern, wenn eskalierende Gewalt, soziale Kälte und zunehmende Entsolidarisierung an der Tagesordnung sind.

Wir stehen am Beginn eines neuen Jahrtausends. Obwohl uns materielle Dinge im Überfluß umgeben und wir in der Vielzahl täglicher Informationen schier zu ersticken drohen und uns daher in der trügerischen Sicherheit wiegen, alles zu wissen, erscheint die Zukunft in düsteren Farben und Endzeitpropheten haben Hochkonjunktur.

Instinktiv spüren die Menschen, wie instabil unsere scheinbar so festgefügte Gesellschaft in Wahrheit ist. Dieses Unbehagen produziert eine fortgesetzte Sehnsucht nach Sicherheit, die sich auch darin äußert, alles und jedes, insbesondere aber das eigene Leben, stets und ständig »unter Kontrolle« zu halten. Resultat einer solchen Einstellung ist die vielfach zu beobachtende »Vollkasko-Mentalität«, das Bestreben also, gegen alle Wechselfälle des Schicksals auf bequeme Weise abgesichert zu sein, ohne selbst eine besondere Verantwortung für das eigene Leben übernehmen zu müssen.

So wünscht sich denn auch mancher, ab und an in die eigene Zukunft schauen zu können – natürlich nicht zu weit, denn es gehört zu den Schutzmechanismen der meisten menschlichen Individuen, die eigene Sterblichkeit zu leugnen. Jedoch einen Blick von dem zu erhaschen, was das Leben noch bereithält, sein Schicksal zu kennen, um für die Zukunft gewappnet zu sein, diese Perspektive ist für viele durchaus reizvoll.

Immer mehr Menschen hungert es auch, ihre wahre Identität, ihre wirkliche Lebensaufgabe kennenzulernen.

3. Die Schicksalsfrage

Wo finden wir unsere »Lebensformel«? Wo suche ich nach dem Sinn des Lebens, wenn nicht in mir selbst?

Wirkliche Sicherheit und die Fähigkeit, das eigene Leben frei und dennoch im Einklang mit den allgegenwärtigen kosmischen Gesetzmäßigkeiten zu gestalten, kann nur aus der Erkenntnis von Zusammenhängen erwachsen. Solche universellen Wahrheiten und Gesetzmäßigkeiten existieren auch in unserer heutigen Zeit. Beispielsweise beruht die Lehre der Astrologie auf diesen universellen Wahrheiten.

Ich lade Sie ein, mich auf meiner Sinnsuche ein Stück des Weges nach Indien zu begleiten – Wege des Schicksals! Verfolgen Sie mit mir Spuren die Entstehung dieser Palmblattbibliotheken in der Geschichte! Lassen Sie sich in das faszinierende Indien mit seinen überwältigenden Tempelanlagen entführen; in ein Land, in dem die Religion und die Götterwelt noch zum Alltag gehören; in ein Reich voller Legenden und lebendiger Geschichte. Lauschen auch Sie meinen persönlichen Gesprächen mit den Einheimischen und haben Sie teil an den wissenschaftlichen Recherchen in Deutschland und vor Ort in Indien.

Wunder mögen zwar rar geworden sein – aber es gibt sie, ebenso wie wirkliche Weisheit im Sinn der Kenntnis vom wahren Wesen der Menschen und Dinge! Und solche Weisheit an sich ist bereits ein Wunder.

II. Das Tor nach Indien

1. Wendezeiten

Das Jahr 1992 neigte sich seinem Ende entgegen. Ich saß am Fenster in meinem kleinen Zimmer bei meinen Eltern und schaute hinaus in die neblige Dunkelheit. Die Leere in dieser Dunkelheit spiegelte sich auch in meiner Seele wider. Ich hielt eine Studieninformation der Uni Köln in der Hand: Studiengang »Regionalwissenschaften Lateinamerika«. Mein weiterer Lebensweg lag klar vor mir, doch ich erblickte ihn unter den Tränen nicht. Trotz meiner 20 Jahre hatte ich bereits ein turbulentes Leben hinter mir. Nicht nur die »Wendezeit« hatte mich als geborenes DDR-Kind zutiefst erschüttert. Ich war durch ein Gefühlskarussel von Freude und Ängsten, Euphorie und Bangen gegangen. Das Jahr 1989 war für mich als damals 17-Jährige auch das Ende meiner sorglosen, behüteten Kindheit. Ich hatte bereits mit 12 Jahren mein erstes, damals noch kindlich naives Buch geschrieben und war sehr engagiert in der Jugendredaktion der Sächsischen Zeitung. Einen gewaltigen kreativen Energieschub erhielt ich zwei Jahre später, als ich einen Preis bei einem Literaturwettbewerb gewann, der noch gar nicht für meine Altersgruppe vorgesehen war. Der Preis beinhaltete auch ein umfangreiches Förderprogramm in verschiedenen literarischen Richtungen sowie ein Studium am Literaturinstitut in Leipzig, für das ich allerdings noch zu jung war. So schloß ich erst einmal meine Schulausbildung ab und begann eine Lehre als Bibliothekarin. Während dieser Zeit lernte ich an einem Mittwoch im Februar 1989 Thomas in der Jugendredaktion der Sächsischen Zeitung als neuen nebenberuflichen Redakteur kennen.

Thomas sollte noch eine nicht unerhebliche Rolle in meinem Leben spielen. Trotz seiner 20 Jahre wirkte er erwachsen und weltgewandt und zog mich mit seinem umfangreichen Wissen, das nur so aus ihm herauszusprudeln schien, in seinen Bann. Es entwickelte sich eine tiefe Beziehung zwischen uns, die auf der Basis gleicher Grundansichten vom Leben und der Welt sowie gleicher Interessen basierte. Die »Wendezeit« in meinem Leben begann also nicht erst Ende, sondern bereits zu Beginn des Jahres 1989. Wir bezeichneten uns selbst als »unschlagbares Team«, denn Thomas mit seinem lexikon-artigen Wissen und ich mit meinem sensiblen Gespür für außerge-wöhnliche Phänomene waren auch in der Zusammenarbeit bestens aufeinander abgestimmt. Die eröffneten Landesgrenzen boten uns nun auch in wissenschaftlicher Hinsicht riesige Möglichkeiten, un-sere bereits zu DDR-Zeiten begonnenen Arbeiten unter anderen Gesichtspunkten zu ergründen und neue Themen zu erschließen. Zwar brachte die ungeheure Literatur- und Marktschwemme auch irreführende Thesen, aber wir lernten schnell, alles erst zu hinterfra-gen. So führte uns unsere allererste gemeinsame Reise im Sommer 1990 nach Medjugorje in Jugoslawien, wo seit 1982 angeblich tägli-che Marienerscheinungen stattfinden sollten. Gemeinsame Veröffent-lichungen und Vorträge folgten dieser Reise.

Trotz unserer Erfolge und der gemeinsamen glücklichen Stunden fühlte ich mich von Zeit zu Zeit unverstanden aus Gründen, die ich selbst nicht begriff, war hin und her gerissen, depressiv, und hatte oft Angstzustände. Ich schob dies auf die plötzliche gesellschaftliche Werteverschiebung und die damit verbundene, bislang nicht gekannte Unsicherheit. Ich fühlte mich oft mit meinen Problemen, die ich nicht recht definieren konnte, alleingelassen. Thomas mußte erst langsam lernen, nicht gesprochene Worte und nicht geweinte Tränen zu er-kennen – ein kompliziertes Zeichensystem, das meine Sprach- und Hilflosigkeit verschleierte.

Lange Gespräche lüfteten den dichten Schleier. Ich war nicht in der Lage, mich zu erinnern, was in meinem Leben zwischen dem vierten und dem vierzehnten Lebensjahr geschehen war. Zwar wuß-te ich rein rational, daß ich in dieser Zeit Kindergarten und Schule besucht hatte, aber konkrete Erinnerungen fehlten fast vollständig. Heute weiß ich, daß diese inzwischen vollständig geheilte Amnesie eine energetische Besetzung – ausgelöst durch ein Trauma in einem früheren Leben – zugrunde lag. Diese Situation wurde zusätzlich erschwert durch den gesellschaftlichen Umbruch in unserer Heimat, dem plötzlichen Wegfall aller übermittelten und verinnerlichten Werte, der ein völliges Umdenken und eine ebenso vollkommene Neuorientierung ermöglichte und verlangte. Wir beide waren fernab jeder Religion erzogen worden und bedauern dies nicht. Diese Erziehung bot uns im Umgang mit jedweder Art von Religiosität eine Menge Vorteile. Man verrennt sich nicht so leicht in Dogmen und die »einzig wahren Wahrheiten«. Dennoch fehlte mir in meiner Verwirrung ein Halt, den ich vielleicht in einer Religion gefunden hätte.

Durch meine Sensibilität und meine ausgeprägte Intuition fühlte ich meine eigenen Stimmungen und die anderer auf das Feinste. Die äußere Unsicherheit, verbunden mit den psychischen Belastungen, führten zu einer Erschütterung, welche die Grenzen des bloßen Körperbewußtseins sprengte. Gleichsam als Ausgleich für fehlende Erinnerungen an meine Vergangenheit, begann sich bei mir hellseherische Fähigkeiten einzustellen. In der letzten Schlafphase, kurz vor dem Erwachen, aber auch hellwach am Tage erlebte ich getreue Vorahnungen und Visionen späteren Geschehens. Diese betrafen nicht nur mich, sondern auch Freunde oder völlig Fremde. Meist betrafen diese Ahnungen schlimme Ereignisse, Verkehrsunfälle, Krankheiten, die dann einige Zeit später ähnlich eintrafen. Ich sah diese Bilder in extremer Brutalität, in Form einer Warnung, der ich mich nicht entziehen konnte. Zum Glück traten die Ereignisse dann in einer etwas milderen Form auf. Dennoch bildeten diese Visionen eine Quelle ständiger Belastung und Anspannung für mich. – Ganz unvorbereitet standen Thomas und ich diesen seltsamen Vorahnungen nicht gegenüber, da wir zu diesem Zeitpunkt bereits begonnen hatten, uns mit grenzwissenschaftlichen Phänomenen zu beschäftigen. Es war der Beginn eines Weges, der mich zu Meditation, alternativen Heilmethoden und der Organisation spiritueller Reisen geführt hat. Inzwischen kann ich mit diesen Visionen so umgehen, daß ich diese Gabe nicht mehr als Belastung empfinde, sondern als interessante, verantwortungsvolle und dankenswerte Erfahrung annehmen kann.

Gegen Ende des Jahres 1992 traten die immer wiederkehrenden Visionen noch häufiger auf.

In dieser Situation begann ich mich mit den wirklichen Sinnfragen des Lebens zu beschäftigen. Ist diese, unsere Existenz vorherbestimmt, wie es die zutreffenden Vorausahnungen nahelegten? Oder ist alles, was geschieht, nur »Zufall«? Was aber ist dann »Zufall«? Wie will man diesen Begriff definieren, an dem sich schon Generationen von Philosophen die Zähne ausgebissen haben? Damit ergibt sich eine Spirale von Fragen, mit denen aber wohl jeder irgendwann in seinem Leben auf die eine oder andere Art konfrontiert wird. Wie wenig wissen wir doch in Wahrheit von den Geheimnissen der menschlichen Existenz!

War es wiederum nur ein »Zufall« oder ein planmäßiger Schritt auf dem Weg unserer Entwicklung, daß ich gerade in dieser Krisensituation auf die Schicksalsbibliotheken Indiens aufmerksam wurde? Ich vermag inzwischen an derartige »Zufälle« ganz und gar nicht mehr zu glauben.

2. »Phantastische Phänomene« – Palmblattbibliotheken

An jenem Abend im Dezember 1992 schaltete ich meinen Fernseher an, als gerade ein Beitrag auf Sat 1 während der Sendung »Phantastische Phänomene« lief, der mich sofort in seinen Bann zog. Es wurde von einer sogenannten Palmblattbibliothek oder Schicksalsbibliothek berichtet. Sie befand sich tief im Süden Indiens, in einem kleinen Ort mit dem schier unaussprechlichen Namen Vaithisvarankoil im Bundesstaat Tamil Nadu.

Der Schriftsteller Holger Kersten, dessen Buch »Jesus lebte in Indien« einige Jahre zuvor bereits für Aufsehen sorgte, hatte diese Bibliothek besucht und schilderte in der Fernsehübertragung seine Erlebnisse.

Es war im Jahr 1984, als dem damaligen Religionslehrer Kersten Zweifel an seinem bisherigen Leben und auch an seinem Glauben kamen. So begab er sich auf die Suche – eine Suche nach »der Wahrheit«. Sein Weg führte ihn auch nach Indien, nach Madras, der Hauptstadt des Bundesstaates Tamil Nadu. Dort lernte er einen indischen Musiker kennen, der in Deutschland studiert hatte und seinem Gast eine besondere Überraschung bereiten wollte. Holger Kersten wurde eingeladen, in der Palmblattbibliothek von Vaithisvarankoil im Buch seines Schicksals zu lesen. Er gibt selbst zu, daß diese Einladung recht widerstreitende Gefühle in ihm auslöste. Aus eigener Erfahrung wußte er bereits, daß in der östlichen Spiritualität gewisse Dinge alltäglich sind, die hier im Westen bestenfalls ein mitleidiges Kopfschütteln hervorrufen. In Indien sind paranormale Fähigkeiten nichts Außergewöhnliches. Bei manchen Menschen sind sie bereits von Geburt an vorhanden. Man kann sie aber auch durch langjährige spirituelle Übungen – wie etwa Yoga und Meditation – erlernen. Daher kommt es, daß etwa die Gabe der Bilokation, also die Fähigkeit, gleichzeitig an zwei Orten zu weilen, als ebenso natürlich angesehen wird wie Hellsichtigkeit, telepathische Fähigkeiten oder Materialisationsphänomene.

Sein skeptischer Intellekt hieß Holger Kersten jedoch, eine solche Schicksalsbibliothek für ausgemachten Schwindel zu halten. Allerdings verbot ihm die für Inder sprichwörtliche Höflichkeit, das Angebot auszuschlagen, wenn er seinem Gastgeber keine Kränkung zufügen wollte. Außerdem war da noch eine Menge Neugier. Die Neugier siegte. Holger Kersten fuhr nach Vaithisvarankoil. Dort empfing ihn der Nadi-Reader – so nennt man einen Palmblattleser – Poosamuthu und hielt persönlich die Lesung ab. Von diesem Reading war Holger Kersten tief beeindruckt. Viele Ereignisse in seiner Vergangenheit, über die der Palmblattleser sprach, hatten sich genauso zugetragen, wie es in dem Palmblattmanuskript geschrieben stand. Deshalb zweifelte er auch nicht an der von Poosamuthu aus den Palmblättern herausgelesenen Zukunft und nahm die Aussagen des Nadi-Readers sehr ernst. Besonders erschütterte ihn die Nennung seines Todesdatums, da er nach eigener Aussage gern älter würde als die siebzig Jahre, die ihm laut Palmblatt an Lebenszeit zugemessen sind.

Ich hatte fasziniert den Beitrag verfolgt, und sofort war nicht nur mein Forscherdrang nach unbekannten Phänomenen geweckt, sondern es stieg auch ein Fünkchen Hoffnung in mir auf, das mir sagte, daß ich dort eine Antwort auf meine inneren Fragen bekäme!

Mit einer widerspruchsloser Sicherheit verkündete ich Thomas am nächsten Tag:

»Wir fahren im nächsten Jahr nach Indien.«

»???????«

»Dort werde ich erfahren, ob meine Visionen Wahrheit sind oder bloße Einbildung.«

»Schön – und wo soll das geschehen?«

»In einer Bibliothek. Dort sind die Lebensläufe aller Menschen aufgeschrieben, die irgendwann dahin fahren und nach ihrem Schicksal fragen.«

Ich berichtete ihm von dem gesehenen Fernsehbeitrag. Nach wie vor skeptisch, willigte Thomas in mein Vorhaben ein und so machten wir uns dann an die Vorbereitung einer Reise, die mehr als nur eine Überraschung für uns bereithalten sollte und die schließlich zum Ausgangspunkt eines neuen Schicksalsweges wurde.

Zu allererst begannen wir mit den Recherchen. Palmblattbibliotheken? Irgendwie schien damals noch keiner etwas davon gehört zu haben! Wir hatten uns bereits mit altindischen Epen wie dem Mahabharata, dem Srimad Bhagavatam und dem Ramayana beschäftigt, doch bislang war ich der Meinung gewesen, daß diese Texte jahrhundertelang nur mündlich weitergegeben worden waren. Aus welchem Grund sollten nun ausgerechnet die Lebensläufe schriftlich überliefert sein? Wann und vor allem von wem waren diese ominösen Palmblattbibliotheken denn überhaupt zusammengestellt worden? Welchem Zweck dienten dieser Archive mit einem Werk, dessen Schaffung mit Sicherheit einen immensen Arbeitsaufwand erfordert hatte? – Wie ich es auch drehte und wendete, wir verfügten über zu wenige Informationen.

Doch ebenso hatte es ja auch bei anderen Themen begonnen.

Anhand von lokalen Sagen, mündlichen Überlieferungen und spärlichen Notizen in Chroniken war es uns gelungen, den Verlauf der Kinderkreuzzüge im Jahr 1212 zu rekonstruieren – eine reine Fleißarbeit. Dabei hatten sogar etablierte Historiker die Nachrichten über die Kinderkreuzzüge als fromme Legenden abgetan.

Der erste Weg führte uns in die Sächsische Landesbibliothek, die sich auch bereits bei anderen diffizilen Themen als wahre Fundgrube erwiesen hatte.

Diesmal aber stießen wir relativ rasch an die Grenzen des umfangreichen Fundus. Im Handkatalog fand sich kein Eintrag unter

»Palmblattbibliotheken« bzw. verwandten Stichworten. Auch bei der Computerrecherche sah es nicht viel besser aus.

Schlagwort: »Palmblattbibliotheken« – Antwort: »Keine Zielinformation gefunden«. Wie wär's dann mit »Palmblattorakel«? – Fehlanzeige. Und »Bibliothek« – »543 Zielinformationen gefunden«. Oh weh …

Doch auch zwei Stunden später, nach dem Durchforsten aller 543 Einträge, waren wir noch keinen Schritt weiter.

So probierten wir es also mit »Orakel«. Mehr als einhundert Titel tauchten auf. Das Orakel von Delphi, »Runen raunen rechten Rat«, Volksorakel – eben alles Mögliche, nur keine Palmblattbibliotheken. Es war zum Verzweifeln!

Sollte unsere Indienreise zu Ende sein, noch ehe sie recht begonnen hatte? Waren die sagenhaften Palmblattbibliotheken am Ende doch nur ein weiteres Märchen aus dem Morgenland? Es sah ganz danach aus.

Doch wir wollten nicht aufgeben! Auf welchem Weg konnten wir am besten in die indischen Palmblattbibliotheken gelangen? Wer konnte uns diese Frage am besten beantworten? Natürlich! Jener Mann, der selbst schon in dieser Palmblattbibliothek gewesen war! Wir besorgten uns bei der Redaktion »Phantastische Phänomene« die Adresse Holger Kerstens und schrieben ihm einen langen Brief.

Zu unserer großen Überraschung flatterte bald darauf ein Antwortschreiben ins Haus. Der Schriftsteller stillte unser Interesse soweit, daß er in kurzen Worten über die Geschichte der Palmblattbibliotheken berichtete, soweit diese ihm bekannt war.

Demzufolge sollen die Palmblattbibliotheken vor etwa 5.000 Jahren von einem der sieben heiligen Rishis angefertigt worden sein. Der Rishi hatte den Legenden zufolge die Lebensläufe von ca. 80.000 Menschen aufgeschrieben, die in der Zukunft nach ihrem Schicksal fragen würden. Etwa 10 Prozent der Aufzeichnungen sollten Nicht-Inder betreffen.

Im Verlauf der Jahrhunderte wurden von der einen Urschrift mehrere Abschriften angefertigt, so daß der Überlieferung zufolge nunmehr insgesamt 12 Palmblattbibliotheken existieren, die über den gesamten indischen Subkontinent verstreut sein sollen.

Diese recht kurz gefaßte Beschreibung der Geschichte dieser seltsamen Bibliotheken warf bei weitem mehr Fragen auf, als sie beantwortete. Wer oder was war beispielsweise ein Rishi? Welchen Grund sollte dieses Wesen haben, die Biographien von ausgerechnet 80.000 Menschen aufzuschreiben und wie hatte es diese ungeheuer große Arbeitsleistung vollbracht?

Holger Kerstens Brief hielt noch andere, interessante Neuigkeiten für uns bereit. So erfuhren wir, daß er beabsichtigte, Reisegruppen zu der Palmblattbibliothek von Vaithisvarankoil zu führen. Leider aber, so teilte er uns in dem Brief mit, sei die erste dieser Reisegruppen im Sommer 1993 bereits ausgebucht. Eine weitere einwöchige Reise würde voraussichtlich irgendwann im Zeitraum von Oktober 1993 bis März 1994 stattfinden.

Solange konnten und wollten wir aber nicht warten.

Holger Kersten schien unsere Ungeduld geahnt zu haben. Seinem Brief lag nicht nur die komplette Anschrift der Palmblattbibliothek von Vaithisvarankoil bei, sondern auch noch die Adressen von drei weiteren Bibliotheken in Madras, Kanchipuram und Bangalore! Sogar die Telefonnummern hatte er nicht vergessen.

Jetzt konnte es endlich losgehen. Es schien, als habe uns dieser Mann ein Tor geöffnet, um den Weg freizugeben in eine bislang unbekannte Welt, in eine Welt voller unvorstellbarer Wunder, Träume und Abenteuer – das Tor nach Indien.

Doch ein weiterer Abschnitt in Holger Kerstens Brief träufelte Wermut in den Becher der vorschnellen Freude. Er berichtete von einer Reisegruppe aus Berlin, die von Poosamuthu, dem Palmblattleser aus Vaithisvarankoil, »bis zur letzten Rupie« ausgenommen worden war. Diese Leute besuchten Indien zum ersten Mal und hatten statt der üblichen 40,00 DM für das Nadi-Reading pro Person 1.250,00 DM bezahlt. Dabei war die Prozedur aufgrund einer geschickten Verzögerungstaktik noch nicht einmal zu Ende geführt worden.

Indien schien also nicht nur ein Land voller Wunder, sondern auch voller Gefahren zu sein – zumindest, was den Geldbeutel betraf. Holger Kersten erinnerte dann auch nochmals an die eiserne Regel, in Indien den Preis für jedes Geschäft im voraus auszuhandeln. Wir sollten noch oft an diesen für jeden Indienreisenden äußerst wichtigen Hinweis denken.

Zunächst dankten wir dem Freiburger Schriftsteller, dessen Brief uns den Palmblattbibliotheken wieder ein ganzes Stück näher gebracht hatte.

Bevor wir uns auf den Weg nach Indien machten, wollten wir noch ein wenig mehr über das Phänomen der Schicksalsbibliotheken in Erfahrung bringen. Auch hier hatte uns Holger Kersten einen nicht zu unterschätzenden Tip gegeben. Wir sollten es mit dem Buch »Gottes Würfel – Schicksal oder Zufall« des Publizisten Johannes von Buttlar versuchen, außerdem mit einer Ausgabe des Magazins »esotera« aus dem Jahr 1992, in dem von Buttlar ebenfalls über die Palmblattbibliotheken geschrieben hatte.

So kehrten wir also zurück an den Computer in der Sächsischen Landesbibliothek. Neues Spiel – neues Glück! Versuchen wir es also mit dem Autor: »Buttlar, Johannes von« – Bingo! Der Computer meldete vier Zielinformationen, darunter auch das von Holger Kersten empfohlene Buch. Doch wir hatten uns zu früh gefreut. »Gottes Würfel« waren gerade entliehen. Aber so schnell gaben wir nicht auf. Da war noch Variante Nummer Zwei.

Im Zeitschriftenkatalog suchten wir weiter. Dann lächelte uns Fortuna. Es gab tatsächlich ein Magazin namens »esotera«. Der Jahrgang 1992 war auch komplett vorhanden und nicht etwa zum Binden in der Druckerei.

Wir nahmen vorsichtshalber alle Hefte mit in den Zeitschriftenlesesaal, was uns einen erstaunten und prüfenden Blick der Bibliothekarin einbrachte. Dann arbeiteten wir uns systematisch durch den Zeitschriftenstapel. Schließlich hielt ich Heft Nummer 8/1992 der »esotera« in den Händen. Bereits auf dem Cover prangte eine Ankündigung des Artikels über die Palmblattbibliotheken – »Ein Blatt für jedes Leben«. Atemlos durchblätterten wir den Hochglanzdruck.

Aura-Soma, Engel und Geistheilung – alles schön und gut, aber weiter ... weiter ... endlich, Seite 48 – da war der Artikel! Staunend betrachteten wir die Abbildungen der Palmblätter, lasen uns im Text fest.

Johannes von Buttlar berichtete über die Erlebnisse eines gewissen Bartholomäus Schmidt, der nach dem Tod seiner Frau nach Indien gereist war, um in den Palmblattbibliotheken Antworten auf bestimmte Fragen zu suchen, die den Verlauf seines weiteren Lebens betrafen. Wir konnten die Gründe des Herrn Schmidt nur zu gut nachvollziehen. Doch uns interessierten weniger seine Erlebnisse in Indien, sondern um so mehr die Informationen über die Palmblattbibliotheken. Bereits vor Jahrtausenden sollen indische Weise die Schicksale und Lebensläufe all jener Menschen auf etwa 46 cm langen und 6 cm breiten Palmblättern notiert haben, die dann eines Tages dort vorsprechen würden. Jeder Mensch, bis auf einige wenige Ausnahmen, könne in einer solchen Palmblattbibliothek nach seinem Schicksal fragen. Nun, dann konnten wir nur hoffen, nicht zu den bewußten Ausnahmen zu gehören.

Vergangenheit und Zukunft des Ratsuchenden sollen auf beiden Seiten der hauchdünnen Palmblätter in Versen der alttamilischen Sprache eingeritzt sein. Die Schriftzüge sind nur etwa einen Millimeter hoch und fallen einem ungeübten Betrachter kaum ins Auge. Auf den – zweifelsohne vergrößerten – Abbildungen der Palmblätter wirkten die alttamilische Schriftzeichen eher wie wunderschöne verschlungene Ornamente.

In dieser auf dem Palmblatt kunstvoll eingeritzten Schrift sollen alle Einzelheiten aus dem Leben des jeweiligen Besuchers verzeichnet sein sowie Angaben aus den Leben seiner Eltern, Geschwister, seines Partners und seiner Kinder.

Neben der Bezeichnung seines Berufes enthält das Palmblatt gegebenenfalls auch vorhandene körperliche Merkmale oder Gebrechen. Bei der Beschreibung werden heutige Begriffe teilweise auch durch sinnbildliche Umschreibungen ausgedrückt. So wurde beispielsweise der Beruf eines Lokführers als »Führer einer Vorrichtung, die mit Hilfe von Wasserdampf oder anderen Energien viele Personen über weite Strecken befördern kann« umschrieben.

Auf dem Palmblatt sind sowohl der Name des Besuchers als auch die am Tage des Besuches der Palmblattbibliothek noch lebenden Angehörigen verzeichnet. Bei der Beschreibung des Lebenslaufes fiel auf, daß der wohl längst verstorbene Verfasser diese Biographie so plastisch und bildhaft dargestellt hatte, als sei er selbst Zeuge dieses Lebens gewesen. In vielen Fällen soll das Palmblatt auch das Datum enthalten, an dem der Ratsuchende in der Palmblattbibliothek erscheinen soll sowie den Namen desjenigen, der ihn dort einführt. Nach von Buttlar wird der Ratsuchende in der Regel mit zwei Palmblättern konfrontiert. Auf dem ersten sind sein Name und Beruf verzeichnet sowie Einzelheiten aus seinem bisherigen Leben und vorangegangenen Inkarnationen. Hier stutzte ich – vorangegangene Leben? Eigentlich hatte ich bislang angenommen, daß dieses Leben unser einziges sei und wir es deshalb nicht verschwenden sollten – carpe diem! Die Sichtweise der Reinkarnation erschien mir außerordentlich faszinierend. Vielleicht stand sie in unmittelbarem Zusammenhang mit dem Phänomen der Schicksalsbibliotheken.

Wenn die auf dem ersten Palmblatt des jeweiligen Besuchers verzeichneten Details mit den Tatsachen der erlebten Wirklichkeit übereinstimmen, liest der Nadi-Reader (Palmblattleser) aus einem zweiten Palmblatt die Zukunft des Ratsuchenden. Die künftigen Ereignisse bis hin zur Todesstunde des Ratsuchenden werden in zeitlichen Abschnitten von zweieinhalb bis fünf Jahren geschildert.

Diese Art der Zukunftsschau soll in Indien als »Brighu Santa« seit Jahrhunderten bekannt sein. Der Begriff gehe auf einen indischen Weisen namens Brighu zurück. Es heißt, er habe nach jahrelanger Meditation aus Sorge um das Schicksal seiner Schüler diese Methode der Vorausschau entwickelt.

Die Hüter der Palmblattbibliotheken kopieren auch heute noch die Texte auf neue Palmblätter, wenn die Vorlagen brüchig geworden sind. Ein solches Palmblattmanuskript soll etwa 800 Jahre überdauern können.

Jener Bartholomäus Schmidt, über dessen Indienreise Johannes von Buttlar schrieb, fand eine Palmblattbibliothek in »einer herrschaftlichen Villa« an der 5th Main Road im Stadtteil Chamarajpet in Bangalore, der Hauptstadt des indischen Bundesstaates Karnataka. Die Palmblattsammlung dort soll sich seit etwa 800 Jahren im Besitz der Familie Shastri befinden.

Der Inhaber der Palmblattbibliothek Sri Jyotishacanya Rama-Krishna Shastri, war etwa 40 Jahre alt, als Bartholomäus Schmidt ihn besuchte. Bereits seit früher Kindheit soll er von seinem 1984 verstorbenen Vater in den verschiedenen Aspekten der östlichen Spiritualität, positiver Gedankenkraft und dem »Shuka Nadi« unterrichtet worden sein.

Das Wort Shuka (zu deutsch Papagei) steht demnach für göttliche Weisheit und der Begriff »Nadi« für einen bestimmten Moment der Zeit. Es handelte sich hierbei wohl um eine Art der geistigen, praktischen und psychologischen Lebensberatung, die in ihrer Urform mehr als 5.300 Jahre alt sein soll. Die auf den Palmblättern eingeritzten Texte wären danach Analysen der Schicksalswege bestimmter Individuen, vorgegeben durch den Moment ihrer Geburt.

Diese Lehre war offensichtlich auf die Fähigkeiten ihres Begründers, des Weisen Brighu abgestimmt und sollte dazu dienen, in einen Bereich jenseits von Raum und Zeit vorzudringen, um von da aus die Zukunft zu beobachten. Von Buttlar vertrat die Meinung, daß ein solcher Vorstoß durch die Zeit bereits den Propheten der Bibel und in späteren Jahren auch dem berühmten Michel de Notre Dame, genannt Nostradamus, gelungen sei.

Die Lehre vom Shuka Nadi befaßt sich vor allem mit den Zielen, nach denen jeder Mensch in seinem Leben strebt. Shuka Nadi spricht dabei sowohl die geistigen als auch materiellen Möglichkeiten der Entwicklung an, um den Menschen bei der Erfüllung alltäglicher Pflichten und Entscheidungen behilflich zu sein, damit sie sich intensiver der geistigen Evolution widmen können.

Gemäß der Lehre vom Shuka Nadi bestimmt also ein dynamisches Gleichgewichtsprinzip alle menschlichen Bemühungen, das eigene Schicksal zu verändern. Dies bedeutet aber auch, daß unser Schicksal – zumindest in gewissen Grenzen – durchaus verändert werden kann. Wäre das Gleichgewichtsprinzip hingegen statisch, so könnte man in der Tat von einem vorgezeichneten Schicksal sprechen.

Durch das Nadi-Reading erfährt der Besucher also den »Plan« seines Lebens und wird außerdem auf seine Möglichkeiten und Fähigkeiten hingewiesen, die er zur Realisierung seines Lebensplanes einsetzen soll. Die Palmblattlesung soll mit anderen Worten dem Ratsuchenden helfen, aus seinem Leben das Beste zu machen. Dies schließt die Persönlichkeit des Ratsuchenden ein, sein Familienleben, finanzielle Dinge ebenso wie geistige Anlagen. Ferner wird auf Heilmaßnahmen zur Korrektur von Gedankenprozessen hingewiesen – beispielsweise in Form von Mantras. Ursprünglich handelte es sich dabei um Hymnen und Opfersprüche aus den Sammlungen der Veden. Der Begriff »Veda« kommt ursprünglich aus dem Sanskrit und bedeutet wörtlich »Wissen«.

So erschien mir bei der weiteren Lektüre des Artikels auch nicht verwunderlich, daß Shuka Nadi die Förderung des Friedens und Glück im Leben der Individuen zum Ziel hat sowie die den Wert der Wahrheit und die Unterstützung eines untrennbaren Ganzen. Es soll die Welt vor Kriegen, Seuchen und Revolutionen bewahren und die Völker dazu anhalten, ihre Traditionen und ihr kulturelles Erbe zu bewahren.

Die Menschen sollen durch diese Lehre Mut zur Redlichkeit erlangen und auch durch kollektive Anstrengungen zur Entwicklung ihrer Spiritualität beitragen. Das vedische Wissen sollte mit Hilfe dieser Lehre über die gesamte Erde verbreitet werden.

Das waren hohe Ansprüche und wir konnten nur hoffen, daß die Hüter der Palmblattbibliotheken diesen Maßstäben auch gerecht werden würden!

Jener Bartholomäus Schmidt, von dem Johannes von Buttlar offenbar seine Informationen bezogen hatte, wußte nur Gutes über das erlebte Nadi-Reading zu berichten. Er hatte gegenüber dem Palmblattleser keine Angaben außer seinem Geburtsdatum gemacht und dennoch las ihm Shastri von den Palmblättern Einzelheiten seines Privatlebens und des beruflichen Werdeganges vor, die absolut richtig waren.

Wir studierten den Artikel wieder und wieder, kopierten ihn schließlich. Da war die Rede von 3.665 »Palmblattbänden« mit jeweils 365 Palmblättern, die in der Bibliothek von Bangalore lagern sollten und deren Tradition mehr als 5.000 Jahre zurückreichte. Das Palmblattlesen stellte bei den Shastris offenbar auch so etwas wie eine Familientradition dar, die jeweils vom Vater auf den ältesten Sohn weitergegeben wurde.

Diese Geschichte war einfach phänomenal! Wir konnten nur hoffen, daß die verwendeten Daten stimmten. Die Geschichte von der Entstehung der Palmblattbibliotheken hatte uns Holger Kersten zwar etwas anders geschildert, doch es konnte ja gut möglich sein, daß es nicht nur einen Schöpfer dieser Orakelstätten gab und jede Bibliothek auf ihre ganz eigene Tradition zurückblickte. Doch das war im Augenblick nur Spekulation.

Viel bedeutsamer erschien uns zunächst der Vergleich der Anschrift jener Palmblattbibliothek in Bangalore, die sowohl im Brief Holger Kerstens als auch im von Buttlars »esotera«-Artikel eine Rolle spielte.

Nun ja, zumindest die Anschrift stimmte überein, bei den Namen gab es jedoch einen beträchtlichen Unterschied. Während Johannes von Buttlar über den Nadi-Reader Sri Jyotishacanya Ramakrishna Shastri schrieb, hatte uns der Schriftsteller aus Freiburg an einen Palmblattleser namens Gunjur Sachidananda Murthy verwiesen. Mit Sicherheit handelte es sich hier nicht um ein und dieselbe Person.

Doch nach erneutem Studium des »esotera«-Artikels klärte sich der Sachverhalt. Sri Ramakrishna Shastri, der Palmblattleser, war aus einem Trancezustand nicht mehr in sein irdisches Dasein zurückgekehrt. Dann mußte Gunjur Sachidananda der Nachfolger des verstorbenen Sri Ramakrishna Shastri sein. Zumindest wurde seine Palmblattbibliothek weitergeführt – dieser Umstand beruhigte uns außerordentlich.

Es war Zeit für eine kleine Bestandsaufnahme. Wir verfügten über die Adressen von vier Palmblattbibliotheken und wußten zumindest in großen Zügen über die Geschichte der Orakelstätten Bescheid.

Mir genügte nun das Wissen um die Existenz der Palmblattorakel, und ich hätte mich am liebsten sofort auf den Weg nach Indien gemacht. Doch das war natürlich nicht möglich, da ich zu diesem Zeitpunkt nochmals die Schulbank drückte und mein Abitur in einem technischen Gymnasium ablegen wollte, um dann in Köln eine journalistische Spezialrichtung studieren zu können.

Es blieb uns also noch Zeit für unsere weitere Suche nach Spuren der Palmblattbibliotheken. Wer waren die Schöpfer? Die sieben weisen Rishis und Brighu – irgendwo hatte ich schon einmal davon ge-

lesen. War es das Mahabharata oder Srimad Baghavatam gewesen?
In der Baghavad Gita oder gar im Ramayana? Den indischen Veden?

3. Indische Veden

Ich zog die schwergewichtigen Bände zu Rate. Das Mahabharata
umfaßt nicht weniger als 100.000 Doppelverse – mehr als achtmal
soviel wie Homers Ilias und Odyssee zusammengenommen. Damit
ist es zweifellos die umfangreichste Dichtung der Weltliteratur überhaupt. In der heute vorliegenden Form – darüber ist sich die For-
schung einig – ist das Werk etwa 1.500 Jahre alt. Und doch sollte ich
später in Indien erleben, daß noch heute auf den Dörfern die Verse
von Erzählern vorgetragen werden, denen die Zuhörer stundenlang,
ja sogar oft tagelang gebannt lauschen. Dabei verstehen die meisten
nur einzelne Wortbrocken und die Namen der Helden, denn das Mahabharata ist in der alten und heute fast toten Sprache des Sanskrit
abgefaßt, die auch in Indien nur noch wenige Menschen sprechen.

Mahabharata heißt zu deutsch »Großes Epos vom Kampf der
Nachkommen des Bharata«. Demnach gilt das Werk als Heldenepos.
Doch dies allein erklärt noch nicht die überragende Rolle, die es auch
im modernen Indien spielt. Mit dem Bericht über die kriegerischen
Auseinandersetzungen sind zahllose Texte verwoben, in denen jeder
Hindu sein Denken und Fühlen ausgesprochen findet und auf die er
sich so zur Begründung seiner Meinungen und Ansichten berufen
kann – ganz genau so wie sein Nachbar, obwohl der in vielen Dingen vielleicht eine ganz andere Meinung hat.

Der auch international renommierte Indologe R.N. Dandekar, der
selbst Hindu ist, äußerte sich dazu so:

»Männer und Frauen Indiens, von einem Ende des Landes bis
zum anderen, ob jung oder alt, ob reich oder arm, ob hochgestellt
oder niedrig, ob einfach oder gebildet – sie alle beziehen noch heute
ihre Belehrung, Unterhaltung, Anregung und Anleitung aus dem
Mahabharata … Es gibt in der Tat kein Gebiet des indischen Lebens,
weder des öffentlichen noch des privaten, das von dem großen Epos
nicht beeinflußt ist. Es dürfte keine Übertreibung sein, zu behaup-

ten, daß das indische Volk gelernt hat, in den Begriffen des Mahabharata zu denken und zu handeln.«

Das Mahabharata ist für jemanden, der sich nicht im indischen Götterhimmel auskennt, recht schwierig zu lesen. Doch jeder, der sich durch diese teilweise sehr langatmige Lektüre kämpft, wird irgendwann überwältigt sein von der Sprachgewalt der alten Erzähler. Sie lassen durch ihre Worte die Helden längst vergangener Geschehnisse wieder lebendig werden, so daß sich der Leser schließlich als Zeuge der im Mahabharata geschilderten Ereignisse fühlt.

Eine wichtige Rolle in dem monumentalen Werk spielen jene Wesen, die Rishis genannt werden. Im Mahabharata traten sie uns als Weise und Seher der Vorzeit entgegen.

In der berühmten Geschichte von der »Wunschkuh« des Rishis Wasishta – einer der Ältesten seines Geschlechts – wird die Frage nach der Vormachtstellung zwischen dem Stand der Kshatrijas und der Brahmanen recht eindeutig zugunsten der letzteren entschieden.

König Wischwamitra von Kanjakubdscha muß erkennen, daß er selbst mit einem großen Heer und militärischer Gewalt gegen einen brahmanischen Rishi nichts auszurichten vermag. Wasishtas Wunschkuh bringt gewaltige Heerscharen hervor. Ohne einem Krieger Wischwamitras ein Haar zu krümmen, dies wäre eines Rishis unwürdig gewesen, wird das gesamte Heer des anmaßenden Königs in die Flucht geschlagen.

König Wischwamitra erkennt nun dadurch die Nichtswürdigkeit des irdischen Königtums. In tausendjährigem Bemühen gelingt es ihm, selbst ein königlicher Rishi zu werden. Er ist nun mit soviel Macht ausgestattet, daß es selbst Gott Indra davor graust. Der Gott schenkt ihm aus Angst, eine schöne Apsaras (im Meer wohnende Tochter) mit Namen Menaka. Wischwamitra verliebt sich in sie. Menaka macht ihn zum Vater der Schakuntala, deren Geschichte einen bedeutenden Platz im Mahabharata einnimmt.

In der Geschichte »Die Erschaffung des Rausches« zeigt sich, daß die Rishis selbst Götter nicht zu fürchten brauchen.

Die Aschwins, die sogenannten »Pferdehalter«, sind die Helden dieser Legende. Bei den Aschwins handelt es sich um Zwillingsbrüder. Sie sind die Söhne des Sonnengottes und einer Nymphe in Stutengestalt – vergleichbar dem Brüderpaar Castor und Pollux der griechischen Mythologie. Die Aschwins fahren mit einem goldenen Wagen, der von edlen Pferden, in manchen Geschichten aber auch von Vögeln gezogen wird. Sie sind ewig jung, von unglaublicher Schönheit und fähig, jedwede Gestalt anzunehmen.

Ihre hauptsächliche Aufgabe aber besteht darin, als Ärzte der Götter zu wirken. Sie stehen als Dienende daher außerhalb der großen Göttergruppen. Deshalb ist ihnen auch die Teilnahme am rituellen Soma-Trank verwehrt.

Mit diesem Trank nun hat es eine besondere Bewandtnis. Noch heute wird er aus dem Saft der Soma-Pflanze gewonnen. Die Soma-Pflanzen müssen auf bestimmten Bergen bei Mondlicht gepflückt werden. Ihre fleischigen Stengel werden zwischen Steinen gepreßt, nachdem sie mit Wasser besprengt worden sind. Der so gewonnene Saft läuft durch ein Seihtuch in ein meist tönernes Gefäß. Dort wird er mit zerlassener Butter – Ghrita genannt – und feinem Mehl vermischt und anschließend zur Gärung gebracht. Der so gewonnene Extrakt wird als Opfergabe ins Feuer gegossen oder aber von Brahmanen getrunken. Das durchaus wohlschmeckende Gebräu hat eine stark berauschende Wirkung.

So ist es nicht verwunderlich, daß Soma als Gott personifiziert wurde, dem viele Hymnen der Rigweda gewidmet sind. In späteren Zeiten symbolisierte Soma den Mond. Es hieß, daß die Einflüsse dieses Gestirns bei dem Getränk unter gewissen Umständen Wirkungen verursachten, die Unsterblichkeit verliehen. Deshalb waren längst nicht alle berechtigt, vom Soma zu trinken. Auch den Aschwins war dies verboten.

Als es ihnen jedoch durch ihre Heilkünste gelang, dem alternden Rishi Tschjawana seine Jugend zurückzugeben, versprach dieser ihnen die Teilhabe am Soma-Trank.

Davon aber wollte der mächtige Gott Indra nichts wissen. Er drohte, den Rishi mit seinem Donnerkeil zu vernichten. Tschjawana jedoch erschuf ein furchterregendes Wesen – den Rausch –, der sich nun seinerseits anschickte, Indra zu fressen. Da blieb dem Götterkönig nichts anderes übrig, als vor der Macht des Rishis zu kapitulieren. Die Aschwins erhielten ihren Soma-Trank.

III. Reise nach Asien

1. Vorbereitungen für die Reise

Irgendwann hat man genügend Bücher gelesen und alle verfügbaren Dokumente zu einem Thema ausgewertet. Wer dann von den reinen Studien zur wirklichen Feldforschung übergehen will, muß sich früher oder später an den Ort des Geschehens begeben. Bei Thomas und mir war dieser Punkt im Frühling des Jahres 1993 erreicht. Sämtliche zugängliche Literatur über die Palmblattbibliotheken hatten wir durchgearbeitet, hatten Indienreisende befragt und versucht, aus weiteren Quellen Informationen über die Bibliotheken zu erhalten. Nun schien es an der Zeit, die eigentlichen Reisevorbereitungen in ihre »heiße Phase« treten zu lassen.

Die Reise nach Indien sollte für mich die erste Fernreise überhaupt sein. »Und dann noch ausgerechnet Indien!« Meine Mutter schlug die Hände über dem Kopf zusammen und in einem Wortschwall erzählte sie mir von zahlreichen Risiken und Unglücken, die heute in der Welt passieren. Ich glaube, bis zuletzt hat sie nicht fassen können, daß ich die Reise wirklich antreten wollte. Um so mehr war ich natürlich bestrebt, durch eine möglichst umfassende Vorbereitung den Erfolg des Unternehmens zu garantieren.

Karten von Indien, Reisehandbücher und Gesundheitsratgeber stapelten sich auf dem Schreibtisch, entliehen aus Bibliotheken und zur Verfügung gestellt von guten Freunden, die sich ebenfalls um uns Sorgen machten. Das würde ich nie im Leben alles lesen können. Trotzdem wälzten Thomas und ich die Reisetagebücher und Erlebnisberichte anderer Traveller. Wir versuchten, im Vorfeld ein Gefühl zu bekommen für die fremde Kultur und die Probleme des Alltags, die uns dort erwarten würden.

Die Bücher und Berichte zeichneten insbesondere von der hygienischen und gesundheitlichen Situation ein ziemlich düsteres Bild. Allenthalben war da die Rede von gravierenden gesundheitlichen Problemen auf den Reisen durch Indien, von mehrwöchigen Krankenhausaufenthalten und ähnlich »ermutigenden« Vorkommnissen.

Das durfte uns nicht passieren – zum einen aus zeitlichen Gründen, zum anderen hätte das unsere Reisekasse, die wir uns durch diverse Studentenjobs aufbesserten, nicht ausgehalten. Es mußte Mittel und Wege geben, um solche unangenehmen Zwischenfälle auf unserer Reise zu verhindern. Zunächst sollte uns eine intensive medizinische Beratung weiterhelfen.

Im Dresdner Tropeninstitut gab es besorgte Gesichter, als wir unser Anliegen vortrugen. »Nach Indien wollen Sie? Wirklich?« Die Ärztin wiegte bedenklich den Kopf. »Na, Sie haben aber Mut. Keine Angst vor der Pest?«

Ja, die sogenannte „Pest", die in den Jahren 1992/93 in weiten Teilen Indiens grassierte – wir hatten davon gehört.

»Sie wissen, wir können hier keine Prophylaxe gegen die Krankheit durchführen.«

Nun gut, damit mußten wir leben. Ein gewisses Risiko ist wohl immer bei solchen Unternehmungen dabei.

Ansonsten aber sollte uns der Griff zur chemischen Keule vor unangenehmen Überraschungen bewahren. Die allopathische Medizin hielt das ganze Arsenal moderner und kostspieliger Arzneimittel für uns bereit. Impfungen gegen Hepatitis, Cholera, Typhus, die gefürchtete und bei fehlendem Impfschutz fast immer tödlich verlaufende Japan-Enzephalitis ließen wir im Wochenrhythmus geduldig über uns ergehen. Während mit schöner Regelmäßigkeit die geimpften Stellen anschwollen, schien unser Portemonnaie nach jedem Besuch im Tropeninstitut an chronischer Schwindsucht zu leiden. Was tut man nicht alles seiner Gesundheit zuliebe …

Bei einem einschlägigen Expeditionsausrüster stellten wir den Inhalt unserer Reiseapotheke zusammen, besorgten uns Moskitonetze, Insektenvertilgungsmittel und eine anständige Menge Certisil – eine Flüssigkeit, mit der Wasser auch schlechter Qualität desinfiziert und trinkbar gemacht werden kann. Auch eine Anzahl von Müsli-Riegeln und ähnlichem Kraftfutter wanderte als »Eiserne Reserve« in unser Reisegepäck.

Auch die technische Ausrüstung mußte bedacht werden. Vor allem leicht und kompakt sollten die verwendeten Geräte sein, um unser Gepäck nicht unnötig zu belasten. Schließlich würden wir in

Indien jedes Gramm selber schleppen müssen – dachten wir jedenfalls. Klar war von Anfang an, daß auch hier nur Qualität in Frage kam. Schließlich wußten wir nicht wirklich, was uns in Indien erwartete. Jedenfalls sollte unser Unternehmen im entscheidenden Moment nicht an einem defekten Teil oder einer fehlenden Batterie scheitern.

Natürlich hatten Thomas und ich auf dieser ersten Reise auch eine Menge überflüssiger Dinge mit in unserem Gepäck. Die umfangreiche Vorbereitung bewirkte aber, daß wir manche Schwierigkeit (die sich unter anderen Umständen vielleicht zu einem unüberwindlichen Problem ausgewachsen hätte) auf der Reise mit Leichtigkeit beheben konnten.

Am 28. Juli 1993 ging es dann endlich los. Ein bißchen flau im Magen war mir schon, immerhin war es unsere erste gemeinsame Fernreise – 10.000 km von der Heimat entfernt, in einem völlig unbekannten Kulturkreis. Wir wußten zwar nicht, was uns erwarten würde, aber uns beide hatte die Abenteuerlust gepackt und wir waren gut vorbereitet.

2. Flug und Ankunft in Sri Lanka

Um 17.17 Uhr starteten mein Freund und ich vom Flughafen Berlin-Tegel bei strömenden Regen, mit 23 kg Gepäck und vielen guten Wünschen unserer Freunde und Eltern, die eigentlich nicht das richtige Verständnis für unsere »verrückte Idee« hatten. Da wir die billigste Flugvariante gewählt hatten, war bereits der Hinflug nach Indien ein wahres Erlebnis! Mit einer TU 154 der russischen Fluggesellschaft Aeroflot flogen wir zuerst nach Moskau. Dann ging es mit einer IL 62 M, der größten und besten Maschine, welche Aeroflot zum damaligen Zeitpunkt zu bieten hatte, weiter in Richtung Süden. Das riesige Flugzeug war trotz seines enormen Fassungsvermögens völlig ausgebucht. Ganze Großfamilien reisten hier mit Kind und Kegel und jeder Menge »Handgepäck«, das jedoch eher an Schrankkoffer erinnerte.

Der Stop-over in Dubai kam uns da gerade recht, um der bedrängenden Enge der überfüllten Passagierkabine zu entfliehen und uns die Füße zu vertreten. Dubai hat den schönsten Flughafen, den ich je auf einer meiner Reisen zu Gesicht bekam. Allein schon der nächtliche Landeanflug auf die Stadt erweckte in mir das Gefühl, auf einer Reise in das Reich von »Tausendundeiner Nacht« zu sein. Die Hauptstadt des kleinen, wohlhabenden Golfstaates hüllte sich in verschwenderische Lichterpracht – glänzte unwirklich wie eine Fata Morgana in der großen, schweigenden Wüste des Hinterlandes. Eine Oase mit perfekt funktionierender Zivilisation tat sich uns auf. Mit gewaltigem Energie-, Material- und Arbeitsaufwand war sie der Ödnis abgetrotzt worden. Es war weit nach Mitternacht, als wir über die Gangway ins Freie traten. Und doch empfing uns ein glutheißer Hauch wie aus einem Backofen. Der trockene Wind trug staubfeinen Sand mit sich, der uns wie eine zweite Haut bedeckte. Ein Gruß der Todeswüste. Im Airport-Terminal dann erwarteten uns eine belebende Dusche, gutgekühlte Erfrischungen und die Häppchen aus der internationalen Küche. Nach diesem angenehmen Zwischenaufenthalt hob unser russischer Silbervogel mit neu gefüllten Tanks im ersten Rot des frühen Morgens behäbig ab und nahm Kurs auf unser vorläufiges Reiseziel Colombo, die Hauptstadt des Inselstaates Sri Lanka. Wir hatten im Vorfeld unserer Reise beschlossen, den Aufenthalt in Südindien mit einem Abstecher nach Sri Lanka zu verbinden, da die Insel in den vedischen Schriften des öfteren erwähnt wurde. Wir hofften, auch dort in lokalen Überlieferungen und Legenden Spuren der geheimnisvollen Rishis zu finden. Doch noch ein anderer Grund hatte uns zu dieser Entscheidung bewogen. Das touristisch recht gut erschlossenen Sri Lanka sollte zur Akklimatisierung und Gewöhnung an den uns damals fast unbekannten asiatischen Kulturkreis dienen. Wie wir noch feststellen sollten, funktionierte das jedenfalls im Hinblick auf das Klima recht gut – der Kulturschock sollte uns jedoch um so härter treffen. Denn das westlich orientierte Touristenzentrum Beruwela an der Südwestküste Sri Lankas war nun einmal nicht mit dem Südindien zu vergleichen, das wir bereisen wollten.

Doch vorerst bemühte sich unsere Crew, die IL 62 sicher auf dem Rollfeld des Flughafens von Katunayake bei Colombo zu landen, was sich als gar nicht so einfach erwies. Statt des strahlend klaren Sonnenscheins über Dubai beherrschten über Colombo bleigraue, vom Monsun gezauste Wolken den Himmel, die sich mit atemberaubender Schnelligkeit zu wundersamen Gebilden zusammenballten, um ebenso rasch wieder zu zerflattern.

Im Bordfunk erzählte der Pilot etwas in der Art von »particularly cloudy« und »leichten Turbulenzen«, doch die IL 62 wurde durch die Monsunböen wie von der Gigantenfaust eines unsichtbaren Riesen geschüttelt. Regenschleier raubten von Zeit zu Zeit die Sicht, während die windgeschüttelten Kronen der Kokospalmenhaine näher kamen, als uns eigentlich lieb war. Endlich rastete das Fahrwerk mit hörbarem Knall ein. Der Flieger sackte ein letztes Mal durch, um nach kurzem Gleitflug nicht gerade sanft auf der Rollbahn aufzusetzen. Die Turbinen heulten unter der Last der Schubumkehr, bis der gigantische Vogel nach erstaunlich kurzem Rollweg zum Stehen kam. Die Spannung in der Kabine löste sich in befreiendem Applaus der Passagiere. Wir klatschten mit. Als wir dann die Gangway betraten, sprang uns ein feuchtheißer Wind an. Er schien uns endgültig klarmachen zu wollen, daß heute nicht gerade ideales Flugwetter sei. Wir flüchteten uns in das Flughafengebäude.

Nach erfreulich geringer Wartezeit stempelte uns der zuständige Beamte mit breitem Lächeln den Einreisevermerk in unsere Pässe. »From Tschermänie, hä? Hippikadua, wa? Right? Happy Holiday!«

»Hast Du begriffen, was der wollte und warum er so grinst?« fragte ich Thomas.

»Er denkt bestimmt, wir wollen nach Hikkadua, in die Swinger-Clubs. Das machen viele.«

Ich war fassungslos und blickte an mir herunter. »Sehen wir etwa so aus?«

Thomas zuckte nur grinsend mit den Schultern und ging, ohne sich weiter darum zu scheren, zum Bankschalter – Rupien wechseln.

Am Taxistand erfuhren wir dann, daß es zu unserem Hotel in Beruwela noch zwei Autostunden waren. Träger, Chauffeure und Schlepper aller Couleur stürzten sich hier auf die ankommenden Fluggäste. Auch uns umwieselten inzwischen zahlreiche hilfsbereite Singhalesen, ein jeder darauf bedacht, uns zu seinem Taxi abzuschleppen. Wir hatten alle Hände voll zu tun, um den grapschenden Gepäckträgern klarzumachen, daß wir auf unsere Rucksäcke doch lieber selbst aufpassen wollten. Schließlich folgten wir einem Mann in mittleren Jahren, der uns recht vertrauenswürdig erschien, da er nicht gar so aufdringlich um die Gunst der Fremden buhlte.

»Sie haben schon ein Hotel?« Wir bejahten und nannten den Namen.

»Ach, das Wornels Reef? Ein schönes Hotel. Da haben Sie eine gute Wahl getroffen«, lobte er uns. Das Glänzen in seinen Augen aber paßte gar nicht zu dem liebenswürdigen Ton. Es war eine Spur zu gierig.

»Das macht dann achtzehnhundert«, meinte unser netter Schlepper und deutete auf einen unauffälligen »Mitsubishi«. »Fünfhundert für mich, der Rest ist für den Fahrer.«

Ich glaubte, mich verhört zu haben.

»Achtzehnhundert Rupien? Dafür können wir auch gleich zum Abendessen mit den Tamilenrebellen nach Jaffna fahren!« knurrte Thomas.

»Nein, nein, das Wornels Reef ist im Süden! Da sind keine Rebellen, Sir. No Problem, no Problem!« beeilte sich unser Führer zu versichern.

Thomas winkte ab. »Vergiß es! Tausend und keine müde Rupie mehr!«

»Tausend! Sir, Sie ruinieren mich! Sie bringen mich an den Bettelstab! Ich habe Frau und Kinder. Die Benzinpreise sind hoch und überhaupt … siebzehnhundert«, lamentierte unser Gegenüber in einem Atemzug.

Eigentlich hat Thomas ein weiches Herz. Eigentlich viel zu weich für den ausgeprägten Geschäftssinn eines mit allen Wassern des Indischen Ozeans gewaschenen alten Taxischleppers, der es gewohnt ist, daß westliche Touristen gewöhnlich jeden noch so unverschämten Preis akzeptieren, wenn er nur überzeugend genug gefordert wird.

Obwohl ich kein Wort Englisch konnte und schon gar nicht den Kauderwelschakzent des Fahrers verstand, begriff ich die Situation sofort! Eine erste Angst um unsere Reisespesen traf mich blitzartig! Die beiden wollten sich schon bei sechzehnhundert treffen, da hockte ich mich einfach bockig auf meinen Rucksack. »Für sechzehnhundert fahr ich nicht mit. Ist mir zu teuer. Über zwölfhundert können wir reden. Aber nicht mehr«, erklärte ich freundlich, aber bestimmt.

Unser Schlepper barmte zum Steinerweichen. Aber ich war härter als ein Stein. Für zwölfhundert Rupien bekamen wir unser Taxi nach Beruwela.

»Sir, Sie haben eine kluge Frau«, sagte unser Führer zu Thomas beim Abschied, gar nicht gekränkt. »Sie weiß mit Geld umzugehen und wird Ihren Haushalt bestimmt vortrefflich führen. Ich kann Sie nur zu Ihrer Wahl beglückwünschen.« Ein größeres Kompliment hätte man mir zu meinem ersten Geschäft in Asien wohl nicht machen können.

Der Wagen rollte vom Flughafengelände durch die Vorstädte Colombos in Richtung Süden. Belebte Straßen, bunte Märkte und verwinkelte Gassen flogen vorbei. Unser schweigsamer Fahrer schien es sich in den Kopf gesetzt zu haben, alle Geschwindigkeitsrekorde zu brechen. Das war bei dem dichten Verkehr gar nicht so einfach. Man mußte einerseits anderen Fahrzeugen, insbesondere Lastwagen und Bussen, ausweichen. Anderseits aber galt es auch die zahlreichen Motorrad- und Fahrradfahrer elegant zu umkurven, ohne dabei mit einem der noch zahlreicheren Fußgänger zu kollidieren. Nicht zuletzt tummelten sich Rinder, Hammel, Hunde und allerlei Geflügel auf der Fahrbahn. Eines aber mußte man unserem Fahrer neidlos lassen – er hatte sein Fahrzeug perfekt im Griff. Wir benötigten zwar in der Tat fast zwei Stunden zu unserem Hotel, doch nur, weil er die Zeit für eine großzügig bemessene Kaffeepause herausgefahren hatte.

In den nächsten Tagen erkundeten Thomas und ich vom »Wornels Reef« aus die Insel. Wir waren auf der Suche nach den Spuren der legendären Rishis in Geschichte und Gegenwart dieses Eilands. Das Unternehmen erwies sich als recht schwierig, da die Hindus, aus deren Kulturkreis schließlich diese Überlieferungen stammen, heutzutage auf Sri Lanka in einer Minderheit sind. Der Buddhismus ist hier Staatsreligion und allerorts lebendig. Die überwiegende Mehrheit der singhalesischen Bevölkerung hängt dieser Religion an. Die Tamilen dagegen, die vor allem im Norden der Insel siedeln, sind bekennende Hindus. Hier wurzeln auch die Ursachen für den tragischen ethnischen Konflikt, der in Sri Lanka von Zeit zu Zeit wieder aufbricht und schon zahllosen Menschen das Leben kostete.

Beim Stöbern in der Vergangenheit Sri Lankas stießen wir auf manche merkwürdige Geschichte. Ursprünglich wurde die Insel von Tamilen besiedelt. Der Legende zufolge landete im Jahr 483 v.u.Z. der bengalische Prinz Vijaya mit 700 Anhängern auf der Insel. Vijaya war aufgrund seines rebellischen Verhaltens vom heimatlichen Königshof verbannt worden. Nun schickte er sich an, mit seinem kleinen Heer Sri Lanka zu erobern. Nach längeren Kämpfen besieg-te das Heer des Eroberers die »Dämonen« der Insel, bei denen es sich höchstwahrscheinlich um die Ureinwohner vom Stamm der Weddas gehandelt hat. Heute sollen noch etwa 1.800 der zivilisati-onsscheuen Weddas in den dichten Urwäldern im Innern Sri Lankas fast ohne Kontakte zur übrigen Inselbevölkerung leben.

Vijaya gründete mit Anuradhapura die Hauptstadt seines neuen Reiches. Für Jahrhunderte sollte von diesem Ort nach dem autoritä-ren brahmanischen Muster des nordöstlichen Indien die Regierungs-gewalt ausgeübt werden.

Aus der Zeit der Eroberung Sri Lankas datiert auch das altindi-sche Ramayana-Epos. Der Dichter Walmiki schildert in diesem Werk das Leben und die Taten des indischen Königssohnes Rama, dessen Gattin Sita von dem »Dämonen« Rawana nach Sri Lanka (!) ent-führt wird. Rawana beherrschte die Kunst des Fliegens, denn er ent-führte Sita in einem »Wagen der Lüfte, welcher der Sonne glich«. Doch auch Rama verfügte über einen »Luftwagen« mit dem er so-fort die Verfolgung des Entführers aufnahm. Es ist schon außerge-wöhnlich, in solch alten Berichten von technisch interpretierbaren Luftfahrzeugen zu lesen. Diese »Flugwagen« wurden im alten Indi-en als »Vimanas« bezeichnet, was wörtlich etwa mit »fliegende Ma-schinen« übersetzt werden kann.

3. Legenden um Rishis und Vimanas

Als Konstrukteure der Vimanas gelten in den Überlieferungen die »Brighus«-Abkömmlinge des weisen Rishis gleichen Namens, der uns bereits als einer der Schöpfer der Palmblattbibliotheken begegnet war. Die Brighus galten als Eingeweihte mit besonderen Gaben und wurden in den Überlieferungen auch als »Luftgötter« bezeichnet. Nur sie waren befähigt, die Vimanas zu konstruieren. Dem Brighu und Rishi Maharshi Bharadwaja wird ein Text zugeordnet, der sich wie die Beschreibung hochmoderner Transport- und Waffensysteme liest und von Forschern der Internationalen Akademie für Sanskrit-Forschung in Mysore wie folgt übersetzt wurde:

»Da ist ein Gerät, das sich aus innerer Kraft bewegt wie ein Vogel, ob auf der Erde, im Wasser oder in der Luft. Man nennt es Vimana, und es vermag sich im Himmel zu bewegen, von Ort zu Ort, von Land zu Land, von Welt zu Welt. Vimana nennen es die Priester der Wissenschaften. Sie kennen das Geheimnis, fliegende Apparate zu bauen, die nicht brechen, nicht geteilt werden können, kein Feuer fangen und nicht zu zerstören sind. Sie kennen das Geheimnis, fliegende Apparate unsichtbar zu machen, Geräusche und Gespräche in feindlichen fliegenden Apparaten mitzuhören, sowie Bilder vom Innern feindlicher fliegender Apparate festzustellen, ebenso das Geheimnis, Wesen in feindlichen fliegenden Apparaten bewußtlos zu machen und diese feindlichen Apparate zu zerstören ...«

Innerhalb der altindischen vedischen Schriften existiert ein Komplex der sogenannten »Vimana-Veda« – der »Wissenschaft von den planetarischen und interplanetarischen Flugobjekten«, welche Energieformen nutzten, die heute weitgehend unbekannt sind. Diese Vimana-Veda wird den Rishis zugeschrieben. Viele ihrer Schriften sind verschollen oder wurden bislang noch nicht übersetzt. Erst vor kurzem wiederentdeckte Texte, zu denen neben der vorstehend wiedergegebenen Übersetzung auch das Samaranganasuthradhara und das 1875 in Indien aufgefundene Vaimanika-Shastra gehören, sind nur bruchstückhaft und schwer verständlich. Sie lassen jedoch erahnen, wie komplex und fortgeschritten das ursprüngliche Wissen gewesen sein muß. In den Texten werden die verschiedensten Typen von Fluggeräten mit technischen Details und Montageanleitungen beschrieben. Im Samaranganasutradhara wird berichtet, daß die Rishis ursprünglich fünf Flugapparate für die Götter Brahma, Vishnu, Yama, Kuvera und Indra bauten. Später wurde diese Luftflotte noch um einige weitere Exemplare ergänzt. Bei den Vimanas unterschied man vier Haupttypen, die Rukma, Sundara, Tripura und Sakuna genannt wurden. Die Rukma soll von konischer Form und golden gefärbt gewesen sein. Die Sundara hingegen soll raketenähnlich und silberglänzend ausgesehen haben, während die Tripura dreistöckig war und die Sakuna ein vogelähnliches Aussehen hatte. Von diesen vier Haupttypen gab es 113 verschiedene Versionen, die sich in der Ausstattung teilweise nur geringfügig voneinander unterschieden. Fast erinnern diese alten Texte an die Beschreibung der Produktionsprogramme moderner Flugzeughersteller. Doch heute, da sogar Regierungen und höchste militärische Stellen die Existenz von »Unidentifizierten Flugobjekten« einzuräumen bereit sind, wird auch dieser Teil des vedischen Wissens wieder rehabilitiert.

Die Verwendung derartiger Vimanas wird sehr anschaulich im erwähnten Ramayana-Epos beschrieben. Bei seiner Verfolgung zwingt Rama den Entführer seiner Frau über der Meerenge zwischen Indien und Sri Lanka zu einem regelrechten Luftkampf. Entweder war Rama der erfahrenere Pilot oder er verfügte einfach über die bessere Vimana. Es gelang ihm jedenfalls, den Flugapparat seines Widersachers mit einem »Himmelspfeil« abzuschießen. Der Wirkung nach handelte es sich bei diesem Himmelspfeil um ein raketenartiges Geschoß, denn Rawanas Flugapparat stürzte nach dem Treffer in die Tiefe. Ramas Gattin Sita gelang es jedoch sich zu retten, indem sie aus der abgeschossenen Vimana in das unversehrte Luftfahrzeug ihres Mannes »umstieg«. Eine Rettung am Fallschirm? Darüber schweigen die historischen Quellen …

Nicht nur Rama, sondern auch seine Verbündeten – allen voran Hanuman, der Sohn des vedischen »Windgottes« Vayu, verfügten über sehr modern anmutende Flugmaschinen.

Wenn diese Apparate starteten, »bebten die Grundfesten der Berge, Felsspitzen brachen weg, Riesenbäume wurden entästet und gebrochen, ein Regenschauer von Holz und Blättern ging zu Boden«. Beginnt eine solche Maschine ihren Flug in bewohnten Gegenden, so »werden die schönen Lotusteiche von (Sri) Lanka ausgeschwemmt, Hochbauten und Türme stürzen ein und die Lustgärten werden verwüstet«.

War dieser Bericht bloße dichterische Phantasie Walmikis oder begegnet uns hier die reale Erinnerung an den rücksichtslosen Einsatz strahlgetriebener Flugmaschinen durch menschenähnliche Wesen in prähistorischen Zeiten?

Während unserer Zeit in Sri Lanka versuchten Thomas und ich, Antworten auf diese Fragen zu finden. Bei diesen Recherchen lernten wir in Beruwela einen jungen Mann namens Siri kennen.

»Sie interessieren sich sehr für die Tempel hier?« fragte er auf deutsch, als wir gerade wieder einmal eines der sakralen Gebäude fotografierten.

»Nicht nur für die Tempel. Für die ganze Geschichte des Landes.«

»Waren Sie schon in Anuradhapura, in Kandy und in Nuwara Eliya?« Solche Fragen waren wir gewohnt. Sie wurden Reisenden hier wohl immer wieder gestellt. Ja, wir waren dort gewesen, in den uralten Königsstädten und in dem wunderbaren Bergland der Insel. Wir haben die zahlreichen Teeplantagen gesehen, deren Erzeugnisse dann unter solch phantasievollen Namen wie Earl Grey oder Orange Pekoe auf den Tafeln der Hotels und in unseren Supermarktregalen landen. In den Plantagen unter dem Gipfel des Pidurutalagala auf 1.800 m über dem Meer war es angenehm kühl, es duftete nach Zypressen, Eukalyptus und wilder Minze. Grüne Teebüsche bedecken dort die Hänge wie ein samtener Teppich.

»Dann kennen Sie wohl auch die Geschichte, wie der Buddhismus zu uns nach Sri Lanka kam?« Nein, diese Geschichte kannten wir noch nicht. Siri spürte unser Interesse und begann zu erzählen.

Im dritten Jahrhundert vor Christus entsandte der indische Herrscher Ashoka – ein überzeugter Anhänger Buddhas – seinen Sohn, den Prinzen Mahinda, nach Sri Lanka, um auch dort die buddhistische Religion zu verbreiten. In Sri Lanka herrschte zu jener Zeit der singhalesische König Tissa. Er lebte in seiner prachtvollen Hauptstadt Anuradhpura, deren imposante Ruinen auch heute noch von vergangenem Glanz künden.

Prinz Mahinda benutzte für seine Reise nach Sri Lanka kein Schiff, sondern überflog die Meerenge zwischen dem indischen Festland und der Insel mit seiner Vimana. Der Flugapparat landete auf Mihintale, einem Hügel nahe der Hauptstadt Anuradhapura – an diesem Ort befindet sich heute eine gleichnamige Stadt. Der Überlieferung zufolge weilte König Tissa zu jenem Zeitpunkt dort während eines Jagdaufenthaltes. Beeindruckt von Mahindas Flugkünsten und der mysteriösen Maschine war er bereit, der geistlichen Botschaft des Prinzen sein Ohr zu leihen. Schließlich wurde er zum Buddhismus bekehrt. Mahinda erhielt die Erlaubnis, das Kloster Mahavihara zu gründen. Die Mönchsgemeinschaft – Sangha genannt – sollte die Bekehrung des Volkes übernehmen. Schließlich erhob König Tissa den Buddhismus zur Staatsreligion. Dabei ist es bis zum heutigen Tag geblieben.

Eine schöne Geschichte hatte uns Siri da erzählt. Für ihre Glaubhaftigkeit sprach zumindest, daß der in Sri Lanka praktizierte Buddhismus von der frühesten und reinsten Form der Lehre Buddhas, der Theravada (»Lehre der Älteren«) herstammt.

Der Buddhismus war jedoch mit Sicherheit auch schon vor der Mission Mahindas in Sri Lanka bekannt. Schließlich soll Buddha – dieser Sanskritname bedeutet der »Erleuchtete« – selbst die Insel besucht haben.

Buddha wurde als Siddharta Gautama im Jahr 563 v.Chr. geboren und entstammte einer indischen Herrscherfamilie. Seine Lehre besagt, daß alles Leid aus dem Menschen selbst kommt und er sich davon nur durch Verzicht auf Begierde, Machtstreben und Selbstsucht befreien könne. Die erlösende Lehre Buddhas wird der »achtfache heilige Pfad« genannt, der rechte Erkenntnis, rechte Gesinnung, rechtes Reden, rechtes Handeln, rechtes Leben, rechtes Denken und rechtes Meditieren vorschreibt. Ziel dieses Pfades ist das Eingehen des Menschen ins Nirwana. Darunter wird die Befreiung von allen irdischen Fesseln verstanden, ein Zustand, der nur durch zahlreiche Wiedergeburten erlangt werden kann.

Ein Zweig des Heiligen Bodhi-Baumes – das ist ein Feigenbaum, unter dem Buddha nach siebenwöchiger Meditation Erleuchtung erlangte – war schon zu Lebzeiten des Erleuchteten nach Sri Lanka gebracht und in Anuradhapura eingepflanzt worden. Dort genießt der inzwischen zu einem Baumriesen herangewachsene Sproß bis auf den heutigen Tag höchste Verehrung.

Mahinda und seine Vimana – waren sie am Ende doch nur eine Legende?

Siri widersprach meiner Vermutung energisch. »Mahinda ist tatsächlich mit einer Vimana geflogen. Kommen Sie mit, ich zeig es Ihnen.« Neugierig geworden, folgten wir dem jungen Singhalesen. Er führte uns zu einer der zahlreichen Juwelierwerkstätten in Beruwela, die von seinem Großonkel betrieben wurde. Nach kurzer Verhandlung präsentierte uns der Meister selbst die »Vimanas« – filigrane Modelle der Flugmaschine Mahindas, geschaffen aus Gold- und Silberblech. »Wir fertigen sie nach den alten Vorlagen«, erklärte er. »Es ist keinem Meister gestattet, die Vorlagen eigenmächtig abzuändern.« Wir fragten nach der Art der Vorlagen und ihrem Alter.

»Es sind Bilder der Vimana. Bilder, auf Palmblättern eingeritzt.«

»Und wie alt sind die Bilder?«

»Alt, sehr alt. Genau kann ich Ihnen das nicht sagen, aber glauben Sie mir, der Urgroßvater meines Urgroßvaters hat schon mit denselben Vorlagen gearbeitet.«

Wir sahen uns das in aufwendiger Handarbeit gefertigte, etwa dreißig Zentimeter lange Modell genauer an. Die Grundform der Vimana war ein Vogelkörper – deutlich erkannte man den stilisierten Kopf und den langen, schwanengleichen Hals. Auch die Tragflächen waren als Flügel ausgebildet. Doch hier ergaben sich bereits gravierende Unterschiede zu einem Tierkörper, denn die Flügel hatte der Konstrukteur beweglich in Scharnieren aufgehängt. Sie waren offensichtlich über eine Art Kettensteuerung zu betätigen. Auf dem »Rücken« des »Vogels« befand sich eine Art offenes Cockpit, mit diversen Schalthebeln und Armaturen instrumentiert. In diesem Cockpit saßen zwei Figuren.

»Der Größere von beiden ist Mahinda«, erklärte mir Siri.

Wir fühlten uns spontan an das Bildnis des Mayafürsten Pakal auf jener Grabplatte von Palenque in Mexiko erinnert, die wir schon auf zahlreichen Fotografien betrachtet hatten. Ähnlichkeiten der Bekleidung und der helmartigen Kopfbedeckung bei den Skulpturen Mahindas und seines Gefährten mit dem Abbild Pakals waren unübersehbar. Den Maya-Herrscher Pakal sehen manche Forscher als außerirdischen Raumfahrer an. Mahinda aber wurde in den Legenden eindeutig als Mensch charakterisiert. Wie paßt das zusammen?

»Er hatte das Wissen um die Vimanas von den Rishis und ihren Nachkommen, den Brighus. Er studierte die alten Überlieferungen der Luftgötter unter der Anleitung seines Vaters, des großen und gelehrten Königs Ashoka. Sie ließen von den geschicktesten Handwerkern ihres Reiches eine solche Vimana nach den alten Beschreibungen bauen. Die Vimana war bestimmt nicht so gut wie die Maschinen der Rishis. Aber sie flog, und sie hat so ausgesehen, wie das Modell hier, bloß viel größer«, lachte Siris Großonkel.

Hinter dem Cockpit der Vimana war ein im Verhältnis zur gesamten Größe der Maschine recht kleiner horizontaler Rotor angebracht, der an den Antrieb eines Hubschraubers erinnerte. Spätestens bei diesem Detail wurde der Vergleich mit einem Vorbild aus der Tierwelt vollends hinfällig, denn in der Natur gibt es keine reine Rotation. Die Drehbewegung aber ist Grundlage der von Menschen entwickelten Technik. Aus diesem Grund erschien uns gerade dieses kleine Detail sehr wichtig für die Glaubwürdigkeit von Siris Bericht. Es war in meinen Augen ein entscheidendes Indiz dafür, daß es sich bei Mahindas Vimana nicht um ein irgendwie geartetes mythischen Vogelwesen, sondern tatsächlich um ein technisches Produkt handelte. Am Heck des Flugapparates befanden sich ein doppeltes, vertikal gestelltes Seitenleitwerk und ein einfaches horizontales Höhenleitwerk. Diese Konstruktion wird ganz ähnlich auch bei modernen Flugzeugen verwendet. Doch ebenso drängten sich geradezu Parallelen zu den aus Sammlungen von Museen in Peru und Bolivien bekannten goldenen »Modell-Flugzeugen« auf.

Vor dem Höhenleitwerk befand sich an der rechten und linken Seite je eine kleine Stabilisierungsflosse. Landekufen unter dem Rumpf rundeten den Eindruck einer technischen Konstruktion ab.

»Womit sind diese Maschinen damals geflogen?« versuchte ich zu erfahren.

»Es war eine geheimnisvolle Kraft ... wie sie genau wirkte, weiß heute keiner mehr«, antwortete Siri zögernd. »Manchmal denke ich, sie haben die Kraft der Sonne genutzt. Im Vaimanika-Shastra heißt es nämlich über den Antrieb der Vimanas, daß dazu acht Rohre aus einem bestimmten Glas hergestellt werden müssen, einem Glas, das die Sonnenstrahlen absorbiert. Die Rishis haben auch Quecksilber für den Antrieb der Maschinen verwendet und andere Metalle, deren Zusammensetzung wir heute nicht mehr kennen. Eines davon nannten sie ›Rasa‹, aber heute weiß niemand mehr, was ›Rasa‹ eigentlich ist.«

Siri und sein Großonkel mußten unseren Mienen wohl angesehen haben, daß wir diese Erklärung für ziemlich dürftig hielten.

Der Meister aber bot uns erst einmal zur Erfrischung und Ablenkung, wie wir dachten, Mangosteen an. Diese köstlichen, kleinen Früchte erinnern geschmacklich an Erdbeeren und Trauben. Siris Großonkel wies uns auf den Kern einer Frucht hin. »Was seht ihr?« fragte er, scheinbar nebenbei.

»Den Kern einer Mangostee« – war ich überzeugt!

»Mehr nicht? Schneidet doch den Kern einmal auf und schaut noch einmal genau hin. Was seht ihr nun?«

»Den halbierten Kern einer Mangostee«, antwortete Thomas lachend.

»Ihr seht den Kern der Frucht mit Euren Augen«, beschied uns der Meister. »Ich aber sehe noch viel mehr. Ich sehe eine neue Mangosteenpflanze, die wieder Hunderte dieser köstlichen Früchte tragen wird, aus denen ebenso viele neue Pflanzen entstehen werden. Seht, die Lebenskraft einer ganzen neuen Pflanze ist in einem solchen kleinen Kern gespeichert. Es ist ein winziger Bruchteil jener Lebenskraft, die das ganze Universum durchdringt. Die Rishis wußten, wie man diese Kraft nutzen, kontrollieren und freisetzen kann. So trieben sie die Vimanas an und damit konstruierten sie tödliche Waffen gegen ihre Feinde – gegen jene, die Dunkelheit bringen wollten über die Erde und die das Geschlecht der Rishis auszurotten trachteten. Es waren Waffen, um vieles stärker als heutige Nuklearbomben. Weit weg von hier, ich glaube, in Pakistan, haben Archäologen eine Stadt ausgegraben, die vor langer Zeit mit den Waffen der Rishis zerstört wurde. Sie nennen das Ruinenfeld die ›Todesstätte‹.«

Ich hatte von dieser Stadt gehört. Der Name dieser Stadt ist Mohenjo Daro.

Das mehr als 4.000 Jahre alte Mohenjo Daro gilt als eine der sieben Städte, die einst von den Rishis gegründet wurden. Es lag ursprünglich auf zwei Inseln im Indus. Im Radius von eineinhalb Kilometern vom Zentrum der Stadt ausgehend, lassen sich dort drei verschiedene Zonen der Verwüstung nachweisen, die vom Zentrum nach außen schwächer werden. Im Zentrum muß eine überaus zerstörerische Waffe extreme Hitze freigesetzt haben. Tausende Klumpen verschiedener Größe fanden sich. Die Archäologen tauften sie zunächst auf »Schwarze Steine«. Später erwiesen sie sich als Überreste von Tongefäßen, die durch starke Hitze buchstäblich zusammengeschmolzen sein müssen.

Erst glaubten die Archäologen an einen Vulkanausbruch. Diese These mußte jedoch bald fallengelassen werden, da es in Mohenjo Daro weder erstarrte Lava noch vulkanische Asche gibt. Dennoch mußten die auf das keramische Material einwirkenden Temperaturen zumindest für eine kurze Zeit mindestens 2.000 Grad Celsius erreichen, um das Material zum Schmelzen zu bringen.

In den Außenbezirken der zerstörten Stadt wurden zahlreiche Skelette von Menschen ausgegraben. Sie lagen noch so in den Straßen und unter den Trümmern ihrer Häuser, wie sie einst der Tod bei dieser plötzlichen Katastrophe ereilt hatte.

»Wollen Sie solch eine Vimana kaufen?« kam Siri nun zum geschäftlichen Teil der Verabredung. »Schauen Sie sich doch einmal die Verarbeitung und die Qualität an. Ein wunderschönes Stück. Mein Onkel macht Ihnen auch einen guten Preis.«

In Anbetracht des kostbaren Materials war der Preis wirklich gut, doch zweitausendachthundert Deutsche Mark konnte unsere Reisekasse zu dieser Zeit einfach nicht entbehren. Nach zweistündigen Verhandlungen mußten das auch Siri und sein Großonkel einsehen.

»Es ist wirklich nicht zu teuer,« sagte der Meister zum Abschied, »aber ich kann sie einfach nicht billiger hergeben. Sie müssen wissen, an so einem Modell arbeiten drei oder vier Handwerker wie ich zusammen mindestens zehn Tage lang – dazu kommt dann noch das Material ...« Wir hatten verstanden und begnügten uns mit den Erinnerungen an das kleine Wunderwerk, das die erstaunlichen Leistungen unserer Vorfahren belegte.

Siri erwies sich auch weiterhin als ein kundiger Begleiter. In den nächsten Tagen zeigte er uns Orte der Insel, fernab von vielbefahrenen Touristenstraßen. Er wußte Dinge zu erzählen, von denen die offiziellen »Guides« bestimmt noch nie etwas gehört hatten.

So begleitete er uns auch nach Sigiriya, der »Löwenfestung«, die in ferner Zeit von dem Vatermörder Kasyapa erbaut worden war. Und Siri begann, von den alten Tagen zu erzählen:

»Einst herrschte König Dhatusena, ein frommer und gerechter Mann, über Sri Lanka. Er ist als bedeutender Stifter von Tempeln und Erbauer von zahlreichen Stauseen in die Geschichte der Insel eingegangen. Diesem König nun wurde ein riesiger verborgener Schatz nachgesagt, der seinen sagenhaften Reichtum begründen sollte. Als er schließlich seinen jüngeren Sohn als Thronfolger einsetzte, war dessen älterer Bruder Kasyapa maßlos in seiner Ehre gekränkt. Er vertrieb seinen Bruder aus dem Land und ließ den eigenen Vater einkerkern und foltern, um ihm das Geheimnis des Schatzes zu entreißen. Im Angesicht des Todes versprach Dhatusena, den Ort preiszugeben, wenn er noch einmal in den Fluten seines geliebten Kaledawa-Stausees baden dürfte. Kasyapa gewährte dem alten Mann seinen letzten Wunsch. Am Kaledawa schöpfte Dhatusena mit beiden Händen von den Wassern des Stausees und sagte, dies sei sein einziger Reichtum. Maßlos enttäuscht befahl Kasyapa voller Wut, seinen Vater nackt in Ketten zu legen und lebendigen Leibes in seinem eigenen Palast einzumauern. Es geschah, wie er gesagt hatte. Doch das Volk erhob sich gegen den Tyrannen, und Kasyapa mußte in seine Festung Sigiriya fliehen.

Der Schatz Dhatusenas aber funkelt noch heute für alle unter der Sonne von Aukana und bringt mit seinem lebenspendenden Naß dem Lande Wohlstand.«

Die Löwenfestung wurde von Kasyapa um 475 n.Chr. als Regierungssitz ausgebaut. Sie thront, unerreichbar für jeden Feind, auf einem gewaltigen, 200 Meter hohen granitenen Felsblock, der aus dem Dschungel aufragt. Am Fuße des Berges findet man die Ruinen der von Kasyapa erschaffenen neuen Königsstadt – Reste von Palästen, Wehrbauten und Häusern, öffentliche Bäder und Spuren riesiger Parkanlagen. Der Vatermörder war anscheinend nicht nur das grausame Monster, als das ihn manche Historiker nur sehen wollen, sondern auch ein sehr kunstsinniger Mensch, der sich hier zu verewigen wußte.

Wir machten uns die Mühe und stiegen die mehr als 1.200 Treppenstufen zum Gipfel auf. Auf der Hälfte des Weges gelangten wir zu einem Gebäudekomplex, der einst die Vorburg der Löwenfestung gewesen zu sein scheint. Dort mußten wir über eine sehr schmale, eiserne Wendeltreppe zur Galerie der in vielen Reiseführern gerühmten »Wolkenmädchen« hinaufklettern. Diese anstrengende und mit Sicherheit nicht ungefährliche Kletterpartie nehmen tagtäglich tausende Touristen auf sich, um einen Blick auf die wunderschönen Fresken und Malereien werfen zu können. Mir erschien die unter dem Touristenansturm ächzende Treppenkonstruktion nicht sonderlich vertrauenerweckend, zumal mir meine Höhenangst schon seit meiner Kindheit zu schaffen macht.

»Machen Sie sich keine Sorgen«, beruhigte mich Siri und faßte mich bei der Hand. »Das ist deutsche Wertarbeit. Echter Kruppstahl.« Nun ja, das mochte schon stimmen – aber es war eben Stahl aus dem Jahre 1938 und die Spuren, welche der Zahn der Zeit auch an solch dauerhaftem Material hinterlassen hatte, waren unübersehbar.

Doch an der sicheren Hand von Siri wagte auch ich den Aufstieg zu jener kleinen Galerie. Wir wurden mit phantastischen Motiven der »Lichtprinzessinnen« belohnt. Heute lächeln sie noch ebenso geheimnisvoll von den Felswänden der Galerie wie vor tausend Jahren. Niemand weiß bis heute, wer die Künstler waren, die dieses Meisterwerk schufen. In zarten, pastellfarbenen Tönen stellen sie mehr als ein Dutzend faszinierender Frauengestalten vom Kopf bis zu den Hüften dar, so daß die Lichtprinzessinnen gleichsam in und über den Wolken zu schweben scheinen. Einig sind sich die Kunsthistoriker nur, daß diese Galerie zu den ältesten und schönsten Wandmalereien gehört, die auf Sri Lanka gefunden worden sind. Zu welchem Zweck sie jedoch geschaffen wurden und wer die abgebildeten Wesen sind, darüber streiten sich die Wissenschaftler seit der Entdeckung der Galerie.

»Es heißt, diese Frauen seien die Gefährten der Himmlischen«, berichtet uns Siri seine Version der Geschichte. »Sie leben in Gefilden, in die ein normaler Sterblicher nicht vorzudringen vermag. Nur Auserwählte wie die Rishis waren imstande, dorthin zu gelangen und da in Gesellschaft der Himmlischen zu verweilen. Es gehört eine große geistige Macht dazu, die verborgenen Tore zum Land der Lichtgeborenen zu öffnen. Nur dadurch ist der Eintritt in diese anderen Welten möglich. Jene, die einst diese Bilder geschaffen haben, ahnten vielleicht etwas von den Lichtwelten. Doch diese Welten existieren wirklich, auch heute noch – glauben Sie mir. Sie waren schon immer da, bevor die Erde entstand, und sie werden noch existieren, wenn diese Welt längst vergangen ist. So steht es in den Schriften der Alten. Es sind die Welten, in die sich die Rishis zurückgezogen haben, als für sie auf der Erde des Bleibens nicht mehr länger war«, erzählte Siri, während wir ihm von der Galerie der Lichtprinzessinnen aus durch einen schmalen Gang aufwärts zur Hauptburg folgten.

»Es heißt, zu Zeiten Kasyapas seien die Rishis noch hier gewesen. Manche glauben, die ›Spiegelwand‹ sei ihr Werk.« Siri deutete auf die zweifellos künstliche, teilweise mehr als zwei Meter hohe Mauer, die unseren Weg talseitig säumte. Auch hier hatten Wind und Wetter tiefe, unübersehbare Spuren hinterlassen. Außerdem verunzieren zahlreiche Graffiti den Stein. Nur sehr wenige davon stammten aus dem 20. Jahrhundert. Bereits seit dem Jahr 600 n.Chr. hatten Besucher hier ihre Kommentare über die in der Galerie dargestellten Schönen hinterlassen. Kein Wunder, daß diese Inschriften von Wissenschaftlern als außerordentlich wertvoll für die Erforschung der singhalesischen Sprachentwicklung gehalten werden. Ich fand die Graffiti einfach nur häßlich.

Doch an manchen Stellen hatte die hohe Wand ihren ursprünglichen Glanz bewahrt. Dort konnte man sich in der Tat wie in einem steinernen Spiegel betrachten, so klar reflektierte die polierte Oberfläche das Licht.

»Ist das Marmor?« wollte ich wissen. »Es sieht ganz danach aus.«

»Nein, die spiegelnde Schicht ist eine Art polierter Putz«, antwortete Siri. »Seit einigen Jahren bereits versuchen Wissenschaftler der UNESCO, die Zusammensetzung des Putzes herauszufinden. Sie wollen die Spiegelwand und auch die Galerie der Wolkenmädchen restaurieren. Aber weit sind sie bei ihren Bemühungen noch nicht gekommen«, lachte er. »Sie können die Mischung der Glasur nicht richtig identifizieren. Honig soll drin sein, Ätzkalk und Eiweiß – und noch eine ganze Menge anderer Sachen, die sie aber nicht analysieren können. Deshalb heißt es ja auch, die Rishis hätten beim Bau der Anlage mitgeholfen.«

Unter solchen Gesprächen gelangten wir zum Gipfel der Löwenburg. Hier hatten einst die eigentliche Zitadelle und der Palast Kasyapas gestanden. Die Ruinen dieser gewaltigen Anlagen lassen die vergangene Pracht erahnen. Es gibt Audienzräume, einen Ballsaal und die Halle mit dem Thron des Tyrannen aus rotem Granit zu besichtigen.

»Als Kasayapa hier herrschte,« setzte Siri seinen Bericht fort, »da wurde das Wasser für die königlichen Bäder von der Ebene über einen Höhenunterschied von mehr als 200 Metern hier herauf gepumpt.« Das war eine unglaubliche technische Leistung für die damalige Zeit. Bei der Wasserzufuhr für die Löwenfestung handelte es sich um ein ausgeklügeltes Leitungsnetz, das an den künstlichen Stauseen in der Ebene seinen Anfang nahm und bis zu den Zisternen und königlichen Bädern auf dem Gipfel des Felsplateaus reichte. Reste dieser Wasserkunst sind nach Jahrtausenden des Verfalls immer noch sichtbar.

Durch die verfallenen Räume der Löwenfestung fauchte ein trockener, heißer Wind, der an unserer Kleidung zerrte und jeden zu wagemutigen Besucher des Plateaus in die schwindelnde Tiefe zu reißen drohte. Doch wir wurden mit einem phantastischen Rundblick über die Insel belohnt. Zu Füßen des Felsens erstreckten sich weite, fruchtbare Ebenen, an deren Ende das Meer glitzert.

In der entgegengesetzten Richtung erheben sich die sanften Berghänge Nuwara Elias. In der Ferne grüßen die unerschütterlichen Mauern und Türme der wehrhaften Königsstadt Kandy, die den europäischen Eroberern bis ins 19. Jahrhundert hinein widerstand, als die übrige Insel sich längst den Fremden ergeben hatte. Tragende Kraft dieses langen Widerstandes war der buddhistische Glaube. Sri Lankas heiligste Reliquie, der Zahn Buddhas, welcher einstmals bei der Verbrennung der körperlichen Hülle des Erleuchteten im indischen Kusinagara aus den Flammen gerettet wurde, befindet sich immer noch im »Tempel des Heiligen Zahns« in Kandy. Der Zahn ruht dort im Innern einer ein Meter hohen goldenen Dagoba, verschlossen im innersten von sechs ineinandergestellten Behältern. Zu Ehren des Zahns findet auch heute alljährlich im Juli und August die Eshala Perahera statt. Höhepunkt dieses Festes, zu dem jedesmal Zehntausende Pilger, Schaulustige und natürlich auch Touristen anreisen, ist ein prunkvoller Festumzug, der elf Tage und Nächte dauert. Phantasievoll geschmückte Elefanten, Fackelträger, Tänzer, Trommler und Peitschenknaller feiern mit den Pilgern die heilige Zahnreliquie.

»Sehen Sie da unten diese Felder?« riß Siri mich aus meinen Gedanken. »Dort ist der Vatermörder Kasyapa durch eigene Hand gestorben. Nach achtzehn Jahren, in denen das Volk immer wieder gegen die Gewaltherrschaft rebelliert hatte, kehrte sein vertriebener Bruder aus dem Exil zurück. Er kam nicht allein, sondern mit einem großen Heerbann. Und er kam, um mit Kasyapa abzurechnen. Doch der König fürchtete seinen Verwandten nicht. Er bot sein gesamtes Heer auf. Da unten, am Fuße der Löwenfestung, kam es dann zur Entscheidungsschlacht. Auf beiden Seiten wurde verbissen gekämpft und viele tapfere Männer ließen ihr Leben auf diesen Feldern. Als dann die Schlacht auf des Messer Schneide stand und es schon so schien, als ob das Heer Kasyapas siegen würde, da erhielten die Angreifer plötzlich Unterstützung. Ein Flugwagen – eine Vimana tauchte am Firmament auf und griff das Heer Kasyapas aus der Luft an, mit der Sonne im Rücken. Es hieß, die Rishis selbst seien der gerechten Sache zu Hilfe geeilt. Als Kasyapas Krieger nun von zwei Seiten attackiert wurden, ergriffen sie die Flucht. Ihr Herr sah, daß nun alles verloren war. Doch er wollte die Schmach der Gefangenschaft nicht erdulden. So richtete er sein Schwert gegen sich selbst. Der Vatermörder starb durch eigene Hand. So berichten die Alten, wenn sie davon erzählen, wie Kasyapas Schicksal sich erfüllte.«

Nachdenklich stiegen wir von der Löwenfestung hinab ins Tal. Die alten Legenden und Berichte von den Taten der Rishis wiesen darauf hin, daß in prähistorischen und teilweise auch noch in antiken Zeiten fremde Wesen Einfluß auf das Schicksal der Menschen nahmen. Zum einen geschah dies wohl durch die Übermittlung einer Art zeitlosen Wissens, wie es in den indischen Veden überliefert ist. Anderseits scheuten sich die Fremden aber offensichtlich auch nicht, direkt in kriegerische Auseinandersetzungen der Menschen einzugreifen. Im 8. Buch des Mahabharata wird beschrieben, wie Gurkha, der ebenfalls zu den »Luftgöttern« zählte, im Verlaufe eines kriegerischen Konflikts von Bord seiner Vimana aus einen »Himmelspfeil« auf Parhaspur, die »dreifache Stadt« abfeuerte. Er landete offensichtlich einen Volltreffer, denn weißglühender Rauch soll sich erhoben haben, zehntausendmal heller als die Sonne! Er legte die Stadt in Schutt und Asche. Diese Wirkung der als »Himmelspfeile« bezeichneten raketenartigen Geschosse gleicht in vielerlei Hinsicht heutigen Massenvernichtungswaffen.

Diese Phänomene waren allerdings nicht auf Sri Lanka und Indien beschränkt – überlieferte Berichte und Indizien für die Anwesenheit der »Götter der Vorzeit« finden sich weltweit. Im Norden Amerikas wissen die Hopi-Indianer noch heute von der Wanderung ihres Volkes durch drei Welten unter der Führung der Kachinas zu berichten, die sie in die heutige, die vierte Welt führten. Den Kachinas werden ganz ähnliche Eigenschaften wie den altindischen Rishis zugeschrieben. Auch sie vermochten in die Zukunft zu schauen und kannten die Geheimnisse der Erde und des Universums. Daher verwundert es auch nicht, daß sich das Wort Kachina am ehesten mit dem Begriff »hohe, geachtete Wissende« übersetzen läßt. Nach den Aussagen der Hopi weilen sie seit undenklichen Zeiten auf der Erde, seit jener Epoche, welche die Hopi als »Erste Welt« bezeichneten und die soweit zurückliegt, daß nur vage Legenden von ihrer einstigen Existenz künden. Die Kachinas sollen von fernen, fremden Planeten auf die Erde gekommen sein und die Hopi-Indianer bis in unsere heutige Zeit, die »Vierte Welt«, begleitet haben. Dabei ließ sich jedoch ein deutlicher Wandel ihrer Beziehungen zu den Hopi erkennen. In den alten Zeiten, jenen Epochen der »Ersten« und »Zweiten Welt« erscheinen die Kachinas als weise und gerechte Herrscher über die Menschen. Später wandelte sich ihre Rolle. Sie zogen sich allmählich aus dem Leben der Menschen zurück und ließen diesen einen größeren Freiraum für eigene Entscheidungen. Ebenso wie die Rishis des präantiken Indien wurden die Kachinas der Hopi zu einer Art Berater in geistigen und gesellschaftlichen Fragen. Da sie sich immer mehr von den Menschen lösten, begann die Existenz dieser Wesen bald der Schleier des Geheimnisvollen zu umgeben. In der modernen, sich aufgeklärt gebenden Welt wurden sie schließlich vollends ins Reich der Fabel verbannt. Doch nun schien es uns, als sollten sie zurückkehren, die Kachinas, die Rishis und all die anderen Gewaltigen der Vorzeit.

In Südamerika finden sich Spuren der Fremden in den geheimnisvollen Wüstenzeichnungen von Nazca und in den Bauten von Tiwanaku, jener uralten Stadt auf der Hochebene des Altiplano am Titicacasee, über deren Erbauer nur spekuliert werden kann. Jedoch weist die Architektur Tiwanakus mit den Bauwerken der alten indischen Kulturen von Mohenjo Daro und Harrappa verblüffende Übereinstimmungen auf. Dies äußert sich insbesondere in der anscheinend spielerischen Leichtigkeit, mit der die Baumeister jener Zeit selbst härteste Gesteinsarten zu bearbeiten wußten - und dies in einer Art, als seien einzelne Blöcke wie mit einem riesigen Messer aus dem gewachsenen Fels geschnitten.

Wer waren jene, denen es einstmals gegeben war, solche großartigen Leistungen zu vollbringen, die uns Wissen von zeitloser Wahrheit in ihren Schriften hinterlassen haben und Bauwerke, die von einer architektonischen Meisterschaft künden, welche selbst im ach so modernen 20. Jahrhundert unerreicht blieb? Wer waren »sie«? Menschen wie Götter – Gottmenschen?

Wir versuchten, von Siri mehr über die Herkunft der Rishis zu erfahren. Der junge Singhalese lächelte verlegen, als er unsere Fragen hörte:

»Wissen Sie, ich bin kein Gelehrter der alten Schriften. Ich kann Ihnen nicht wie ein Wissenschaftler beweisen, daß die Rishis eine Art Götter gewesen sind. Ich erzähle den Reisenden, die meine Heimat besuchen, einfach Geschichten. Solche Geschichten, die mein Urgroßvater schon erzählte und die mir mein Vater erzählt hat. Ich erzähle sie den Menschen, bei denen ich spüre, daß sie sich für mein Land interessieren. Was nun die Rishis betrifft, so könnte man sie als eine eigene Rasse bezeichnen. Sie waren schon immer da, von Anbeginn der Welt. Es waren keine eigentlichen Götter, wie groß ihre geistige Macht auch immer gewesen sein mag. Es waren trotz dieser Macht Wesen, die göttliche und menschliche Eigenschaften in sich vereinten. Ich glaube, bei den Christen würde man solche Wesen am ehesten als Engel bezeichnen. Wie das mit den Engeln heute bei Euch ist, weiß ich nicht. Ich weiß aber, daß die Rishis nicht einfach tot sind. Sie haben wohl die Erde verlassen, sind dahingegangen in Welten, die vielen Sterblichen in den meisten Leben verschlossen bleiben werden. Doch die Rishis sind noch da.«

Wir hatten uns bereits gelegentlich mit Siri über unsere Absicht, nach Indien weiterzureisen, unterhalten. Nun schien der Augenblick gekommen zu sein, ihm unsere sämtlichen Pläne zu enthüllen. Siri schüttelte ungläubig den Kopf.

»Ich habe schon von diesen Orakeln gehört«, antwortete er. »Egal, was man Ihnen auf dem Festland erzählt.« – Siri sprach immer nur vom »Festland«, wenn die Sprache auf Indien kam – hier flammte immer wieder sein unbändiger Nationalstolz auf – »… was sie Ihnen auch immer sagen mögen, die Palmblattorakel sind älter als Indien. Die Rishis haben sie über die Zeit des Chaos gerettet, als die alten Welten untergingen und neues Land geboren wurde. Sie wagen eine ganze Menge, wenn Sie diesen Dingen nachspüren. Mit den Gewaltigen der Vorzeit ist nicht zu spaßen, glauben Sie mir. Diese Wesen mögen Ihnen fern und fremd erscheinen, doch sie sind uns näher, als Sie denken. Und sie wissen, ihre Geheimnisse zu bewahren.«

Thomas und ich schauten uns staunend in die Augen.

»Doch vielleicht ist es Ihnen vorbestimmt, das Wissen und das Wesen der Rishis zu ergründen. Vielleicht sind Sie bereits auf einem Weg, den Sie gehen müssen, den Sie aber noch nicht einmal bis zur nächsten Biegung überschauen. Ich wünsche Ihnen viel Glück bei Ihrer Suche. Mögen die Großen Alten Ihnen gewogen sein.« Mit diesen Worten verabschiedete er sich von uns am Hotel.

Die tropische Luft war mit einem Mal gar nicht mehr so warm. Ein kühler Schauer rieselte mir den Rücken hinunter.

Am nächsten Tag, dem 7. August 1993, brachte uns ein Taxi wieder zurück zum Flughafen von Katunayake. Diesmal würde es im wahrsten Sinne des Wortes ein Flug ins Ungewisse werden. Doch es schien, als ob uns die singhalesischen Behörden den Abschied leicht machen wollten. Im Norden Sri Lankas waren – wieder einmal – schwere Unruhen unter der zumeist tamilischen Bevölkerung ausgebrochen. Singhalesen wurden von ihren tamilischen Nachbarn meuchlerisch abgeschlachtet, Polizisten gelyncht, Militärstützpunkte angegriffen. Die gut geölte singhalesische Kriegsmaschinerie begann daraufhin ohne Verzögerung anzulaufen. Von S.A.S.- und CIA-Beratern gedrillte Eliteeinheiten der Regierungsarmee schlugen mit der geballten Macht modernster Militärtechnik zurück und »befriedeten« den rebellischen Norden der Insel, wieder einmal, binnen 24 Stunden. Mehr als 240 Menschen starben – Tamilen und Singhalesen, Rebellen, Soldaten, Zivilisten. Jetzt verstand ich ein wenig den tiefen Groll, den auch Siri auf den mächtigen indischen Nachbarn hegte, der die Rebellen immer wieder über die schmale Meerenge zwischen dem Festland und der Insel mit Nachschub an Ausrüstung, Waffen und immer neuen Kämpfern versorgte. So munkelte man jedenfalls in Colombo.

Wie rasch sich die Situation in Sri Lanka ins Gegenteil verkehren konnte, bewies uns neben den Meldungen der halboffiziellen singhalesischen Nachrichtenagenturen die Situation am Flughafen. Die Sicherheitskontrollen hier entwickelten sich langsam aber sicher zur Schikane. Wir wurden insgesamt viermal durchsucht und nach verborgenen Waffen abgetastet, bevor unser Airbus A 320 der Fluggesellschaft Air India endlich starten durfte.

4. In Indien – Madras – ein Kulturschock

Nach einem ruhigen Flug landete die Maschine gegen 21.40 Uhr auf dem International Airport von Madras. Da sich sämtliche der uns bekannten Palmblattbibliotheken in Südindien befinden, sollte die Hauptstadt des Bundesstaates Tamil Nadu der Ausgangspunkt unserer Reise durch Indien sein. Thomas und ich kamen auf einem Flughafen an, der selbst in den Nachtstunden stets von Menschenmassen überquillt. In der großen Empfangshalle versuchten ein paar müde Ventilatoren, die stickig-schwüle Luft wenigstens etwas in Bewegung zu halten. In langen Schlangen stauten sich die Fluggäste vor den Schaltern der Paßkontrolle. Wir waren mittendrin in dieser lärmenden, schiebenden, drängelnden Masse. Der Schweiß brach uns aus allen Poren. Nach zehn Minuten klebten die Sachen feucht am Körper.

Ein kleiner, älterer Herr, der vor uns in der Schlange stand und ständig bemüht schien, mit einem riesigen Taschentuch seine Stirnglatze zu polieren, wandte sich freundlich in stark akzentuiertem Deutsch an uns:

»Sie sind bestimmt zum ersten Mal in Indien. Wundern Sie sich nicht. Das ist hier immer so an den Flughäfen. Da lernt man die orientalische Gelassenheit schätzen.«

»Sie sprechen unsere Sprache?«

»Ja, ich habe vier Jahre lang in Köln Betriebswirtschaft studiert. Aber dat Kölsch habsch immer noch nicht so richtig drauf«, fügte er lächelnd hinzu.

Wir kamen ins Gespräch. Es stellte sich heraus, daß Herr Perera Angestellter des Außenministeriums von Sri Lanka war und sich in einer recht heiklen Mission auf indischem Boden befand.

»Da war dieser Sturm letzte Woche«, erklärte er. »Das ist zwar nichts besonderes jetzt, während der Monsunzeit. Doch während des Sturms hat es ein paar unserer Fischer mit ihren Booten an die indische Küste verschlagen. Die indischen Behörden haben sie einfach interniert.«

»Ist das denn rechtens?« wollte ich wissen.

»Das kommt immer auf die Betrachtungsweise an«, klärte mich Herr Perera auf. »Aus Sicht der Regierung von Tamil Nadu ist das natürlich rechtens. Wir Singhalesen sehen es als schreiendes Unrecht an. Nun bin ich hier, um in Verhandlungen mit den Indern die Rückkehr meiner Landsleute zu erreichen.«

Uns interessierte, ob solche Zwischenfälle – von denen man in Europa seitens der Medien keinerlei Notiz nahm – hier häufiger vorkamen.

»Nun ja, ein paar Mal im Jahr schon. Immer dann, wenn der Sturm in die falsche Richtung weht, muß ich nach Indien. Sonst kommt mein Kollege aus dem Regierungspräsidium von Tamil Nadu zu mir nach Colombo. Wir internieren nämlich auf Sri Lanka umgekehrt indische Schiffbrüchige genauso ...«

Unter solchen Gesprächen erreichten wir die Paßkontrolle. Dank des Diplomatenpasses und der Intervention von Herrn Perera gingen die Formalitäten auch bei uns rasch und reibungslos vonstatten.

Nachdem wir unser Gepäck erhalten hatten, verabschiedete sich Herr Perera, allerdings nicht, ohne uns vor den Fallstricken des indischen Alltags gewarnt und uns nochmals nach Sri Lanka eingeladen zu haben. Wir bedankten uns für das freundliche Angebot und stürzten uns wieder in das Getümmel der Flughafenhalle, um uns mit indischer Währung zu versorgen, die wir für die Fahrt in die Stadt brauchen würden. Indische Rupien dürfen weder in das Land ein- noch wieder ausgeführt werden. Somit war erneutes Schlangestehen angesagt. Nach einer halben Stunde hatten wir uns zu dem Schalter mit der leuchtenden Aufschrift »Foreign Currency Change« durchgekämpft. Fast eine weitere halbe Stunde dauerte es, bis wir unsere ersten Rupien eingewechselt hatten. Die verschlafenen Bankangestellten bemühten sich mit stoischer Gelassenheit, alle auf sie einstürmenden Kunden zugleich zu bedienen. So zurückhaltend Inder auch sonst sein mögen, beim Anblick des Bankschalters war von dieser Höflichkeit nichts mehr zu spüren. Schiebend, grapschend, drängelnd und schimpfend versuchte jeder, der kleinen Öffnung des ansonsten vergitterten Schalters so nahe wie nur möglich zu kommen und dann in einem günstigen Augenblick seine einzuwechselnden Geldscheine dem jeweiligen Angestellten möglichst dicht unter die Nase zu halten. Es dauerte eine Weile, bis wir die Regeln dieses Spieles durchschaut hatten. Schließlich waren wir an der Reihe und zückten unsere Travellerschecks. Der Wechselkurs war etwas günstiger als beim Bargeld, der Papierkrieg dafür um so größer.

Es sollte nicht unsere einzige Erfahrung mit dem indischen Alltag an diesem späten Abend sein. Die nächste lauerte bereits draußen vor den Toren des Airports. Man sollte eben niemals zu nachtschlafener Zeit in einer wildfremden Stadt ankommen, jedenfalls nicht, ohne bereits die feste Buchung eines Hotels in der Tasche zu haben und damit die Gewißheit eines Ortes, an dem man sein übermüdetes Haupt zur Ruhe betten kann! Da Herr Perera uns vor den

Taxifahrern am Flughafen und ihren völlig überhöhten Preisen gewarnt hatte, entschlossen wir uns, den bei weitem preiswerteren,
auf den ersten Blick jedenfalls auch recht modernen Flughafenbus
zu benutzen. Der Bus wartete bereits vor dem Ausgang. Der Fahrer
beteuerte uns, daß er auch sofort in Richtung Madras City starten
würde. Das »sofort« hieß allerdings »sofort, wenn der Bus voll be-
setzt ist«. Bis dahin vergingen aber noch fast zwei Stunden. Als der
Bus dann doch endlich losfuhr, teilte uns der Schaffner mit einer für
indische Busschaffner typischen Bestimmtheit mit, daß das Hotel
»Broadlands«, das wir als unser Quartier ausersehen hatten, in Anbetracht der späten Stunde nun bereits geschlossen hätte. Er sei aber
gern bereit, uns in einem anderen – und natürlich viel besseren –
Hotel ein komfortables Zimmer zu beschaffen. Wir kannten die Lan-
dessitten noch nicht, sonst hätten wir dieses Angebot mit Sicherheit
dankend abgelehnt. Selbstverständlich hatte das Hotel »Broadlands«
so wie jedes anständige indische Hotel durchgängig 24 Stunden geöffnet. Unser »hilfsbereiter« Schaffner verdiente sich mit seinen
»Tips« lediglich ein ordentliches Zubrot. Ihm wurde von den Hotels, denen er auf diese Weise zu Kundschaft verhalf, natürlich gern
eine Provision bezahlt. Eine solche Art des Kundenfanges ist in Indien durchaus üblich und das nicht nur im Hotelgewerbe, wie wir
auf unseren Reisen noch oft erfahren sollten. Wir waren in jener Nacht
aber so müde und abgespannt, daß uns seine »Hilfe« durchaus willkommen war. Alles was wir wollten, waren ein Zimmer und ein Bett,
um endlich schlafen zu können.

Auf der Fahrt durch das nächtliche Madras ereilte uns zunächst
jedoch jener Kulturschock, den wir durch unseren »Akklimatisie-
rungs-Aufenthalt« in Sri Lanka eigentlich hatten vermeiden wollen.
Asien ist eben nicht gleich Asien und das vorwiegend europäisch
geprägte Sri Lanka war mit dem chaotischen Asphaltdschungel der
Hauptstadt Tamil Nadus in keiner Weise vergleichbar. Das wurde
uns auf dieser Fahrt mit schmerzhafter Deutlichkeit bewußt. Der
Bus rollte durch stockdunkle, immer enger werdende Straßen, die
vom Monsunregen aufgeweicht waren und sich in seifenglatte
Rutschbahnen verwandelt hatten. Dieser Umstand schien jedoch
unseren Fahrer nicht zu beeindrucken, genauso wenig wie die Tatsa-

che, daß außer ihm auch noch andere Busse, Trucks jeder Größe, Pkws, Motorräder, Fahrradfahrer, Ochsenkarren, Fußgänger, Hunde und Kühe unterwegs waren. Er schien ständig mit dem Gaspedal auf Kriegsfuß zu stehen und war nur zufrieden, wenn er bis zum Fahrzeugboden durchtreten konnte. Solche unwichtigen Accessoires wie Blinker oder Stopplichter funktionierten an unserem Vehikel gar nicht erst. Die Hupe, der Motor und die Bremsen taten es zum Glück! Thomas sprach den Schaffner darauf an. Er hockte mit verschlungenen Gliedmaßen wie ein Gorilla auf seinem Sitz und schien die Fahrt sichtlich zu genießen. Uns dagegen beförderte die (Blatt-)Federung des Busses im Verbund mit den durchgewetzten Schleudersitzen bei jedem Schlagloch regelmäßig in Richtung Dach. Und es gab viele Schlaglöcher in diesen Straßen!

Auf die Frage von Thomas antwortete der Schaffner mit einer wahren Schimpfkanonade, die sich im allgemeinen gegen die Korruption, die unfähige Politik und Wissenschaft und im besonderen gegen die indische Autoindustrie richtete:

»Ja sehen Sie, das ist Indien. Durch und durch korrupt. Die oben verdienen und wir müssen mit solchen Schlitten fahren und unseren Hals riskieren! An dieser Scheißkarre hier funktioniert nichts außer dem Aschenbecher! Die Fenster lassen sich weder öffnen noch schließen!« Zum Beweis zerrte er an einem der Schiebefenster. Es bewegte sich keinen Zoll. Das Fenster stand halboffen, wie alle anderen im Bus auch und es regnete herein, da gerade wieder einmal ein Monsunregenguß vom tintenschwarzen Nachthimmel strähnte.

»Sehen Sie, so ist das mit den indischen Autos. Angeblich das Modernste, was derzeit gebaut wird! Nichts geht an der Karre – der linke Scheibenwischer ist gestern abgefallen. Die Straßen werden auch immer schlechter – dafür erhöhen sie ständig die Benzinpreise. Scheiß Indien!«

Und er schüttelte seine linke Hand mit einer Geste, die wir noch oft sehen sollten auf unserer Reise und die alles bedeuten kann: geht grad' so, langt für heute, wird sowieso nichts, alles im Eimer usw. …

Dabei saßen wir in dieser Ausgeburt indischer Automobilbaukunst wenigstens noch einigermaßen im Trockenen. Als die Enge der Straßen unseren Fahrer dann doch noch zu einer moderateren

Geschwindigkeit nötigte, erkannte ich im grellen Scheinwerferlicht draußen Menschen, die am Straßenrand Körper an Körper schliefen, bedeckt mit Folienfetzen, zerrissenen Decken oder alten, feuchten Zeitungen. Es waren hunderte. Jeder von ihnen hatte versucht, irgendein trockenes Plätzchen für die Nacht zu ergattern. Nicht allen war das gelungen, eigentlich den wenigsten. Funzelnde Lichter schäbiger Tea-Shops und die offenen Feuer der Garküchen erhellten dürftig die gespenstisch wirkende Szenerie. An den Straßenecken lungerten finstere Gestalten herum. Stinkende Dieselabgase quollen durch die Fenster herein, der Duft frisch zubereiteter würziger Speisen vermischte sich mit dem Geruch von Holzfeuern, dem Fäkaliengestank und den fiebrig schwülen Ausdünstungen der kleinen Flüsse, die Madras durchziehen. Ratten, groß wie Katzen, flohen erschreckt pfeifend vor dem gleißenden Licht der Scheinwerfer in die Finsternis.

Nach mehreren Stops an ein paar völlig heruntergekommenen Lodges kamen wir schließlich weit nach Mitternacht müde und völlig zerschlagen im Hotel »Vee Yes«, das der geschäftstüchtige Schaffner für uns ausersehen hatte, an. Natürlich war hier noch ein Doppelzimmer für uns frei.

Thomas und ich akzeptierten den geforderten Preis (der nicht einmal zu unverschämt hoch war) ohne Murren, sahen zu, wie unser Schaffner mit zufriedenem Grinsen seine Provision einstrich und trollten uns auf das zugewiesene Zimmer.

Nun lernten wir erstmals ein »Indian-Style«-Hotel kennen. Es gab hier also keinen überflüssigen europäischen Luxus wie etwa eine Toilette. Diese wurde durch ein einfaches Loch im Boden ersetzt. Von solchen Nebensächlichkeiten wie Toilettenpapier war natürlich auch nicht die Rede. Dafür stand neben dem Toilettenloch ein wenig einladend aussehender Eimer mit Wasser. Diesen benutzte man im Verein mit der linken, »unreinen« Hand zur Reinigung der rückwärtigen Körperteile anstelle des Toilettenpapiers. Die »Dusche« hingegen war in Gestalt eines armdicken Wasserrohres vorhanden. Aus ihm begrüßte mich ein ebenso starker Strahl eiskalten Wassers, so daß ich erst einmal quieckend zurücksprang. Die Bettwäsche dagegen erweckte den Eindruck, als hätten sich vor uns mindestens schon drei, nicht eben auf Sauberkeit geeichte Zeitgenossen in den Laken gesuhlt. Ein rasches Wegziehen der Bettdecken zeigte uns aber, daß wir zumindest keine sofort sichtbaren Untermieter im Bett hatten. Zum Glück hatten wir uns selbst noch Bettlaken von Zuhause mitgenommen, die wir jetzt über das Bett ausbreiten konnten – und das genügte uns in dieser Nacht völlig.

Einer erquickenden Nachtruhe schien also nichts mehr im Wege zu stehen. Doch wir sollten uns zu früh gefreut haben. Wir hatten uns in einer Gegend einquartiert, die jeder Reiseführer wohl als »aufstrebenden Stadtteil« bezeichnen würde. Das bedeutet nichts anderes, als daß direkt neben unserem Hotel noch eines entstehen sollte, derzeit aber noch eine Großbaustelle war. Die Jungs vom Bau schafften natürlich nicht bei Tageshitze, sondern jetzt, in der Kühle der Nacht. Dieselmotoren grollten, Preßlufthämmer donnerten, Kräne quietschten. Dazwischen gellten die Rufe der Vorarbeiter. Flutlicht erleuchtete den Platz – und unser Zimmer – fast taghell. Doch auch das konnte uns nun nicht mehr schrecken. Irgendwann forderte der Körper sein Recht, und so schlief ich nach einiger Zeit schließlich ein.

Allerdings war die Nacht bereits um 6.00 Uhr in der Frühe vorüber. Als Gast des Hotels wurde man zu dieser Zeit mit lautstarken Gebetsmantras aus einem zimmereigenen Lautsprecher geweckt. Das Gerät hatte einen entscheidenden Nachteil – es ließ sich nicht abstellen.

Doch es sollte noch besser kommen! Die Klingel an der Tür schrillte. Mit bleischweren Gliedern quälten wir uns aus dem Bett. Ich tapste verschlafen ins Badezimmer, Thomas ging zur Tür und riß sie unwirsch auf. Ein Hotelboy, schmal wie Fladenbrot, stand davor, beladen mit einem Tablett, auf dem sich Kannen und Tassen türmten.

»Tea, Coffee Sir?« krähte er.

»Tee, und den bitte ohne Milch.« Ein paar Rupien, zwei Kannen und zwei Tassen wechselten den Besitzer.

Ich lugte aus dem Badezimmer. »Frühstück ist fertig«, erklärte Thomas, ohne mit der Wimper zu zucken. »Es gibt Tee, Tee und Tee. Einverstanden?«

Ich konnte gar nicht erst darauf antworten. Die Klingel schrillte erneut.

Die Tür wurde krachend aufgerissen.

»Ja, was gibt's denn?«

Der Boy, der jetzt draußen stand, war ein anderer als vorher. Er wedelte mit einem Packen Zeitungen.

»Newspaper, Sir?«

Da der Boy nicht locker ließ, kaufte Thomas »The Indian Times«, die mit ihrem britischen Vorbild ungefähr soviel zu tun hat wie »BILD« mit der »FAZ«.

Wir kamen nicht einmal dazu, den Tee einzuschenken. Es schellte zum dritten Mal – der Schuhputzer war da.

»Boots, Sir, chappal (Sandalen), very, very polish!« Was er damit sagen wollte, war wohl, daß er ein Schuhputzer der Spitzenklasse war und nicht etwa, daß er »sehr-sehr-polierte Sandalen« mit sich herumschleppte. Thomas fand das noch lustig, aber bei mir war die Toleranzschwelle erreicht. Der Schuhputzer mußte unverrichteter Dinge von dannen ziehen.

Er war nicht der letzte, der versuchte, an uns ein paar Rupien zu verdienen. Als uns aber eine halbe Stunde später ein paar gar nicht vertrauenerweckend wirkende Geldwechsler aufs Zimmer rücken wollten, wurde es mir dann doch zu bunt.

Es war noch nicht 7.00 Uhr, als wir das »Vee Yes« fast fluchtartig verließen, um nun doch noch ins Hotel »Broadlands« umzuziehen, das uns als ruhig und sauber beschrieben worden war.

In der Triplicane High Road angekommen, konnten wir feststellen, daß diese Beschreibung vollkommen zutraf. Das um die Jahrhundertwende im Kolonialstil erbaute Hotel ist noch heute der Treff für Tramps und Traveller in Madras. Dem verwöhnten Geschmack eines Pauschaltouristen dürfte es jedoch mit Sicherheit nicht entsprechen. Die Zimmer hatten keine Scheiben, sondern nur in einem freundlichen hellen Blau gestrichene Jalousien vor den Fenstern. Natürlich fehlten da auch die sonst obligatorischen Klimaanlagen, die stets mit lautem Getöse arktische Temperaturen zu verbreiten pflegten und schon so manchem Reisenden eine schwere und sehr anhängliche Erkältung bescherten. Aus unerfindlichen Gründen scheinen nämlich die Hoteliers in den tropischen Breiten der Meinung zu sein, Europäer fühlten sich erst dann richtig wohl, wenn die Zimmertemperatur sich dem Gefrierpunkt nähert. Statt dessen kreisten unter den hohen Decken der Zimmer im Hotel »Broadlands« Ventilatoren und sorgten für ein angenehm laues Lüftchen. In den schattigen Innenhöfen wuchsen Palmen und blühten Orchideen. Hier saßen die Reisenden aus aller Herren Länder beisammen, plauderten, tauschten Erfahrungen aus, vertrauten ihre Erlebnisse dem Tagebuch an oder tüftelten am Verlauf der weiteren Reiseroute.

Der Hotelmanager, der Tag und Nacht an der Rezeption zu verbringen schien, war auch an diesem Morgen schon auf den Beinen und begrüßte uns mit ausgesuchter Höflichkeit.

»Ein Zimmer für zwei? Aber natürlich!« Er winkte den Boys, die sich sofort auf unser Gepäck stürzten und die Rucksäcke in Richtung Zimmer zu schleifen begannen.

»Kommen Sie bitte, ich zeige Ihnen die Räume.«

»Keine Formalitäten?« Nach dem Papierkrieg, den wir in der letzten Nacht auf dem Flughafen und im »Vee Yes« erlebt hatten, schien uns das Verhalten des Managers ein kleines Wunder zu sein.

»Sie können sich später eintragen. Ruhen Sie sich erst ein wenig aus. Sie sehen müde aus. Woher kommen Sie so früh?«

»Um die Wahrheit zu sagen, aus dem ›Vee Yes‹.«

Unser Manager schüttelte seine rechte Hand, als wolle er einen riesigen Schleimklumpen loswerden und brach in lautes Gelächter aus. »So, so, das ›Vee Yes‹ – da hat man Sie also auch abgeschleppt. Sie sind bestimmt zum ersten Mal in Indien.« Das hätte er nicht raten müssen, die Greenhörner konnte man uns bestimmt ansehen.

Der Manager führte uns durch die verwinkelten Höfe und Arkaden des alten Hotels. Dann ging es steil treppauf.

»Passen Sie auf Ihren Kopf auf, es ist recht niedrig hier.« Die Warnung kam für den 1,85 m großen Thomas ein wenig zu spät. Doch ein guter Geist hatte das niedrige Gewölbe an eben dieser Stelle dick mit Stoff und Leder abgepolstert, so daß der Zusammenprall von Kopf und Gemäuer etwas milder ausfiel. Wer weiß, wieviele Generationen von Travellern sich eben hier schon ihr Schädeldach demoliert hatten.

»Das ist Ihr Zimmer«, sagte der Manager wenig später. Ein großer, heller, freundlicher Raum, ausgestattet mit altmodischen, aber gemütlichen Möbeln, empfing uns. Die durchgelegenen Matratzen des riesigen Bettes quietschten, als wir uns darauf niederließen, doch sie waren mit sauberen Laken bedeckt. Ledersessel, ein niedriger Tisch mit einer Platte aus dunklem Stein und ein großer hölzerner Schrank, aus dem es durchdringend nach Mottenkugeln roch, vervollständigten die Einrichtung des Raumes. Die Wandleuchten, die das Zimmer erhellten, hatten bestimmt schon in den 1920er Jahren ihren Dienst versehen. Sonnenstrahlen fielen schräg durch die Jalousien. Staubteilchen tanzten im Licht. Eine tiefe Stille und ein großer Friede umfing uns hier. Weit, weit weg war das Getöse der lärmenden Straßen. Thomas und ich hatten unsere Oase im Großstadtdschungel gefunden. Nach den Aufregungen der Nacht waren wir so zerschlagen, daß wir uns nur noch duschen und dann schlafen wollten. Auf dem Weg zu unserem »Bad« mußten wir eine winzige, von hohen Mauern umgebene Dachterrasse, über der sich ein strahlend blaues Himmelsviereck wölbte, überqueren. Das »Bad« selbst war beinahe so groß wie unser Zimmer. Die Dusche spendete kaltes oder warmes Wasser, je nach Tageszeit. Morgens, wenn noch die Kühle der Nacht zu spüren war, wurden wir mit einem quietsch-kalten Wasserstrahl begrüßt. Mittags dann, wenn die Sonnenglut den Vorratsbehälter oben auf dem Dach so richtig aufgeheizt hatte, war auch das Wasser entsprechend warm. Trinken sollten wir dieses Wasser in keinem Fall, es nicht einmal zum Zähneputzen verwenden, riet uns der Manager! »Das Wasser kommt ungefiltert aus dem Grund. Wir Inder vertragen es recht gut. Aber Ihr Europäer habt einen sehr komischen Magen, für Euch taugt das bestimmt nicht.« Ich habe mich während all meiner Indienreisen an diesen Rat gehalten und es nicht bereut. Mineralwasser löscht den Durst genauso gut, und man läuft beim Trinken nicht Gefahr, sich die Amöbenruhr oder ähnlich unangenehme Dinge einzuhandeln.

An diesem Morgen fielen wir nach der erfrischenden Dusche auf das Bett und schliefen fast augenblicklich ein. Erst am späten Nachmittag erwachten wir angenehm erholt. Es wurde in unseren Augen nun höchste Zeit, sich telefonisch in der Palmblattbibliothek des

Nadi-Readers Sri Rami Gurup anzumelden. Nach dem Ankleiden stiegen wir über ein halbes Dutzend Treppen hinab zur Rezeption. Der Manager empfing uns wieder persönlich.

»A local call? Ein Ortsgespräch möchten Sie? Das macht dann 6 Rupien.« Wir legten ein paar Münzen auf seinen Schreibtisch.

»Bitte geben sie mir die Nummer. Ich erledige das schon für Sie«, bot er uns mit asiatischer Höflichkeit an. Da wir nicht einmal wußten, ob der Nadi-Reader überhaupt Englisch sprach, ließen wir uns gern helfen und kramten das kleine Notizbuch hervor, in dem die Adressen aller Palmblattbibliotheken notiert waren, die uns Holger Kersten genannt hatte.

»Hier – diese Nummer ist es: Nummer 235595, in East Tambaram, der Herr nennt sich Sri Rami Gurup.«

Unser Manager kratzte sich nachdenklich hinterm Ohr und murmelte etwas Unverständliches in seinen sauber abgesägten Bart. Dann wählte er die angegebene Telefonnummer. Am anderen Ende meldete sich auch jemand. Nun entspann sich ein etwa zehnminütiger, meist lautstark schreiend ausgetragener Dialog, der im wesentlichen wohl folgenden Inhalt hatte:

»Namaskaar, hier ist das Hotel Broadlands, der Manager ist am Apparat.«

Am anderen Ende: »Wer ist da? Ich verstehe nicht!«

»Hier ist das Hotel Broadlands, der Hotelmanager!«

»Wer ist da?«

»Hotel Broadlands hier!«

»Ach, das Hotel Broadlands. Womit kann ich ihnen helfen?«

»Was ist los? Ich verstehe nicht!«

»Mensch, dieses Telefon ist ja das absolut Letzte!«

»Das stimmt, stimmt genau!«

»Was? Was haben Sie gerade gesagt? Ich verstehe nicht!«

Und so weiter ... Ab und an krachte, zirpte und knirschte es zwischendurch fürchterlich in der Leitung, ganz so als habe der Manager Kontakt zur anderen Seite der Welt aufgenommen.

Indessen trat ich in der lähmenden, schwülheißen Atmosphäre der Rezeption ungeduldig von einem Fuß auf den anderen. Wenn der Mann nur wüßte, wie wichtig dieses Telefonat für mich war!

Schließlich schien unser Manager zumindest eine Auskunft erhalten zu haben. Er angelte sich einen Stift, malte einige Zahlen auf einen winzigen Zettel und knallte schwitzend den Hörer auf die Gabel.

Inder sind teilnahmsvolle Menschen. Wenn sie ihre Hilfe jemandem nicht zukommen lassen können oder sich eine betrübliche Nachricht nicht mit ein paar wohlgesetzten Worten kaschieren läßt, dann umwölkt sich ihr Antlitz wie der Himmel über Indien vor dem Ausbruch eines schweren Monsunregens. Mir schwante Schlimmes. Was der Manager mitzuteilen hatte, entsprach durchaus seinem traurigen Gesichtsausdruck.

»Sri Rami Gurup hat seine irdische Hülle verlassen. Er weilt nicht mehr auf dieser Welt.«

Es traf uns wie ein Schlag. Obwohl ich kein Wort verstanden hatte, wußte ich, was er gesagt hatte. Ich wurde kreideweiß und hielt mich krampfhaft am mächtigen polierten Tresen der Rezeption fest. »Dann war das alles umsonst? Die ganze Reise? All die Hitze, der Dreck, die Anstrengungen und jetzt …« Ich war den Tränen nahe.

Thomas bewahrte eher die Fassung.

»Wann ist das passiert? Ich meine, wann ist Sri Rami Gurup gestorben?«

»Oh, das war schon vor ein paar Jahren«, antwortete der Manager schon nicht mehr ganz so geknickt.

Vor ein paar Jahren … Warum zum Teufel hatte uns Holger Kersten dann diese Adresse gegeben? Wußte er es nicht besser?

»Der Mann, mit dem ich eben gesprochen habe, hat mir gesagt, daß nun ›the younger enlightet Master‹ – der jüngere erleuchtete Meister – aus den Palmblättern liest. Man nennt ihn Sri Ramani. Er ist aber zur Zeit nicht in der Stadt, sondern kehrt erst am 13. August von einer Reise zurück. Sie möchten bitte am Abend des 13. nochmals anrufen. Für den nächsten Tag bekommen Sie dann sicher einen Termin.«

Mir fiel ein riesiger Stein – nein, ein ganzer Felsen – vom Herzen. Der Knall muß meilenweit zu hören gewesen sein.

»Nun schauen Sie schon viel glücklicher aus«, beschied mir der Manager. »Sie werden Sri Ramani sehen, ganz bestimmt. Nutzen Sie die Zeit bis dahin. Sehen Sie sich Madras an. Ist eine interessante Stadt! Fahren sie nach Pondy. Ein Auto kann ich Ihnen besorgen, no problem! Khaao, piio, majaa karo! Lassen Sie sich den Spaß am Leben nicht verderben, machen Sie das Beste draus!« riet er uns noch und wandte sich dann mit einer entschuldigenden Geste soeben neu angekommenen »Travellern« zu.

Der indische Alltag hatte unseren europäischen Forscherdrang also ziemlich rasch gebremst. Jetzt ging uns auch auf, daß die Skepsis den Palmblattbibliotheken gegenüber unseren ganzen, fein abgestimmten Zeitplan über den Haufen werfen konnte. Wir hatten nämlich auf die durchaus bestehende Möglichkeit verzichtet, bereits telefonisch von Europa aus einen Termin mit dem Nadi-Reader zu vereinbaren. Wir ließen auch nirgends etwas über den wirklichen Zweck unserer Reise verlauten. Mancher mag diese Vorsicht für übertrieben halten, doch wir wollten wirklich sicher sein, daß keinerlei Informationen über uns eingezogen und eventuell auf verschlungenen Wegen an die Palmblattbibliotheken weitergegeben wurden.

Wir zweifelten nicht daran, daß es in Madras eine Menge zu entdecken gab. Der Tip unseres Hotelmanagers war der beste, den wir in unserer Situation bekommen konnten. Es war an der Zeit, sich ein bißchen mit der fremden Welt vertraut zu machen.

Wir begannen mit unserer Entdeckungsreise in der Umgebung des Hotels. Gleich hinter den riesigen alten Gebäuden und weitläufigen Dachterrassen des Broadlands stand auf einem weitem Platz eine recht modern anmutende Moschee. Wir hatten schon mitbekommen, daß sich das Hotel wohl an der Trennlinie zu einem moslemischen Viertel befand, denn die Gebete des Muezzin hallten zu den vorgeschriebenen Zeiten durch die Gassen. Natürlich verließ sich der Geistliche nicht mehr nur auf die Kraft seiner Stimmbänder. Durch moderne Lautsprecheranlagen tausendfach verstärkt verkündete er die Botschaft Mohammeds und pries seinen Gott:

»Allah il Allah! Es gibt keinen Gott außer Allah und Mohammed ist sein Prophet!«

Zu jedem Gebet versammelten sich Tausende Gläubige, die von ihren hinduistischen Nachbarn mißtrauisch beäugt wurden. Die Stimmung erschien uns aufgeheizt, als wir uns einen Weg durch die unvorstellbaren Menschenmassen, die Gassen und Straßen bevölkerten, bahnten. Wer hier eine Straße zwischen donnernden, stinkende Dieselabgase ausspeienden LKWs, hupenden Bussen, knatternden Motor-Rikshas, tausenden Fahrrädern und Ochsengespannen überqueren will, hat das Gefühl, sich in einen reißenden Gebirgsbach gestürzt zu haben. Doch ziemlich rasch lernten wir, den heranbrausenden Gefährten mit fast derselben unbekümmerten Eleganz auszuweichen, wie es die Inder taten. So chaotisch der Verkehr auch wirken mochte, es gab auch hier bestimmte Regeln. So hat beispielsweise immer das größere Fahrzeug Vorfahrt. Sollte es doch einmal knallen, ist allerdings auch automatisch fast immer der Größere schuld.

Pausenlos wurden wir angesprochen. »Scooter Sir? Sightseeing, threehundred Rupies, very very cheap!« – was wohl bedeuten sollte, das die Stadtrundfahrt heute ein Sonderangebot war, für Greenhörner aus dem Westen diesmal extra teuer. Wir lehnten dankend ab.

Tea-Shops, Buchläden, winzige Lebensmittelgeschäfte, ayurvedische Apotheken und Drogerien – jeder schien ausgerechnet an uns verkaufen zu wollen. Nach einer halben Stunde schwirrte uns der Kopf von so vielen Angeboten. Allmählich veränderte sich das Straßenbild. Wir kamen in die einfachen Viertel. Hier lebten kleine Handwerker, Rikshafahrer, Saisonarbeiter und Dienstboten. Die Behausungen bestanden zumeist nur aus geflochtenen Palmmatten auf einem Holzgestell und machten einen erbärmlichen Eindruck: Schutt, Müllberge, verfallene und verrottende Häuser, wohin das Auge blickte. Dazwischen fraßen unzählige große und kleine ausgemergelte Kühe mit stoischer Ruhe von den Abfällen, ohne sich im geringsten um die wild hupenden Fahrzeuge und die drängenden Menschenmassen zu kümmern.

Einige Straßenzüge weiter trafen wir dann auf jene, die nicht einmal eine einfache Palmhütte ihr eigen nennen konnten. Sie lebten hier auf dem Bürgersteig, unter den alles beherrschenden, kitschig bunten, unübersehbaren Werbeplakatwänden, die versprachen, daß nur Nokia die besten Handys liefert in einer Welt, die VISA spricht und in den Zahlenkolonnen des Investmenttrusts XY denkt. Der Gegensatz war so kraß, daß er fast schon wieder lächerlich wirkte.

In Indien stört sich niemand an derlei Dingen. »Die Welt ist halt so in dieser Zeit« sagten uns Händler, Bauarbeiter und Rikshafahrer, wenn wir sie auf diese Zustände ansprachen.

Herr Korand Singh war vielleicht Mitte Vierzig und trug den Turban und das stählerne Armband der Sikhs. Für ihn galten keine Kastenschranken. Er war so eine Art Arzt in diesem Viertel.

»Es ist schon traurig, nicht wahr, aber was sollen wir dagegen tun?« antwortete er auf unsere Fragen.

»Schließlich ist das hier das Eiserne Zeitalter, das Kali-yuga, da zappeln die Menschen nun einmal hilflos in den Klauen der materiellen Welt und der Zugang zu den höheren Sphären ist den meisten verschlossen … Suchen Sie den Zugang zu jenen anderen Welten, wenn Sie hier nicht glücklich sind, aber versuchen Sie nicht, gegen Dinge anzurennen, die Sie unmöglich ändern können.«

Wer einmal wie wir bei Anbruch der Dämmerung durch die schadhaften, hoffnungslos verstopften, stinkenden Straßen von Egmore oder Triplicane gegangen ist, wird verstehen, was Korand Singh meinte. »Pro Tag«, so erzählte er uns, »ziehen etwa einhundert Großfamilien vom Land nach Madras.«

»Das klingt nicht so dramatisch, stimmt's? Aber Sie müssen sich vorstellen, daß zu einer Großfamilie zwischen 25 und 30 Personen gehören. Das sind 2.500 bis 3.000 Menschen, die pro Tag nach Madras kommen. Alle wollen Essen, Trinken, ein Dach über dem Kopf. Die Sie hier sehen, haben letzteres noch nicht.«

Wir saßen inzwischen in einem schäbigen Tea-Shop. Der mit Ingwer und Kardamon gewürzte Tee schmeckte auch aus den schlecht gespülten Gläsern ganz köstlich. Korand Singh wies mit weitausholender Bewegung hinüber zu den Obdachlosen.

»Das sind ›pavement dwellers‹ – die Pflastersteinpenner. Wohnraum ist knapp hier. Alles ist in Madras leichter zu bekommen als eine Wohnung. Glauben Sie nur nicht, das seien alles Bettler. Die meisten von ihnen gehen einer geregelten und meist gar nicht so schlecht bezahlten Arbeit nach. Doch für eine Wohnung muß man in Madras lange sparen.«

Als wir uns später von ihm verabschiedeten, gab uns Korand Singh neben vielen guten Wünschen noch die Warnung mit auf den Weg, uns in diesen Vierteln möglichst nicht nach Einbruch der Dunkelheit auf den Straßen sehen zu lassen.

»Wenigstens jetzt nicht, vor dem Independence Day«, fügte er entschuldigend hinzu. »Da kochen die Emotionen immer ein wenig hoch. Wissen Sie, eigentlich sind die Inder ein friedliches Volk. Wir haben hier im allgemeinen eine große religiöse Toleranz. Sehen Sie,« und wieder wies er mit großer Geste in die Runde, »hier leben Moslems und Hindus friedlich nebeneinander. Der eine geht in den Tempel, der andere in die Moschee. Das stört normalerweise niemanden. Aber wenn sich politische Parteien der Religion annehmen, dann gibt es Ärger.« Er blinzelte uns verschwörerisch zu. »Dieses Jahr haben die radikalen Hindu-Parteien Aufwind im Parlament. Das paßt der moslemischen Seite nun gar nicht. Und der Independence-Day ist immer ein beliebter Termin für Riots. Also passen Sie auf sich auf!« Kaum hatte er das gesagt, verschwand er im Gewühl des späten Nachmittags.

Ganz mochten wir diesen Warnungen nun doch nicht glauben, aber es konnte nicht schaden, sich trotzdem auf den Heimweg ins »Broadlands« zu machen. Wir benutzten ein paar andere Gassen als auf dem Hinweg und wurden Zeugen eines seltsamen Schauspiels. Ein paar Frauen in abgerissenen Saris, barfuß, mit zerzausten Haaren und Gesichtern, die mindestens eine Woche lang nicht mit Wasser in Berührung gekommen waren, wühlten sich lauthals schwatzend durch die städtischen Müllhaufen. Einige der heiligen Kühe betrachteten die menschliche Konkurrenz mit philosophischer Ruhe. Die Frauen waren offensichtlich gerade fündig geworden. Mindestens ein halbes Dutzend Chapatis (Fladenbrot) kamen zum Vorschein. Der Müllhaufen gehörte zum Restaurant mit dem hochtrabenden Namen »Maharadscha«. Die Chapatis waren zwar angeknabbert und von den Restaurantgästen als nicht verzehrenswert befunden. Etliche kleine grünliche Bananen und eine Sammlung von Plastikflaschen, Draht, Zeitungspapier und Blechteilen unbekannter Herkunft kamen ebenfalls zum Vorschein. Alle Funde wurden sorgsam begutachtet und entweder verworfen – das geschah aber nur mit recht wenigen – oder sorgsam in die mitgeführten Bastkörbe gelegt. Diese Bastkörbe (Lakshmis genannt – nach Lakshmi, der Göttin für Glück und Wohlstand) wurden von den Frauen auf dem Kopf balanciert und schluckten so ziemlich alles, was andere Mitmenschen bereits als unbrauchbar weggeworfen hatten.

Nur ein paar kleine grüne Zitronen blieben auf dem Müllhaufen liegen, obwohl sie äußerlich zumindest keinen Makel aufwiesen. Auch auf die Gefahr hin, als aufdringliche Westmenschen zu wirken, fragten wir die müllsammelnden Frauen, warum sie ausgerechnet die Zitronen verschmähten. Mit überraschend großer Freundlichkeit und viel Geduld machte sich der ganze Trupp daran, uns die Gründe für den Verzicht zu erklären. Früchte, vor allem aber Zitronen (in Indien ist meist die kleinere Variante, die Limone üblich) werden von lokalen Exorzisten und Magiern benutzt, um böse Geister darin zu bannen. Wird eine Person von solch einem Dämonen befallen, so treibt ein herbeigerufener Exorzist den Plagegeist aus und verwünscht ihn in eine Limone. Die wird dann nachts an einen Kreuzweg gelegt, in der Hoffnung, ein nichts ahnender Wandersmann möge sie mit dem Fuß berühren. In diesem Fall fährt der verwunschene Geist aus der Zitrone in den Pechvogel, der das Unglück hatte, auf die verwünschte Frucht zu treten. Es gibt nämlich kein Mittel, einen solchen Geist für immer zu vernichten. Man kann ihn lediglich auf die eben beschriebene Methode loswerden, wobei der Dämon dann im Prinzip nur an ein anderes Opfer weitergegeben wird. Aus diesem Grund ist der Stand des Exorzisten vor allem in den ländlichen Gebieten Indiens auch heute noch ein recht einträglicher Beruf. Mancher Magier hat es sogar zu einem drallen Kugelbauch gebracht, der ja in allen materiell ärmeren Ländern einen gewissen Stellenwert besitzt.

So ist es kein Wunder, daß sich die Menschen in den Dörfern gelegentlich mehr davor fürchten, einen verwünschten Gegenstand zu berühren, als von einer Schlange gebissen zu werden.

In allen ländlichen Gebieten Indiens, fernab der knochentrockenen Nüchternheit Neu Delhis und der Bürohochhäuser von Bangalore oder Bombay, wird auch heute noch immer Zauberei betrieben. Gelegentlich erreichen sogar Nachrichten von Menschenopfern, die zumeist der blutrünstigen Göttin Kali dargebracht werden sollen, die Öffentlichkeit. Zumeist wird in solchen Fällen ein kleines Mädchen zu Ehren der Göttin geopfert, um der Familie endlich den lang ersehnten männlichen Nachwuchs zu bescheren.

Zwar können viele Fälle von »Besessenheit« auf Geistesstörungen zurückgeführt werden, einige aber bleiben rätselhaft. Im späteren Verlauf unserer Reise sollten wir in Bangalore am »National Institute of Mental Health and Neurosciences« (NIMHANS) Ärzte kennenlernen, die uns erklärten, daß bei den meisten Patienten, die von sich behaupten, ein »Dämon« veranlasse sie, dieses oder jenes zu tun, das wirkliche Problem im psychischen Bereich zu suchen sei.

Doch die Mediziner versicherten uns auch, daß es Fälle gibt, in denen tatsächlich eine fremde Energie vom Körper des Opfers Besitz ergriffen habe oder der Betreffende von jemandem verflucht worden sei. Dann würden nur aufwendige Exorzismen und Reinigungszeremonien helfen. Ein junger Arzt berichtete uns unter dem Siegel der Vertraulichkeit, daß er Ende der 1980er Jahre selbst schon einmal mit magischen Praktiken recht unangenehme Bekanntschaft gemacht habe. Er stand damals erst ganz am Anfang seiner Karriere und hatte sich entschieden, in einem abgelegenen Landkrankenhaus im Distrikt Belgaum Dienst zu tun. Erzogen im Sinn wissenschaftlichen Denkens hielt er nicht all zu viel von übersinnlichen Mächten. Doch das sollte sich bald ändern. Eines Tages wurde er nämlich zu einer Gebärenden in einem der Dörfer der Umgebung Belgaums gerufen, die sich in einer lebensgefährlichen Situation befand. Da der Krankenwagen anderweitig im Einsatz war, mußte der Arzt sich mit dem Fahrrad auf den Weg machen und die holprigen Wege, die sengende Sonne und den Staub in Kauf nehmen. Er mochte etwa ein Drittel der Strecke bis zu seinem Ziel zurückgelegt haben, als er eine Gruppe von Sannyasins in eng geschnürten Dhotis sah, die ihm mit langsamen, tanzenden Schritten entgegenkamen. Bis auf den Anführer der Gruppe verbargen die Männer ihre Gesichter hinter Masken. An Hand- und Fußgelenken trugen sie kleine Messingglöckchen, die rhythmisch zu den Tanzbewegungen klingelten.

Mitglieder eines uralten Geheimbundes waren hier auf dem Weg zu einem Totenfest. Die Sitte will es, daß man die Begegnung mit solch einem Zug meidet. Läßt sie sich doch einmal nicht umgehen, so bleibt man am Wegesrand solange stehen, bis der Zug denn vorübergegangen ist oder den Weg freigibt.

Das alles war unserem jungen Arzt wohl nicht unbekannt, doch in diesem Moment hatte er anderes zu tun, als auch nur einen Gedanken auf die Tradition und die Macht alter Geheimbünde zu verwenden. Er dachte an jene Frau, die seiner Hilfe dringend bedurfte. Deshalb beeilte er sich, an den finster anmutenden Gesellen vorbei zukommen. Doch der Anführer hielt ihn an – er war ein Heiler und Magier, dessen Kräfte von den Bewohnern des Distriktes Belgaum landauf, landab gerühmt wurden. Verärgert über den unliebsamen Aufenthalt, beachtete der Arzt nicht die Mahnung des Fremden, die Sitte zu achten und eine kleine Weile zu verharren. Schließlich ergriff der Anführer das Handgelenk des Ungeduldigen und sagte: »Fahr los; aber Du wirst es bereuen!«

Der Arzt zuckte nur die Schultern und radelte davon. Das Murren der Tänzer des Geheimbundes begleitete ihn. Rechtzeitig brachte er der Gebärenden Hilfe und ohne Zweifel rettete er ihr das Leben. Doch seine Tat sollte wirklich noch ein unangenehmes Nachspiel für ihn haben. Zwei Tage waren vergangen und der Arzt hatte den Vorfall schon vergessen, als er eine zunehmende Erschlaffung seines rechten Armes verspürte. Bald konnte er ihn überhaupt nicht mehr bewegen. Dazu entwickelte sich an dem gelähmten Arm ein stark nässender, bläschenförmiger Ausschlag. Eine Krankheit mit solch eigenartigen Symptomen war unserem jungen Arzt noch nicht begegnet. Er konnte keinerlei Diagnose stellen und suchte deshalb einen befreundeten Kollegen in Bangalore auf. Auch diesem war die seltsame Krankheit noch nie begegnet. Als er aber von der Verwünschung durch den Magier erfuhr, riet er dem jungen Arzt, unverzüglich den Zauberer aufzusuchen und ihn um Hilfe zu bitten. »Nehmen Sie das nicht auf die leichte Schulter«, meinte er beim Abschied. »Die Sache kann recht schlimme Folgen haben. Mit solchen Leuten ist nicht zu spaßen.«

Dem jungen Arzt blieb keine andere Wahl. Ziemlich widerwillig suchte er den Magier auf. Er erklärte ihm, daß er die Tabus des Geheimbundes nicht verletzen wollte, aber nicht anders handeln konnte, weil er seinem ärztlichen Gewissen folgen mußte. Seine Worte überzeugten offenbar den Anführer des Geheimbundes. Der Zauberer fuhr mit langsamen streichelnden Bewegungen über den gelähmten Arm und gab ihm zum Schluß noch eine kleine Flasche, die mit einer klaren Flüssigkeit gefüllt war. »Nimm jeden Morgen ein paar Tropfen von dieser Medizin«, riet er. »In einer Woche wird dein Arm gesund sein.« Der Arzt gehorchte ohne Widerspruch. Er freute sich ungemein, als die Kraft langsam wieder in seinen Arm zurückkehrte. Nach einer Woche konnte er seinen Arm wieder wie gewohnt gebrauchen, und auch der Ausschlag war verschwunden. Die Bläschen trockneten ein und heilten unter Narbenbildung ab.

Der junge Mediziner war natürlich an der Zusammensetzung der Arznei interessiert, die ihm so rasch seine Gesundheit zurückgegeben hatte. Die klare Flüssigkeit hatte zwar keinen besonderen Geschmack, doch mußte sie ja einen Wirkstoff enthalten, der eine so schnelle Heilung ermöglicht hatte. Er schickte den verbliebenen Rest an ein Institut in Delhi. Das Ergebnis der Analyse war völlig anderes als erwartet: die »Medizin« bestand aus purem Wasser, sonst nichts, und hatte nach dem Urteil der Analytiker noch nicht einmal Trinkwasserqualität.

Für die Dombari-Frauen aus der Triplicane High Road sind solche Vorfälle Alltäglichkeiten. Auch sie könnten eines Tages einen verfluchten Gegenstand im Müll finden. Jeder Beruf hat eben sein Risiko. Die kastenlosen Dombaris sammeln den Müll und ernähren sich davon, als außerhalb der vier Hauptkasten Geborene müssen sie seit Jahrhunderten »niedrige« Arbeiten verrichten.

Offiziell ist das Kastensystem in Indien zwar abgeschafft, doch geht auch heute noch eine nicht zu unterschätzende Macht von ihm aus. Dies trifft vor allem auf die ländlichen Gegenden des Subkontinentes zu. Mahatma Gandhis Anliegen war es, die »Unberührbaren« aus ihrer gesellschaftlichen Isolation herauszuführen. Er setzte sich daher für die Wiedereinführung der Bezeichnung »Harjians« ein. Für ihn waren die Unberührbaren wieder die »Kinder Gottes«. Seit der Unabhängigkeit Indiens bemühte sich die Regierung, die Kastenlosen bevorzugt zu fördern und handelte sich damit sehr viel Mißmut von Angehörigen der hohen Kasten ein. So kam es, daß auch der Begriff »Harjians« seine ursprünglich wohlwollende Bedeutung allmählich verlor. Seit ein paar Jahren ist die Verwendung dieses Synonyms sogar im offiziellen Schriftverkehr des Bundesstaates Madhiyar Pradesh verboten. – Kein Wunder, denn inoffiziell existieren die Kastenschranken weiter und funktionieren scheinbar besser denn je.

Die ersten Tage in Madras machten uns auch die inneren Spannungen zwischen den verschiedenen ethnischen und religiösen Gruppen bewußt. Die neben unserem Hotel gelegene Moschee wurde von Polizeieinheiten wegen der anläßlich des Unabhängigkeitstages befürchteten Unruhen rund um die Uhr bewacht. Constable Rainesh und seine Männer waren sich der von ihnen ausgehenden Autorität der Staatsmacht durchaus bewußt. Großspurig auf ihre »Lathis« genannten Schlagstöcke und die vorsintflutlich anmutenden Karabiner gestützt, betrachteten sie mit überlegener Ruhe das allabendliche Gewühl der Gläubigen, die dem Ruf des Muezzins folgten.

»Sie können sich hier vollkommen sicher fühlen«, versicherte uns der Constable mit wichtiger Miene. »Wir haben hier alles im Griff.« Und wie zur Bestätigung versetzte er einem der uns aufdringlich anbettelnden Gassenjungen eine Kopfnuß, so daß dieser und seine Gefährten schleunigst das Weite suchten. Es schien ganz so, als wollte Mr. Rainesh seine amtliche Autorität extra für die seltenen weißen Besucher ins rechte Licht rücken. Mit großartiger Geste riß er seinen Revolver – Marke »Nagant« und wohl noch während der russischen Revolution nach Indien exportiert – aus dem Halfter. Ganz nebenher gab er einige Geschichten von seinen letzten Verbrecherjagden zum Besten, so daß wir allmählich den Eindruck gewannen, dem indischen Partner von James Bond gegenüberzustehen. Constable Rainesh genoß ganz offensichtlich unsere Verwunderung und redete sich immer mehr in Rage, wobei er mit dem Revolver gefährlich nahe vor unseren Nasen herumfuchtelte.

Sein ungestümer Redefluß stockte erst, als Thomas die Waffe sacht aus unserer Richtung schob und den Constable darauf hinwies, daß es sich auch nicht schickt, mit ungeladenen Waffen auf die Gäste seines Landes zu zielen und sei es nur, um die Dramatik der erzählten Geschichte zu steigern.

Der Constable grinste verlegen. »Stimmt, hab das ganz vergessen …« Er fingerte zu meinem Entsetzen in seiner Hosentasche nach Munition und tatsächlich kamen einige lange Patronen zum Vorschein, die er emsig in der nun ausgeschwenkten Trommel seiner Waffe zu verstauen begann. Noch bevor Thomas ihn vor den Eigenarten des »Nagant« warnen konnte, hatte Mr. Rainesh das Laden beendet und schnappte die Trommel in Cowboymanier mit einem eleganten Schwenken des Handgelenks ein. Das hätte er nicht tun sollen. Mit lautem Knall löste sich ein Schuß. Die Kugel verfehlte nur um Haaresbreite den Sergeanten, der einige Meter neben uns entspannt im Schatten an einer Mauer lümmelte und riß ein paar Ziegelbrocken aus dem Gemäuer. Der Polizist fuhr blitzartig aus seinem nachmittäglichen Dösen auf und blinkerte seinen Vorgesetzten verwirrt aus schwarzen Kulleraugen an. Constable Rainesh bedachte die noch rauchende Waffe mit einem stolzen Blick, der sagte: »Seht ihr, die funktioniert doch!« Dann beeilte er sich, uns und seinen Untergebenen zu versichern: »Alles in Ordnung. Kein Grund zur Sorge. Das war nur eine Demonstration. Wir haben hier alles im Griff.« Das wollten wir ihm gerne glauben. Doch schien es nun an der Zeit, uns ins schützende »Broadlands« zurückzuziehen. Die Luft hier draußen war doch ein wenig zu bleihaltig.

Im Hotel nahmen wir auf den ausgestandenen Schrecken erst einmal einen Tee zu uns. Der Manager leistete uns dabei Gesellschaft und amüsierte sich königlich über unser Erlebnis.

»Dazu fällt mir ein passender Witz ein«, schmunzelte er. »Wissen Sie, warum so viele indische Polizisten nur die Lathis, diese Schlagstöcke und keine Schußwaffen tragen dürfen?« Wir wußten es natürlich nicht. »Das kommt davon,« klärte uns der Manager auf, »daß sich schon zu viele von ihnen beim Waffenexerzieren selbst ins Bein oder sonstwohin geschossen haben …«

Bezüglich möglicher Unruhen sollten wir uns nicht zu sehr den Kopf zerbrechen, denn Ausländer würden auch bei diesen Krawallen grundsätzlich nicht angegriffen. Allerdings gebe es einige Schlepper, die mit der Angst der Fremden ein gutes Geschäft machen würden. Die Masche läuft vor allem in der Nacht folgendermaßen ab. Am Flughafen steigt der übermüdete und ohnehin kulturgeschockte

Ausländer in ein Taxi, für das er ohnehin einen eigentlich viel zu hohen Preis akzeptiert hat, um zu dem von ihm vorreservierten Hotel-Zimmer zu gelangen. Auf dem Weg dahin biegt der Fahrer dann plötzlich in eine Seitenstraße ein, in die ihn ein (falscher) Polizist mit Lathi und nachgemachter Uniform einweist. Dieser Polizist erklärt dann dem überraschten und noch mehr verunsicherten Ausländer höflich etwas von »hinduistisch-moslemischen Problemen«. Daraufhin bedauert der Fahrer, daß er nicht zu der angegebenen Adresse vordringen kann, da das mit Gefahr für Leib und Leben verbunden sei. Selbstverständlich erklärt dann der hilfsbereite Polizist sofort, daß es »zufälligerweise« hier ganz in der Nähe ein gutes Hotel gibt, in dem der verängstigte Ausländer zu einem guten Preis übernachten könne. Dieser Zimmerpreis ist dann natürlich entsprechend hoch, da die Provision für die beiden Schlepper – die bis zu 30 Prozent des Preises betragen kann – von dem ahnungslosen Gast mitbezahlt werden muß. Gelegentlich gab es sogar Versuche, den Fremden zu überreden, mit einem – natürlich überteuerten – Taxi am nächsten Morgen die Stadt auf dem schnellsten Wege zu verlassen. Solche Dinge kämen jedoch vor allem im Norden, in Delhi und Agra, den Touristenhochburgen vor, bestimmt aber nicht in Madras, so beteuerte unser Hotelmanager.

Im weiteren Verlauf der Unterhaltung kamen wir wieder auf unser eigentliches Reiseziel zu sprechen.

»Ein paar Dutzend Kilometer südlich von Madras gibt es eine Stadt aus alter Zeit, von der man erzählt, daß sie einst von den Rishis erbaut wurde«, erzählte der Manager. »Tatsächlich finden sich dort noch heute Gebäude von einer solch einzigartigen Bauweise, daß sie nur von besonders begnadeten Baumeistern geschaffen worden sein können. Felsen sind wie von Urgewalten mittendurch geschnitten und ganze Tempel aus dem harten Gestein in einem Stück geformt. Man nennt diese Stadt Mahabalipuram. Die sollten Sie sich unbedingt ansehen. Nehmen Sie sich einen Tag Zeit dafür. Ich organisiere Ihnen gern ein Auto und einen Fahrer, der sich mit der Tour auskennt.« Ein solches Angebot konnten wir nicht ablehnen.

Am nächsten Morgen schon brachen wir zeitig auf, um selbst die Stadt der Götter in Augenschein zu nehmen.

IV. Die Stadt der Götter

1. Ungelöste Rätsel von Mahabalipuram

Zwei Stunden brauchte das bordeauxrote, chromblitzende Blechmonster vom Typ »Hindustan Ambassador«, dem seit 40 Jahren
immer noch absolut letzten Schrei der indischen Automobilindu-
strie, um uns aus der City von Madras auf einer gut ausgebauten
Straße entlang des Meeres nach Mahabalipuram zu schaukeln. So einfach und robust die Technik eines solchen Vehikels ist, so verschwen-
derisch plüschig zeigt sich die Innenausstattung, die einem amerikanischen Straßenkreuzer alle Ehre machen würde. Da hätte die Fahrt
ruhig noch ein wenig länger dauern können.

Doch das bei Travellern vor allem als Badeort bekannte Mahabalipuram liegt nur 58 km südlich von Madras an der herrlich leeren,
weißsandigen Coromandelküste des Bundesstaates Tamil Nadu.

Neben ungestörten Badefreuden hat der 6.000 Einwohner zäh-
lende Ort jedoch auch eine ganze Menge archäologische Kostbar-
keiten zu bieten, die den Wissenschaftlern bis heute zahlreiche un-
gelöste Rätsel aufgeben. Bereits vor rund 2.000 Jahren war Mahabalipuram bei phönizischen, griechischen und arabischen Händlern bekannt. – Im 7. Jahrhundert u.Z. dann wurde der Hafen in großem
Stil ausgebaut und Mahabalipuram avancierte zur Hauptstadt des
Pallavareiches. Vom 7. bis 10. Jahrhundert u.Z. blühte und gedieh
die Stadt unter der Herrschaft der Pallava-Könige, deren Ursprung
sich im Nebel der Geschichte verliert. Berühmtheit erlangte dieses
Herrschergeschlecht vor allem durch die Förderung der Künste und
der sakralen Architektur. Daher gilt Mahabalipuram den Wissenschaftlern heute als die Wiege der drawidischen Tempelbaukunst
Südindiens.

Diese fruchtbare Entwicklungsperiode der Pallavakultur endete
jedoch nach etwa dreihundert Jahren übergangslos und auf äußerst
mysteriöse Weise. Im 10. Jahrhundert u.Z. wurde die Stadt Mahabalipuram von ihren Einwohnern innerhalb kürzester Zeit verlassen.

Die uralten architektonischen Schätze gerieten bis ins 17. Jahrhundert in Vergessenheit. Ein Grund für diesen Rückzug der Bewohner aus dem reichen Küstenlandstrich soll nach Meinung der etablierten Archäologen das Ansteigen des Meeresspiegels und die damit verbundene teilweise Überflutung der Stadt gewesen sein.

Die Einheimischen hingegen sind überzeugt, daß Mahabalipuram einstmals auf Weisung der Götter – insbesondere der Gottheit Shiva – und ihrer weisen Ratgeber, der Rishis, aufgegeben worden ist.

Verbindungen zur indischen Mythologie und Götterwelt finden sich allerdings in unübersehbarer und vielfältiger Weise in und um Mahabalipuram.

Am bekanntesten sind die unter der Herrschaft des Pallavakönigs Narasimhavarman I. (630 bis 668 u.Z.) entstandenen Tempelbauten und Reliefs. Der Beiname »Mamalla« (»großer Ringkämpfer«) dieses Herrschers führte zum ursprünglichen Namen der Stadt – »Mamallapuram«, die »Stadt des Großen Ringkämpfers«. Dieser Name ist auch heute wieder üblich.

Ganz in der Nähe des Ortszentrums befindet sich das wohl berühmteste Basrelief aus jener Zeit. Es zeigt eine Darstellung von mythologischen Figuren, Pflanzen und Tieren, einschließlich lebensgroßer Elefanten. Archäologen, Historiker und Indologen streiten noch heute darüber, ob es sich bei dem 27 m langen und 9 m hohen Fries nun um die figürliche Darstellung von Arjunas Buße – einer Geschichte des mythischen Kriegers aus dem Mahabharata, in welcher der sterbliche Arjuna bei Shiva für seine Schuld, in der Zehnkönigs-Schlacht Verwandte und ehemalige Freunde getötet zu haben, Buße tut – oder aber um die mythologische Herabkunft des heiligen Flusses Ganges auf die Erde handelt, wie dieses Ereignis im Epos Ramayana beschrieben wird. Der Ganges jedenfalls soll sich nach dieser Theorie in einer natürlichen Felsspalte manifestieren. Rechts davon sieht man Shiva, wie er sich die Fluten durch die Haare strömen läßt und somit die Zerstörung der Welt durch den Aufprall des Wassers verhindert.

Welcher Theorie nun auch immer der Vorzug gegeben wird, der faszinierenden Ausstrahlungskraft dieser meisterhaften Steinmetzarbeiten kann man sich nicht entziehen.

Über den nahen Berghang verteilen sich insgesamt acht Manda-

pams. Das sind flache, vollständig aus dem harten Gneisgestein gear-
beitete Höhlentempel. In ihnen finden sich ebenfalls auf Basreliefs
fein einziselierte Szenen der Hindumythologie. Der schönste dieser
Höhlentempel ist der Krishna Mandapam, in dem gezeigt wird, wie
Krishna mit dem Berg Govardhama als eine Art Schutzschild seine
Schafherde und die Hirten vor Varuna, einem rachsüchtigen vedischen Kriegsgott und Herrn des Regens, rettet.

Zwei Mandapams sind unvollendet geblieben – die Archäologen
nehmen daher an, daß es sich hier um Modelle und Versuchsbauten
für andere nach diesen Vorbildern gestaltete Tempelanlagen Südindiens handelt. Erwiesen ist, daß die heute in der Architektur und
dem Bauwesen üblichen statischen Berechnungen nur unwesentlich
von der damaligen Praxis abweichen – Beispiele dazu finden sich in
der »School of Sculpture« in Mahabalipuram. Der Ort war also ein
antikes Versuchsfeld – zu diesem Ergebnis sind auch die Historiker
gekommen. Außer Betracht bei ihren Untersuchungen blieben allerdings sowohl die im Zusammenhang mit den Bauten stehenden lokalen Legenden als auch die bei der Errichtung der Anlage verwen-
dete Technik und Technologie.

2. Prähistorisches Versuchsfeld für
Architektur und Bauwesen

Betrachtet man den Gesamtkomplex von Mahabalipuram, so gelangt
man schnell zu der Erkenntnis, daß die Tempel der Pallava-Epoche
auf dem Areal einer mit Sicherheit weitaus älteren Anlage entstanden sind. Werden schon die sakralen Bauten der Pallava-Herrscher
als Versuchsfeld bezeichnet, so verdient die ursprüngliche Anlage
diese Bezeichnung erst recht. Da gibt es mehrere Meter hohe Felsen,
die wie mit einem gigantischen Messer mittendurch geschnitten sind.
Selbst unter Verwendung modernster Sprengtechnologien ließe sich
ein solches Ergebnis nur schwer erzielen. Andere Felsen wurden –
wohl unter Verwendung derselben Bearbeitungsmethode – planmä-
ßig terrassiert. Sauber aus dem harten Gneis geschnittene Treppen
führen ins Nichts. Rechteckige und quadratische Löcher von teil-

weise beachtlicher Tiefe sind aus dem Fels gestanzt, auf dem Boden dazwischen finden sich Bruchstücke größerer, mit Bohrungen versehener und wie poliert wirkender Steinplatten. Diese Teile scheinen durch gewaltige äußere Krafteinwirkungen buchstäblich aus ihrer ursprünglichen Lage gerissen worden zu sein.

Ein hier befindlicher, mehrere Dutzend Tonnen schwerer Gneisblock wird »Krishnas Butterkugel« genannt. Seit Jahrtausenden thront er in einer alle Gesetze der Schwerkraft hohnsprechenden Balance an einem stark geneigten Hang nahe der Mandapams. Zu diesem seltsamen Felsen gibt es eine interessante Legende. Einst weilte der Gott Krishna in dieser Gegend, die auch damals schon sehr fruchtbar und darüber hinaus auch waldreich war. Krishna gilt als einer der freundlichsten und zugänglichsten Gottheiten im Hinduismus. Er steht stets auf der Seite der einfachen Menschen und hilft seinen Freunden selbstlos. Wer sich Krishna jedoch zum Feind macht, hat es mit einem zähen und listigen Widersacher zu tun. Der Gott kam als achte Inkarnation Vishnus auf die Erde, um gegen das Böse zu kämpfen. Im Mahabharata und vor allem der Baghavadgita – dem heiligsten Buch der Hindus – wird Krishna als idealer Kampfgefährte und Verbündeter beschrieben. Er besiegte nicht nur seine menschlichen Gegner, sondern auch die vedischen Gottheiten Indra und Varuna, ja selbst der mächtige Shiva war ihm unterlegen.

Da Krishna darüber hinaus ein großartiger Flötenspieler war und hinreißend ausgesehen haben soll, lagen ihm natürlich auch die Frauen zu Füßen, allen voran die Gopis genannten Hirtinnen. Die Schönste von ihnen, Radha, wurde schließlich Krishnas Gefährtin.

Gemeinsam mit den Gopis und ihren großen Kuh- und Ziegenherden zog Krishna durch die Lande und gelangte so mit seinen Anhängern auch in die Gegend um Mahabalipuram. Durch Krishnas Segen gaben die Tiere große Mengen an Milch, die in der tropischen Hitze allerdings rasch verdarb, bevor sie getrunken werden konnte. Um dem abzuhelfen, wies Krishna die Gopis an, aus der Milch Butter herzustellen und diese an alle Bedürftigen zu verteilen. Aber auch von der Butter blieb noch eine gehörige Portion übrig, die niemand mehr haben wollte. So formte Krishna aus dieser Butter eine Kugel, mit der er auf den Felsen bei Mahabalipuram spielte. Doch in der Sommerhitze wurde die Butter bald ranzig und verbreitete einen gar üblen Geruch. Das wurde dann selbst dem gutmütigen Krishna zu bunt. Er verwünschte die Butterkugel und ließ sie an einem Berghang zu Stein erstarren. Dort liegt sie noch heute. In der Tat wirkt dieser Stein wie ein vergessenes Spielzeug – es lassen sich an ihm jedoch keine Bearbeitungsspuren finden. Es gibt außerdem keinen Beleg dafür, daß der Felsblock auf künstliche Weise in die beschriebene Lage gebracht worden wäre. Doch auch mit einem modernen Hochleistungshebezeug dürfte es schwerfallen, die »Butterkugel« von ihrem angestammten Platz zu entfernen.

Ganz ähnlich sieht es auch mit dem Gefäß aus, in dem Krishna die Butter für seine Kugel gestampft haben soll. Bei diesem »Butterfaß« handelt es sich um ein exakt kreisrundes Loch von etwa 2 m Durchmesser und 2 m Tiefe, das aus einem gewachsenen Felsblock buchstäblich herausgeschnitten worden ist. Auch hier finden sich keine Meißelspuren. Statt dessen wirken die Wandungen des Loches ebenfalls wie poliert. In derselben Weise ist nahe des alten Leuchtturmes eine rechteckige Wanne mit Kantenlängen von etwa 2,2 m x 3,0 m und einer Tiefe von schätzungsweise 2,0 m aus dem Gneis herausgearbeitet. Dabei sollte man immer daran denken, daß Gneis sogar härter als Granit ist.

Ferner ziehen sich über die gesamten Felsen des etwa 5 qkm umfassenden Areals Rinnen und Kanäle, die zweifellos künstlich angelegt wurden.

Erwähnenswert sind ebenfalls die sogenannten fünf Rathas. Diese monolithischen, aus einem einzigen Felsblock gearbeiteten Tempel in Form von Prunkwagen befinden sich gut einen Kilometer südlich des modernen Leuchtturmes. Diese Prunkwagen sollen sich auch durch die Lüfte bewegt haben und tatsächlich erinnern sie an ein Mutterraumschiff, an das viele kleinere angedockt haben. Diese fünf Rathas gelten als die wahrscheinlich ältesten sakralen Bauten der Region und waren Vorbild für einen Großteil der späteren drawidischen Baukunst.

Bemerkenswert ist, daß gerade bei der Errichtung dieser ältesten Gebäude eine sehr komplizierte und arbeitsintensive Methode Verwendung fand, nämlich das Herausarbeiten des gesamten Bauwerkes aus einem einzigen Gneisblock. Der historisch bei weitem jüngere Shore-Tempel, auch als Ufer-Tempel bekannt, jedoch wurde nicht mehr in monolithischer Bauweise errichtet. Auch in diesem Fall scheint das Wissen um die prähistorische Technik, die eine scheinbar mühelose Bearbeitung des Gesteins und somit erst die beeindruckende monolithische Bauweise ermöglichte, mit der Zeit verloren gegangen zu sein.

Von der ursprünglichen Anlage Mahabalipurams sind nur spärliche Reste erhalten, die neben den geschilderten Bauwerken vor allem aus sauber planierten Felsterrassen bestehen. Es scheint ganz so, als hätten die Baumeister der Vorzeit Platz für Gebäude schaffen wollen, die dann in späteren Zeiten wieder abgetragen wurden. Über die einstige Bedeutung und Verwendung der Anlage kann nur spekuliert werden. Jedoch scheint es so, daß die Tempel der Pallava-Epoche an einem »Heiligen Platz« errichtet wurden, einem Ort also, an dem die Götter, insbesondere die Gottheiten Shiva, Vishnu und Krishna gewirkt hatten.

Es kann als erwiesen gelten, daß bei der Errichtung der Anlagen in Mahabalipuram ganz augenscheinlich hochentwickelte Technik und Technologien zum Einsatz kamen. Sie eröffneten für uns heute kaum vorstellbare Möglichkeiten der Gesteinsbearbeitung, und sind auf jeden Fall nicht mit den klassischen Vorstellungen von antiken Baumethoden vereinbar.

Bei unserem Streifzug durch die Ruinen der vorzeitlichen Bauwerke hatten Thomas und ich endlich die uns mit ziemlich großer Ausdauer folgenden fliegenden Händler abgeschüttelt. Die guten Leute wollten anfangs partout nicht begreifen, daß wir an den von ihnen feilgebotenen Skulpturen aus Speckstein und Bronze kein Interesse hatten, vor allem nicht angesichts der unverschämt hohen Preise, die sie verlangten.

Nun hatten wir ausgiebig Zeit, die prähistorischen Monumente zu vermessen, zu untersuchen und zu fotografieren. Diese Arbeit nahm uns so in Anspruch, daß wir den freundlich lächelnden jungen Inder erst bemerkten, als er neben uns stand.

»Hallo, ich bin Deva«, sagte er einfach. »Seid Ihr Archäologen? Oder warum sonst vermeßt Ihr die Tempel?«

Wir stellten uns vor und versuchten, Deva den Zweck unserer Reise zu erklären, so gut es eben ging, sprachen von den Palmblattbibliotheken und den Rishis.

»Palmblätter?« fragte er, »wenn Ihr nur deshalb von Deutschland aus hierher gekommen seid, kann ich Euch gern welche zeigen. Bündelweise, wenn Ihr wollt!« Natürlich wollten wir.

Deva führte uns zurück zum Zentrum der heutigen Kleinstadt Mahabalipuram. Wir kamen vorbei an unzähligen Werkstätten, in denen geschickte Steinmetze wunderbare Figuren in allen nur vorstellbaren Größen aus hartem Gneis und weichem Speckstein erschufen – Abbilder der hinduistischen Götter und der Helden aus längst vergangenen Tagen. Hämmer und Meißel klopften in dem unermüdlichen Takt, der den Lebensrhythmus in Mahabalipuram tagtäglich bestimmt, auf das Gestein. Shiva und Vishnu, Ganesha, Lakshmi, Durga und Krishna erwachten unter den Händen der kunstfertigen Steinschneidemeister zu neuem Leben.

Eine Figur stach uns besonders ins Auge. Sie stellte ein muskulöses menschliches Wesen mit dem Kopf eines Affen dar. Dieses Wesen hielt eine Keule in der erhobenen Rechten, während es mit der Linken einen gewaltigen Stein zu schleudern schien. »Das ist Hanuman«, erläuterte Deva. »Er war der Erste Minister des Affenkönigs und treuester Diener des Prinzen Rama.«

3. Legenden in Bildwerken von heute und Palmblättern von alters her

Von dem heldenhaften Affenkrieger des Ramayana hatten wir schon in Sri Lanka gehört. Hier in Mahabalipuram sahen wir zum ersten Mal sein Abbild. Als die Dämonen aus Sri Lanka Ramas Gattin Sita entführt hatten, traf Rama auf seiner Suche Hanuman und dessen König Sugriwa. Die Affenmenschen erfuhren die Geschichte des Prinzen und beschlossen, Rama bei der Befreiung Sitas zu helfen, da sie selbst noch so manche Rechnung mit den Dämonen offen hatten. Sugriwa sammelte eine Armee um sich, doch die Krieger des Affenkönigs konnten Sita und den verhaßten Dämonen Rawana nicht finden. Hanuman jedoch entdeckte von Bord seiner Vimana aus das Versteck, in dem der Dämon Sita auf Sri Lanka gefangen hielt. Mit seiner Flugmaschine griff er den Palast des Dämonenherrschers an, zerstörte die Stadtmauern mit den mächtigen Waffen der Vimana, setzte viele Gebäude in Brand und vernichtete Tausende Dämonenkrieger. Danach kehrte er zu Rama zurück und berichtete ihm von Sita und seinem erfolgreichen Angriff. Um die Dämonen endgültig zu besiegen, bedurfte es jedoch mehr als nur der Vimana Hanumans.

Unter der Leitung des weisen Rishis Agasthya bauten die Affenmenschen einen gewaltigen Damm vom Festland nach Sri Lanka. Über diese künstliche Brücke rückte das Heer des Königs Sugriwa vor und vernichtete die Dämonen nach hartem Kampf. Als Rawana mit der entführten Sita an Bord einer Vimana von der Insel fliehen wollte, wurde er von Rama über dem Meer zum Luftkampf gestellt und vernichtet, während Rama seine Sita retten konnte.

Die Reste jenes gigantischen Dammes, den die Affenmenschen auf Geheiß des Rishis Agasthya erbauten, finden sich noch heute in der Nähe von Rameswaram, tief im Süden Tamil Nadus, versicherte uns Deva. Obwohl Geologen zu der Auffassung gelangt sind, daß die Kette aus Riffen, Sandbänken und Inselchen durchaus auf natürliche Weise entstanden sein dürfte, schwören die Einheimischen noch heute, daß die Armee der Affen unter Anleitung Agasthyas diesen Damm schuf.

»Wer waren Hanuman und die Affenmenschen?« versuchte ich von unserem tamilischen Begleiter zu erfahren. Deva schüttelte mit unbestimmter Geste seine rechte Hand. »Niemand weiß das genau«, antwortete er. »Sie kamen aus einer anderen Welt, einer anderen Zeit. Man nennt sie auch ›die Rasse, die starb‹. Sie weilten in den alten Zeiten auf der Erde, als die Götter noch unter den Sterblichen wandelten.«

Hanuman und die Seinen sollen Mischwesen gewesen sein, Zwitterwesen zwischen Tier und Mensch. Es heißt, daß sie von jenen erschaffen wurden, die als »Götter« in die menschliche Geschichte eingingen. Diese Götter mögen Wesen einer vorzeitlichen irdischen Hochkultur gewesen sein, so wie sie in den Überlieferungen der Hopi-Indianer und den Legenden um den versunkenen Kontinent

Atlantis beschrieben sind. Auch im Alten Ägypten waren solche von »Göttern« erschaffene Mischwesen bekannt. Eines ihrer steinernen Abbilder bewacht noch heute die Pyramiden von Gizeh, und das rätselhafte »Lächeln der Sphinx« ist längst sprichwörtlich geworden.

Im Angesicht der in unserer Zeit rücksichtslos vorangetriebenen Genforschung ist es wohl auch denkbar, daß frühere Hochkulturen ähnlich experimentierten und Mischwesen wie Hanuman oder die Sphinx hervorbrachten. Als Beispiel für Mischwesen, die im letzten Jahrhundert bereits geschaffen worden sind, mag die »Schiege« gelten. Schon Mitte der 1980er Jahre gelang es Genforschern in Großbritannien, weitgehend unbemerkt von der Öffentlichkeit, eine erfolgreiche Kreuzung zwischen einem Schaf und einer Ziege zu schaffen. Das Ergebnis war die genannte »Schiege« von der sich die Züchter eine größere Resistenz gegen Krankheiten sowie einen höheren Woll- und Fleischertrag versprechen. Es ist sicher nur eine Frage der Zeit und der aufgewandten finanziellen Mittel, bis sich Wissenschaftler entschließen, auch den Menschen »zu verbessern«.

Daß es sich bei Hanuman und dem Volk der Affenmenschen um Wesen mit hoher Intelligenz und hervorragender körperlicher Konstitution gehandelt hat, läßt sich im Ramayana nachlesen. Doch gegen die fortschreitende »Zivilisation« des Menschen hatten sie keine Chance. Ihr Schicksal verliert sich in den Abgründen der Geschichte.

»Als die Menschen im beginnenden Kali-yuga immer tiefer in der Welt der Materie versanken, da vergaßen sie die Taten Hanumans und der Affenmenschen und betrachteten sie schließlich als Feinde«, erzählte Deva. »Wo immer die Menschen einen Vertreter des Waldvolkes antrafen, töteten sie ihn. So zogen sich die letzten Überlebenden aus Hamumans Volk schließlich in die unzugänglichen Gebirge im Norden zurück. Sie flohen in die reinen Länder Shambhala und Agartha, deren Zugang den gewöhnlichen Sterblichen verschlossen ist. Kennst Du Shambhala?« wollte Deva von mir wissen.

Ich hatte von den verborgenen Königreichen im Himalaja bereits gehört. Wagemutige Forscher wie Nicholas Roerich und Sven Hedin hatten noch im 20. Jahrhundert den Zugang zu diesen verborgenen Welten gesucht und – vielleicht – auch gefunden.

»In Shambhala,« sagte Deva, »da leben auch die Rishis – manche nennen sie auch Mahathmas. Das heißt ›Große Seelen‹.« Dieser Spur der Rishis würde ich unbedingt folgen, beschloß ich.

Unter solchen Gesprächen erreichten wir den kleinen Laden, den Deva gemeinsam mit seinem Bruder betrieb. Neben den üblichen Waren – auserlesenen Teppichen, Seide, filigranen Schnitzereien, Bronzefiguren geheimnisvoller Götter und den Thanghkas, einer speziellen Form tibetischer Textilmalerei – hatte Deva tatsächlich auch eine ganze Anzahl einzelner beschriebener Palmblätter und sogar ein komplettes Manuskript vorrätig. Hunderte von getrockneten Blättern der Stechpalme waren – nach Kapiteln geordnet – zwischen zwei schmale, lackierte Holzbretter gepreßt. Sowohl in die hölzernen Einbände als auch in die Palmblätter waren an zwei Stellen Löcher gestanzt worden. Durch diese Löcher hatte man eine lange Schnur gezogen, die das ganze Manuskript zusammenhielt.

»Das ist die Bhagavadgita« – ehrfürchtig reichte uns Deva das Palmbuch. Die Bhagavadgita, der Gesang Gottes! Das heiligste Buch der Hindus, von seiner Bedeutung und seiner Popularität her am ehesten vielleicht vergleichbar mit dem Neuen Testament. Dieses Exemplar hier war mindestens 200 Jahre alt, die Urschrift der Bhagavadgita hingegen ist bereits als Hauptteil des Mahabharata im 4. Jahrhundert v.u.Z. entstanden. Im Mahabharata nimmt die Bhagavadgita mit nur 18 Kapiteln einen relativ kurzen Abschnitt ein, dennoch gilt sie als der zentrale Inhalt des Epos.

Am Anfang stehen sich zwei Armeen gegenüber, auf jeder Seite sind Zehntausende Krieger, Götter, Dämonen und Riesen mit übernatürlichen Waffen zum Kampf angetreten. Es sind die Heere zweier verfeindeter Familienclane. Der glorreichste Kämpfer unter allen ist Arjuna, dessen Streitwagen von Krishna gelenkt wird. Hinter Arjuna stehen Legionen seiner mächtigen Verbündeten zum Kampf bereit.

Als das Trompetensignal zur Eröffnung der Feindseligkeiten erschallt, blickt Arjuna zum feindlichen Heer und wird von Verzweiflung ergriffen. »Wenn Lehrer, Väter und Söhne vor mir stehen, warum sollte ich da den Wunsch haben, sie zu töten, selbst wenn sie mich töten? Ich bin nicht bereit, gegen sie zu kämpfen, nicht einmal, wenn ich dafür die drei Welten bekäme«, sagt der sonst so unerschrokkene Krieger zu Krishna. »Wie können wir glücklich sein, wenn wir unsere eigenen Verwandten töten?« Der Gott lächelt dem Krieger zu und antwortet mit den Versen der Bhagavadgita.

Zunächst appelliert Krishna an Arjunas Ehrgefühl und erinnert ihn an seine Pflichten als Angehöriger des Kriegerstandes. Er sagt ihm, daß »es keine bessere Beschäftigung gibt, als auf der Grundlage religiöser Prinzipien zu kämpfen« und fügt weiter hinzu, daß sich Arjuna nicht um das ohnehin Unausweichliche sorgen müsse: »Du hast das Recht, deine vorgeschriebene Pflicht zu erfüllen, aber du hast keinen Anspruch auf die Früchte Deines Handelns. Halte Dich niemals für die Ursache der Ergebnisse deiner Tätigkeiten.« Arjuna aber zweifelt noch immer und versinkt erneut in Mutlosigkeit.

Krishna antwortet ihm darauf mit einem der bekanntesten Abschnitte der Bhagavadgita:

»Niemand ist imstande, die unvergängliche Seele zu zerstören. Weder derjenige, der denkt, daß er tötet, noch derjenige, der denkt, er werde getötet, kennt die Wahrheit. Das Selbst tötet nicht und wird auch nicht getötet. Die Seele kann weder durch Waffen zerstört noch vom Feuer verbrannt werden. Daher brauchst Du auch um kein Geschöpf zu trauern.«

Krishna zeigt dem Krieger hier einen neuen Weg zur Erlösung der Seele vom Kreislauf der Wiedergeburten: das Handeln, die Disziplin des Karma-Yoga. Im Gegensatz zur Weltentsagung und Askese ist das ein Yoga des aktiven Handelns, ein Weg zur Göttlichkeit, der von jedem beschritten werden kann, auch wenn man in weltliche Belange verstrickt ist. Krishna erklärt, daß nicht die Handlungen an sich, sondern nur die ihnen zugrundeliegenden eigennützigen Motive zur Wiedergeburt führen. Über das Ablegen von Verlangen aber kann man zur Erleuchtung gelangen. Für einen erleuchteten Geist spielen Freude und Schmerz, Gewinn oder Verlust – all die Wechselfälle des Lebens – keine Rolle mehr.

Krishna fordert Arjuna am Schluß der Bhagavadgita auf, sich zum Kampf zu rüsten, denn »man muß seine Arbeit Vishnu als Opfer darbringen«. So kehrt Arjuna zurück in den Kampf und schlägt sich siegreich in der Schlacht. Es ist nicht übertrieben zu sagen, daß sein Weg inzwischen für Millionen Hindus zum Vorbild wurde.

Wir blätterten in dem umfangreichen Palmblattmanuskript, bestaunten die winzigen, wie eingeritzt erscheinenden Schriftzeichen der heiligen Hochsprache Sanskrit, in der die Texte verfaßt sind. Thomas fragte schließlich zaghaft nach dem Preis für dieses Prachtstück. Deva lächelte, gütig und freundlich. »Es ist nicht verkäuflich, versteht das bitte«, sagte er. »Diese Bhagavadgita hat unsere Familie seit Generationen begleitet und das wird sich auch in Zukunft nicht ändern.« Dann ergriff er einige der losen Palmblätter. »Die hier möchte ich Euch schenken. Dieses Manuskript ist schon lange nicht mehr vollständig, aber es sind auch Verse aus der Bhagavadgita.« Wir bedankten uns herzlich bei dem jungen Inder für das unerwartete Geschenk.

»Kannst Du uns übersetzen, was auf den Palmblättern steht?«

»Nicht alles, aber ein paar Verse schon«, antwortete Deva.

»Hier heißt es: ›*Alle Zwecke, die ein kleiner Brunnen erfüllt, können sogleich von einem großen Gewässer erfüllt werden. In ähnlicher Weise können alle Ziele der Veden von jemandem erreicht werden, der das Ziel hinter ihnen kennt.*‹«.

Deva ergriff ein anderes Blatt.

»*Die Lebewesen in der materiellen Welt tragen ihre verschiedenen Lebensauffassungen von einem Körper zum anderen. So wie die Luft Düfte mit sich trägt, nehmen die Lebewesen eine Art von Körper an und geben ihn wieder auf, um einen anderen anzunehmen.*«

Der junge Inder drückte uns die Palmblätter in die Hand.

»Ich wünsche Euch viel Glück bei Eurer Suche nach den Rishis und Eurem Schicksal. Und denkt einmal über die Verse der Bhagavadgita nach. Namaskaar und möge es Euch immer wohl ergehen.«

Wir hatten in der Tat genügend Stoff zum Nachdenken auf unserer Rückfahrt nach Madras.

»Es ist seltsam«, sagte ich und betrachtete nachdenklich die Palmblattmanuskripte. »Die alten Verse haben mich wieder an meine Problem erinnert. Aber irgendwie hat das Ganze an Schrecken verloren.«

Der Hotelmanager vom »Broadlands« freute sich ehrlich, als er von unseren Erlebnissen in Mahabalipuram erfuhr. Dann hatte er noch einen guten Tip für uns.

»Besuchen sie doch morgen einmal das Hauptquartier der Theosophischen Gesellschaft hier in Madras. Ein Scooter wird sie hinbringen. Es ist nicht weit. Vielleicht finden sie dort noch etwas über die Rishis.«

4. Die Theosophische Gesellschaft

Am nächsten Morgen weckte uns der Ruf des Muezzins zuverlässig aus traumlosem Schlaf.

Nach dem kurzen Frühstück brachen Thomas und ich zum Hauptquartier der Theosophischen Gesellschaft auf, das im Stadtteil Adhyar liegt. Unser Scooterfahrer stürzte sich mit indischer Gelassenheit und wahrer Meisterschaft in die allmorgendliche Rushour von Madras. Nebenher fand er sogar noch Zeit, uns von seiner Familie zu erzählen. Es gibt nichts interessanteres als eine solche Fahrt mit der Motorrikscha quer durch eine indische Großstadt. In dem nach allen Seiten offenen und nur durch ein Spritzdach gegen die übelsten Witterungseinflüsse geschützten Scooter befindet man sich mitten im Alltag und ist nicht so steril abgeschirmt wie in einer Limousine. Diese Art der Fortbewegung erfordert neben einer gehöriger Portion Vertrauen in die Fähigkeiten des jeweiligen Fahrers auch eine gewisse psychische Belastbarkeit. Die unglaublich rasch wechselnden Szenerien und die gewaltige Menge von Eindrücken, die in kürzester Zeit auf einen einstürzten, sind nichts für schwache Nerven oder Sicherheitsfetischisten.

Die Stille im riesigen Park, der das Hauptquartier der Theosophen in Madras umgibt, hatte nach dem morgendlichen Straßenlärm beinahe etwas Unwirkliches an sich. Wir streiften stundenlang durch das Gelände, in dem weit verstreut die einzelnen Gebäude liegen. Hier im Park spendeten riesige Banyanbäume angenehmen Schatten vor der rasch ansteigenden Hitze. In diesen gewaltigen Bäumen, so heißt es, wohnt die Göttin Shalabhanjika, die den Reichtum der Natur symbolisiert. Zur Verehrung dieser Göttin tragen indische Frauen Perlenketten aus den Samen des Banyanbaumes.

Hier an diesem Ort in Madras gründete Madame Helena Petrowna

Blavatsky gemeinsam mit dem amerikanischen Oberst Henry Stee Olcott vor über einem Jahrhundert die Theosophische Gesellschaft, die sich als Grundstein für eine von Madame Blavatsky angestrebte Weltreligion verstand. Die Begründerin der Theosophie wird entweder als eine der größten Mystikerinnen des 19. Jahrhunderts oder aber als schamloser Scharlatan angesehen. Niemand kann ihr jedoch Mangel an Imaginationskraft vorwerfen, denn auf diesem Gebiet hatte sie recht bemerkenswerte Fähigkeiten. Im Jahr 1831 angeblich als Tochter einer russischen Prinzessin geboren, gehörte Madame Blavatsky mit Sicherheit zu den außergewöhnlichsten Frauen des vergangenen Jahrhunderts. Auf den Stufen ihrer Karriereleiter – sie arbeitete als Zirkusreiterin ebenso wie als spiritistisches Medium – erwarb sie beachtliche Kenntnisse der westlichen Magie, vor allem aber auch der östlichen Philosophie. Einer der herausragendsten und sympathischsten Wesenszüge Madame Blavatskys war ihr ungehemmter, mit einem guten Schuß Abenteuerlust gepaarter Wissensdrang. Auf der Suche nach dem verlorengegangenen und geheimen Wissen reiste sie mehr als ein Vierteljahrhundert lang durch das Abend- und Morgenland, besuchte die Pyramiden in Ägypten und drang schwerbewaffnet ins Herz des Schwarzen Kontinents vor. In Zeiten, da Tibet für Europäer als »Verbotenes Land« galt, ließ sie sich von tibetischen Mönchen und indischen Weisen unterrichten. Doch Madame Blavatsky hatte auch keine Furcht, für eine Sache zu kämpfen, wenn sie von deren Richtigkeit überzeugt war. So focht sie unter anderem in dem von Garibaldi aufgestellten Freikorps gegen die französische Besatzung in Italien.

Ihre Suche nach Wahrheit und Weisheit endete in einer unzugänglichen Gegend Tibets, bei Wesenheiten, die Madame Blavatsky als »Mahathmas« – Große Seelen – bezeichnete. Diese Mahathmas regierten nach ihrer Auffassung in Wirklichkeit die Welt, indem sie »okkulte Kraftströme« in alle Himmelsrichtungen aussendeten.

In der Bibliothek des Hauptquartiers der Theosophischen Gesellschaft studierten wir die umfangreiche Biographie Madame Blavatskys und die voluminösen Bände ihres Meisterwerkes – der »Geheimlehre«. Diese nicht immer ganz leicht verständliche Schrift soll ihr von den Mahathmas in einer Art Trancezustand offenbart worden sein. Madame Blavatsky wollte ihr Buch deshalb auch nicht als eigenes Werk, sondern als Transkription eines viel älteren, prähistorischen Manuskriptes, nämlich des sogenannten »Buches von Dzyan« verstanden wissen. Dieser ursprüngliche Text, so gab Madame Blavatsky an, sollte einst von den Bewohnern des legendären versunkenen Kontinentes Atlantis aufgezeichnet worden sein.

In der »Geheimlehre« und dem nachfolgenden Buch »Die entschleierte Isis« faßt sie die Ergebnisse ihrer Suche nach Wahrheit und Weisheit zusammen. Madame Blavatsky kam letztlich zu dem Schluß, daß es für die Enthüllung der unvergänglichen Wahrheit zahlreiche Wege gibt, die alle im transzendenten Bereich liegen. Die Schwellen der gewöhnlichen Wahrnehmung müssen jedoch zur Erkenntnis dieser Wahrheit überschritten werden. Aus diesen Gründen war sie zu der Überzeugung gelangt, daß jede ritualisierte Religion nur den Versuch darstellen kann, die universelle Wahrheit zu begreifen. Basierend auf dieser Erkenntnis unternahm sie den Versuch, die Grundlagen einer Weltreligion zu schaffen, in der alle bekannten Glaubensrichtungen ihren Platz finden sollten. So entstand die Theosophische Gesellschaft. In der »Großen Halle« des Hauptquartiers der Theosophen in Madras sind deshalb auch Buddha, Christus, Moses, der Guru Nanak, Konfuzius, Zarathustra und viele andere Religions- und Glaubensstifter verewigt. Lediglich für Mohammed, den Propheten Allahs, existiert keine Statue. Getreu den Regeln des Islam, der jedwede Abbildung Gottes, der Menschen und Tiere untersagt, ist hier nur eine Sure (Kapitel) aus dem Koran in eine marmorne Tafel graviert.

Bei dem Studium der Schriften Madame Blavatskys fiel mir auf, daß zwischen den von ihr beschriebenen Weisheitslehrern, den »Mahathmas« des verborgenen Reiches im Himalaja, und den Rishis der altindischen Epen verblüffende Ähnlichkeiten bestehen. Ich mußte sofort wieder an Deva aus Mahabalipuram denken. Er hatte ja behauptet, daß die Rishis sich vor dem heranrückenden Kali-yuga in die Reinen Länder, in das geheime Reich »Shambhala« irgendwo im Innern Asiens zurückgezogen hätten. Die von Madame Blavatsky beschriebenen Mahathmas konnten ebenso wie die Rishis in einer Art von kosmischem Gedächtnis, der Akasha-Chronik, lesen. Dadurch sollen sie vollkommene Kenntnis von Vergangenheit und Zukunft der Erde, ja des gesamten Universums erlangt haben. Ebenso wie Brighu, Agasthya Vaishishta und die anderen Rishis sind auch die Mahathmas eine Gruppe unsterblicher Wesen, die weder der menschlichen Rasse, noch transzendenten Gottheiten zugeordnet werden können. Beide Gruppen werden darüber hinaus als Hüter einer universellen Wahrheit beschrieben, die das Geheimnis der Schöpfung beinhalten soll. In den alten Texten war auch die Rede davon, daß es sich bei dem Aufenthaltsort der Mahathmas um einen unterirdischen Bereich mit der Bezeichnung »Agartha« handeln soll. Weder Thomas noch ich kannten diesen Begriff, doch war uns aus indischen Legenden um die Rishis der Name eines Ortes geläufig, welcher ein ganz ähnliches Reich beschrieb. »Kalapa« sollte das verborgene Tal im Gebirge sein, ein Ort, an dem die Rishis in zeitloser Harmonie weilten. Die Tibeter und die Bewohner Kashmirs kennen Kalapa unter dem Namen Shambhala.

Die Herrscher von Agartha, so hieß es in den Beschreibungen, tragen den Titel »Rigden-Jyepo«. Dies läßt sich mit »König der Welt« übersetzen. Der jeweilige Dalai Lama, so wurde in den Büchern behauptet, gilt als Botschafter Agarthas und als Hüter des Wissens um den Zugang zu diesem verborgenen Reich. Selbst in den offiziellen Beschreibungen des Tourismusbüros von Lhasa werden Legenden über Agartha erwähnt. So sollen sich unter dem Pottala von Lhasa, dem Palast des Dalai Lama, geheime unterirdische Gänge befinden, die einen Zugang nach Agartha bilden. Einige Theosophen und in jüngerer Zeit der ebenso renommierte wie umstrittene Forscher Dr. Raymond Bernard behaupten, daß sich in Madame Blavatskys persönlichem Besitz auch eine Karte befunden haben soll, die Zugänge nach Agartha durch Höhlensysteme zeigte. Der Verbleib dieses Dokuments ist allerdings ungeklärt.

Der Reisende und Schriftsteller Ferdinand Ossendowsky, dessen geistige Nähe zur Theosophie nicht geleugnet werden kann, schrieb bereits 1924 in seinem Buch »Tiere, Menschen und Götter« über Agartha:

»Das Land unter der Erde ist ein gewaltiges Königreich. Zu ihm gehören Millionen von Menschen. Sein Herrscher ist der König der

Welt. Dieser kennt alle Kräfte der Welt und vermag in den Seelen der Menschen und in dem großen Buch ihres Geschickes zu lesen. Dieses Königreich ist Agartha. Alle unterirdischen Völker und unter der Erde befindlichen Räume werden von Herrschern regiert, die dem König der Welt untertan sind. In den Höhlen unter der Erde herrscht ein besonderes Licht, dem es zu verdanken ist, daß dort Getreide und Pflanzen gedeihen und die Menschen ein langes, von Krankheiten freies Leben führen können. Die Hauptstadt Agarthas ist von Städten umgeben, die von Hohepriestern und den Männern der Wissenschaft bewohnt sind. Wenn die wahnsinnige Menschheit der oberen Erde einen Krieg gegen das unterirdische Königreich beginnen sollte, so wäre dieses imstande, die ganze Oberfläche in die Luft zu sprengen und sie in eine Einöde zu verwandeln. Die Bewohner von Agartha können Meere trocken legen, Kontinente in Ozeane verwandeln und Berge zu Wüstenstaub werden lassen.«

Auch diese Beschreibung der Bewohner des unterirdischen Reiches wies zahlreiche Parallelen zu den spirituellen Eigenschaften der Rishis auf.

Wenn sich die Palmblattbibliotheken als ein existentes Phänomen herausstellen sollten, dann wußte ich, wohin der nächste Weg führen mußte – zu den Schöpfern dieser vorzeitlichen Datenbanken!

Zu unserer großen Überraschung fand sich in dem umfangreichen Katalog der Bibliothek der Theosophischen Gesellschaft auch eine ganze Anzahl von Büchern über die Kunst des Palmblattlesens. Die Titel sind unter dem Stichwort Nadi-Reading, dem in Indien heute gängigen Begriff für eine Palmblattlesung, aufgeführt. Leider waren die meisten Schriften in Tamil oder Sanskrit abgefaßt. Unsere mitgeführten »Kauderwelsch«-Sprachführer reichten zur Entschlüsselung der komplizierten Texte natürlich nicht aus.

Bei weitem ergiebiger zeigten sich die wenigen in Englisch verfaßten Bücher. Doch zu ihrem vollen Verständnis waren Kenntnisse der indischen Astrologie notwendig, die unser Wissen bei weitem überstiegen. Neben den auch in den westlichen astrologischen Systemen verwandten Planetenbezeichnungen, Häusern und Aszendenten spielten die als »Ketu« und »Rahu« bezeichneten Mondknoten offensichtlich eine sehr bedeutende Rolle. Außerdem wurden die notwendigen Berechnungen nicht wie im Westen mit Konstanten, sondern mit Variablen, die aus ständigen genauen astronomischen Beobachtungen resultieren, vorgenommen.

Obwohl wir insgesamt drei Tage in der Bibliothek der Theosophen verbrachten, reichte die Zeit nur, um den Schleier, hinter dem sich für uns die indische Astrologie und die vielfältigen anderen Varianten der Zukunftsschau verbargen, ein klein wenig zu lüften.

Über den Ursprung des Nadi-Readings konnten wir in diesen Schriften einiges in Erfahrung bringen. Die Verfasser der theosophischen Bücher vertraten überwiegend die Meinung, daß es sich bei der Kunst des Palmblattlesens um eine uralte, sehr spezielle Art der vedischen Astrologie handelte, von der in unserem Jahrhundert allerdings nur noch über den gesamten indischen Subkontinent verstreute Fragmente übrig geblieben sind. Basis des Nadi-Readings ist demnach die Lehre des Shuka-Nadi. Dabei stand das Wort »Shuka«, was sich am ehesten mit dem Begriff »nachsprechen« ins Deutsche übersetzen läßt, als Synonym für göttliche Weisheit, »Nadi« hingegen für einen bestimmten Augenblick im Ablauf der Zeit. »Nadi« wurde die Methode genannt, weil ursprünglich die Voraussagen durch das Studium des Pulses des jeweiligen Ratsuchenden getroffen wurden, ganz ähnlich, wie ayurvedische Ärzte noch heute bei ihren Patienten ein Pulsdiagnose vornehmen. Die Autoren bescheinigten dem System des Shuka-Nadi eine außerordentliche Präzision und sehr detaillierte Voraussagen. Als einzige Voraussetzung dafür wurde die möglichst genaue Angabe des jeweiligen Geburtsdatums und der Geburtszeit genannt. Die Lehre des Shuka-Nadi beruhte nach diesen Ausführungen offenbar auf der Wahrnehmung von Vergangenheit und Zukunft jenseits unseres herkömmlichen Raum-Zeit-Verständnisses. Darauf aufbauend, sollte das Shuka-Nadi eine lebensberatende Funktion ausfüllen. Es sollte dem Fragenden helfen, die eigentliche Bestimmung seiner derzeitigen Inkarnation zu finden. Diese Sichtweise erschien mir durchaus vernünftig.

Spektakulär wurde es erst, als wir lasen, daß dieses System einer offenbar wissenschaftlich begründbaren Zukunftsschau ursprünglich auf den versunkenen Kontinenten Atlantis und Mu praktiziert worden sei. Im geheimnisvollen Mu sollen einstmals 64 Millionen

Einwohner gelebt haben. Erzählungen berichten von einem Volk, das bereits vor 50.000 Jahren in vielen Belangen unserer Kultur überlegen war, bevor es im Verlauf einer gigantischen Naturkatastrophe im Pazifik versank. Die Überlebenden der untergegangenen Hochkulturen hätten die Methode des Shuka Nadi nach Indien gebracht und sie den »ältesten Weisen« der frühen Indus- und Harappa-Kulturen überliefert.

Der sagenhafte Kontinent Mu ist nachweislich das geistige Kind des französischen Arztes Augustus le Plongeon (1826 bis 1908). Er gehörte zu den ersten Amateurarchäologen, der die Mayakultstätten der mexikanischen Halbinsel Yucatan ausgruben. Dabei entdeckte le Plongeon den sogenannten Troana Codex, einen der wenigen erhaltenen Maya-Texte. Er übersetzte das seltene Manuskript und gab eine recht außergewöhnliche Darstellung des geheimnisumwobenen Kontinentes Mu. Nach le Plongeons Auffassung beherrschte Mu den pazifischen Raum, bis es durch ein Erdbeben zerstört wurde. Der französische Arzt behauptete auch, im Besitz von Beweisen zu sein, die belegten, daß die Bewohner von Mu nicht nur die Urahnen der Maya, sondern auch der Ägypter gewesen sind.

Ein Amerikaner, James Churchward, griff die Forschungsergebnisse Le Plongeons auf und brachte sie in Zusammenhang mit seinen eigenen Untersuchungen in Indien am Ende der siebziger Jahre des 19. Jahrhunderts. Damals entdeckte Churchward in einer unbekannten Tempelanlage Südindiens eine große Sammlung von Tontafeln. Diese Tafeln waren mit altertümlichen Schriftzeichen einer fast vergessenen Sprache bedeckt. Churchward benötigte mehr als zwei Jahre, um diese Schrift unter Anleitung eines Tempelpriesters zu entschlüsseln. Bei dieser Schrift soll es sich – nach seinen Angaben – um die ursprüngliche Sprache der Menschheit handeln. Er bezeichnete die Schöpfer dieser uralten Schrift als »Nacaal«. Aus den Texten ging hervor, daß es sich bei diesem Volk um die Überlebenden einer untergegangenen Hochkultur handelte, die von einem im Pazifik versunkenen Kontinent stammte. Diesen Kontinent nannte Churchward Mu – den Mutterkontinent der Menschheit. Die Naacal hatten nach Churchwards Untersuchungen Kolonien in weiten Teilen der heute bekannten Welt eingerichtet. Sie verließen den sinkenden Kontinent vor etwa 12.000 Jahren und wanderten vor allem in das Gebiet des heutigen Burma ein. Bei der Expansion ihres neuen Reiches erreichten die Nacaal schließlich auch Indien. Dort gingen sie in den frühen Indus- und Harrappa-Kulturen auf, an die sie ihr Wissen – zumindest teilweise – weitergaben. Um Überreste dieses Wissens handelte es sich wohl auch bei den von James Churchward aufgefundenen »Nacaal-Tafeln«. Sie waren tatsächlich nur bruchstückhafte Überlieferungen der Geschichte jener sagenhaften prähistorischen Hochkultur. Churchward erwähnte jedoch auch in seinen Berichten, daß weitere Tafeln dieser einzigartigen Sammlung mit ergänzenden Texten an den »sieben heiligen Rishi-Stätten« Indiens aufbewahrt wurden. Bei diesen heiligen Stätten könnte es sich um die sieben heiligen Städte der Hindus handeln, deren bekannteste Varanasi ist, das die Engländer Benares nannten. Zu den Heiligen Städten gehören aber auch Vrindaban, der Geburtsort Krishnas und Kanchipuram, die »Stadt der Tausend Tempel« im Süden Indiens.

War James Churchward möglicherweise in den Archiven der Tempel von Kanchipuram auf die Spuren der Hochkultur aus der Vorzeit gestoßen? Noch konnten wir diese Frage nicht zufriedenstellend beantworten.

Nach Churchwards Ansicht stammten Brighu, Agasthya und die anderen Rishis aus einer vormenschlichen Hochkultur, einer Welt vor unserer Zeit. Bestätigungen für seine Hypothese fand Churchward nicht nur in den Forschungsergebnissen Le Plongeons, sondern auch in den Untersuchungen seines Freundes und Kollegen William Niven, der in Mittelamerika bei seinen Ausgrabungen ebenfalls beschriftete Tontafeln der Nacaal zutage förderte. Diese sensationellen Funde erzählten von der Entstehung des Universums und der Erde, vom Ursprung des Lebens auf diesem Planeten und den verschiedenen »Weltzeitaltern«, in denen bereits vor Entstehung der Menschheit verschiedene Hochkulturen existierten. Die letzte soll die der Nacaal gewesen sein. Die Thesen von Churchward, le Plongeon und William Niven haben bis heute nicht vermocht, sich gegen die etablierte Geschichtsforschung durchzusetzen. Bemerkenswert aber ist in jedem Fall, daß diese Forscher durch eine Quelle bestätigt werden, die den Historikern noch nicht zugänglich war.

5. Rishis und versunkene Welten

Auch die Hopi-Indianer Nordamerikas, die mit Recht die wohl ältesten Überlieferungen der Menschheitsgeschichte ihr Eigen nennen dürfen, sprechen in diesen Legenden von einer Zeit vor Entstehung der heutigen Menschheit. Sie bezeichnen diese Epoche als die »Dritte Welt«. Daraus läßt sich leicht ersehen, daß vor dieser bereits zwei andere Welten existiert haben müssen. Die Hopi berichten, daß in der Ersten Welt der Gott Taiowa die Menschen erschuf und diese Welt durch Feuer vernichtete, als seine Geschöpfe degenerierten. Nur die Vorfahren der Hopi überlebten die Zerstörung, denn sie sollten die Kunde von diesen Geschehnissen als Mahnung bewahren. Auch die Zweite Welt ging nach Äonen durch Eis zugrunde. Wiederum überlebten die Ahnen der Hopi und kamen in die Dritte Welt. Der dritte Erdteil soll jener Kontinent gewesen sein, den James Churchward Mu, das Mutterland, nannte. Die Hopi kannten diese Dritte Welt unter dem Namen Kasskara. Auch dieser Begriff bedeutet in der Sprache der Hopi noch heute »Mutterland«. Ebenso bezeichneten die Hopi Kasskara auch als »Land der Sonne«.

In der Dritten Welt – genauso wie in den Welten zuvor – standen die Hopi in Kontakt zu Wesenheiten, die sie Kachinas nannten. Nach ihren Überlieferungen waren die Kachinas keine Gottheiten oder Geistwesen, sondern menschenähnliche Lebensformen, die zu den Hopi aus dem Weltenraum gekommen waren. Die eigentliche Heimat dieser Sternenwanderer soll ein Planetensystem in einem weit entfernten Teil des Universums sein. Dieser Ursprung der Kachinas wird von den Hopi Toonaotakha genannt – »der Bund der zwölf Planeten«.

Die Legenden der Hopi aus der Dritten Welt berichten, daß die Kachinas als Hüter der universellen Gesetze, als Lehrer und Berater der jungen Menschheit auf die Erde kamen.

»Genauso wurde die Aufgaben der Rishis in den altindischen Epen definiert!«, rief ich begeistert und staunend zugleich aus.

»Stimmt! Und wie die Rishis waren auch die Kachinas körperliche Wesen, die für ihre ausgedehnten Reisen materielle Flugmaschinen benötigten«, erhitzte sich nun auch Thomas. »Ähnlich wie die

Vimanas im alten Indien hatten auch die Flugwagen der Kachinas unterschiedliche Größe und verschiedene Namen. Da gab es beispielsweise Paatoowa – ›der Fliegende Schild‹. Er soll vorwiegend für Transportaufgaben eingesetzt worden sein. ›Inioma‹ wurde eine Flugscheibenkonstruktion genannt, die über hervorragende Manövriereigenschaften verfügt haben soll. Diese Flugmaschinen sollen eine magnetische Antriebskraft für ihre Fortbewegung genutzt haben. Das Wissen um die Bauweise dieser Maschinen hüteten die Kachinas ganz genau so wie im antiken Indien die Rishis.« Jetzt war Thomas wieder bei seinem Spezialgebiet – alte Flugmaschinen – und seinem begeisterten Redeschwall war gar kein Ende zu setzen.

»Die Flugwagen der Kachinas spielen in den Überlieferungen der Hopi vom Untergang Kasskaras eine entscheidende Rolle. Der gewaltige Kontinent Kasskara versank nach einem mit furchtbaren Naturkatastrophen einhergehenden Polsprung. Eine Ursache dieses Polsprunges soll der nahe Vorbeigang eines großen Himmelskörpers, des ›Todessterns‹, den auch die Sumerer kannten, gewesen sein. Eine andere Ursache war wahrscheinlich eine kriegerische Auseinandersetzung der Bewohner Kasskaras mit der Bevölkerung eines anderen Inselkontinentes – Talawaitichqua, ›das Land im Norden‹. Bei diesen Kämpfen griffen die Armeen Talawaitichquas das Kernland von Kasskara mit einer Art geophysikalischer Waffe an, die in der Lage war, Erdbeben und Vulkanausbrüche hervorzurufen. Der Einsatz des Waffensystems schlug jedoch auch auf Talawaitichqua zurück, das infolge der ausgelösten Energiewellen noch viel rascher im Meer versank als Kasskara. Auch im hellenistischen Kulturkreis wurde von diesem Land gesprochen, das einen Krieg begonnen hatte und durch ihn vollkommen vernichtet worden war.« Thomas blickte mich auffordernd an.

»Platon?« fragte ich vorsichtig.

»Genau! Platon schrieb als erster Europäer den Bericht vom versunkenen Kontinent Atlantis nieder.«

Doch auch Kasskara – das sagenhafte Mu James Churchwards – war dem Untergang geweiht. Mit Hilfe der Kachinas jedoch soll den überlebenden Bewohnern des Kontinentes die Flucht in eine neue Heimat gelungen sein. Östlich von Kasskara nämlich erhob sich infolge der geologischen Veränderungen neues Land aus dem Meer. Dorthin wurden die Vorfahren der Hopi aus Kasskara an Bord der »Fliegenden Schilde«, aber auch in eilig konstruierten Wasserfahrzeugen gebracht. Die Hopi nannten den neuen Kontinent die »Vierte Welt«. Heute findet sich dieses Land unter der Bezeichnung »Südamerika« auf jeder Erdkarte.

Doch bei weitem nicht alle Menschen und Kachinas, die den Untergang Kasskaras überlebten, gelangten in die »Vierte Welt« der Hopi. Einige landeten auf dem heutigen Hawaii. Die Erinnerung daran lebt bis in unsere Tage weiter in den Legenden der »Kahunas«, der Wissenden von Hawaii. Der Begriff »Kahuna« ging aus dem Wort Kachina hervor.

Andere Überlebende wurden an die asiatische Küste verschlagen. Sie landeten auf Inseln, die zu Japan gehören. Noch heute erzählen die Ureinwohner dort die gleichen Legenden wie die Hopi in Amerika. Von Japan aus wanderten die Überlebenden dann auf das asiatische Festland ein und erreichten Burma, dessen ursprüngliche Hochkultur in den Berichten der Hopi als Kolonie von Kasskara bezeichnet wurde.

Hier hatten die geheimnisvollen »Nacaal« Churchwards und die Bibliotheken aus steinernen Tafeln ihren Ursprung. Es handelte sich offenbar um einen Teil der Überlebenden von Kasskara. In der Hoffnung auf eine neue Heimat wanderten sie westwärts. Dabei versuchten sie, soweit es ihnen möglich war, die Erinnerung an ihre eigenen Ursprünge zu bewahren. Einstmals soll in den Archiven von Kasskara ein Wissen von wahrhaft universellem Charakter gehütet worden sein. Das Wissen der Rishis, der Kachinas, die Weisheit der Lenker der Welt, der Großen Alten, die vollkommene Kenntnis vom Ursprung auch unserer Zivilisation und von ihrem kommenden Schicksal. Vieles ging von diesem Wissen im Lauf der Jahrtausende verloren. Dennoch konnte James Churchward mit Recht behaupten, daß zu seiner Zeit immer noch sensationelle Informationen über die wirkliche Geschichte der Menschheit in den Archiven und Bibliotheken der indischen Tempel bewahrt wurden, eingemeißelt in steinerne Tafeln oder niedergeschrieben auf den getrockneten Blättern der Stechpalme, die vor allem im Süden Indiens das Pergament und später auch das Papier ersetzte. Bedeutende Teile der überlieferten Bibliotheken aus Kasskara sollen die individuellen Schicksale von hunderttausenden, vielleicht sogar Millionen von Menschen beinhalten.

Thomas und ich waren uns nun sicher, daß es sich bei diesen heiligen Stätten, von denen die theosophischen Autoren schrieben, um jene Palmblattbibliotheken handeln mußte, die auch wir aufsuchen wollten. Die Stunden und Tage im Lesesaal der Theosophischen Gesellschaft von Madras hatten sich gelohnt. Zufrieden konnten wir unseren Weg fortsetzen.

V. Die Schicksalsbibliothek von Madras

1. Tod und Leben – das Atman

Endlich war es soweit. Am späten Nachmittag des 13. August 1993 rief Thomas nochmals in der Palmblattbibliothek an, um den Termin für das Nadi-Reading zu vereinbaren. Und – Wunder über Wunder – der Palmblattleser war persönlich am Apparat.

»You are from which country?« wollte er wissen.

»From Germany, wir kommen aus Deutschland«, antwortete Thomas.

»Oh, gutten Tack, main Herrrr«, meinte Sri Ramani darauf.

Thomas verschlug es erst einmal die Sprache. Doch dann siegte die Neugier und er wollte wissen, wo Sri Ramani Deutsch gelernt hatte. Dabei stellte sich heraus, daß die Deutschkenntnisse des Palmblattlesers nur wenig über einige Begrüßungsformeln und allgemeine Floskeln hinausgingen. Dafür aber sprach er ein ganz ausgezeichnetes Englisch, so daß die Konversation zwischen Thomas und Sri Ramani keinerlei Schwierigkeiten bereitete. Sri Ramani erzählte, daß er gelegentlich auch Deutschland, die Schweiz und Österreich bereise, um dort Seminare oder Vorträge abzuhalten.

Ich scharrte inzwischen schon ungeduldig mit den Füßen. Ich verstand nur wenig von der englischen Konversation. »Komm endlich auf den Punkt und mach einen Termin aus!« murrte ich still.

»Wann wäre denn ein Nadi-Reading für uns möglich?« erkundigte sich Thomas nach einer ganzen Weile scheinbar nebenbei. Inzwischen kreiste das Gespräch um ganz andere Dinge, Fragen nach dem Woher und Wohin, belanglose Allgemeinplätze … Auch in Indien ist es nämlich eine Frage der Höflichkeit, den Gesprächspartner mit einem Anliegen nicht sofort und nicht direkt zu konfrontieren.

»Kommen Sie doch morgen früh, so gegen neun Uhr vorbei«, bot uns Sri Ramani endlich an. »Ich freue mich, Sie zu sehen.«

Thomas und ich müssen einen wahren Indianertanz an der Rezeption aufgeführt haben, denn die anwesenden Hotelgäste und der

Manager musterten uns mit prüfenden Blicken. Aber das konnte unsere Stimmung in diesem für uns so wichtigen Augenblick nicht trüben.

Ich konnte lange nicht einschlafen. Nicht zum ersten Mal standen Thomas und ich einem unbekannten, schulwissenschaftlich nicht zu erklärendem Phänomen auf Tuchfühlung gegenüber. Doch hier war alles anders. Diesmal betraf es mich ganz persönlich – morgen würde ich mein Schicksal, meine Vergangenheit und meine Zukunft aus Jahrtausende alten Texten erfahren – wenn, ja wenn alles stimmte, was wir bislang über die Palmblattbibliotheken in Erfahrung bringen konnten.

Da ich keine Ruhe fand und mich im Bett hin und her wälzte, stupste Thomas mich an und zog mich aus dem Bett. Wir stiegen hinauf auf die große Dachterrasse des Broadlands. Gemeinsam schauten wir auf die Lichter der riesigen Stadt und versanken gedanklich in den unzähligen Sternen am Himmel über uns.

Ich kuschelte mich nachdenklich in die Arme meines Freundes. »Mein Todesdatum – was wenn morgen gesagt wird, daß ich nur noch fünf Jahre zu leben habe?« fragte ich in das Schweigen hinein. »Ich hab' Angst …«

»Du brauchst aber keine Angst vor dem Tod zu haben«, sagte da plötzlich eine sanfte Stimme aus dem Dunkel. Es war eine junge Stimme, die zu einem Mädchen gehörte, das im Lotussitz auf der Brüstung der Dachterrasse hockte, gute zwei Dutzend Meter über dem finsteren Abgrund.

»Hallo, ich bin Maria. Wie die Jungfrau – bin aber keine mehr«, stellte sie sich vor und sprang gewandt von der Mauer. Wir nannten unsere Namen, ein wenig verwirrt über ihre Art.

»Hab keine Angst, Annett – weder vor dem Leben und schon gar nicht vor dem Tod. Er kann dich nicht zerstören. Habt Ihr schon einmal etwas von Reinkarnation gehört?«

»Gehört schon, aber es wäre übertrieben zu sagen, daß wir darüber Bescheid wüßten.«

»Ich will versuchen, Euch das mal bildhaft zu beschreiben«, begann Maria. »Der Tod ist eigentlich nur ein langer Schlaf vor der nächsten Wiedergeburt. Er ist nichts Endgültiges, Unwiderrufliches, sondern nur ein Zustand zwischen den einzelnen Leben auf dieser Erde oder Existenzen in anderen Seins-Formen.«

Ich war skeptisch und blickte fragend zu Thomas.

»Wenn du nachts schläfst,« fuhr Maria fort und schüttelte ihre dunklen Locken, »dann bist du doch am nächsten Morgen derselbe Mensch, der du auch am Abend zuvor gewesen bist, obwohl dein Bewußtsein während des Schlafes nicht da war, stimmt's?«

Da konnten wir eigentlich nur zustimmen.

»Seht Ihr, und genauso verhält es sich mit dem Tod. Das Atman, wie die Inder sagen – also die unsterbliche Seele …« Maria verdrehte auf komische Weise die Augen und mußte lachen, als sie es bemerkte. »Ich tu mich ein bißchen schwer mit diesen religiösen Begriffen, weil die Kirche zu Hause etwas ganz anderes daraus gemacht hat. Atman also ist ein Funke, der das ganze Universum durchdringenden Schöpferkraft des Brahman. Dieses Brahman selbst ist für den menschlichen Geist unfaßbar, weil es unpersönlich, unendlich und unbeweglich ist. Es stellt kein eigenes Wesen dar, deshalb ist es nicht faßbar. Ihr könnt euch Brahman aber wie das Sonnenlicht auf einer Wasseroberfläche vorstellen. Das Atman hingegen kann eigentlich nur dadurch erklärt werden, was es nicht ist. Man kann es nicht berühren und daher auch nicht zerstören. Es leidet und es stirbt daher auch nicht. Man kann es sich als das Unsterbliche im sterblichen Leib vorstellen. Eigentlich ist auch Atman für den gewöhnlichen Menschen nicht faßbar. Durch Meditation, Askese und Yoga kann man es jedoch erreichen. Dieses Atman nutzt den Zustand des Todes, um von einem Körper auf den anderen überzugehen. Es sucht sich die irdische Hülle, die für seine nächsten Aufgaben im kommenden Leben am geeignetsten ist. Das Bewußtsein aber schläft in diesem Zustand. Daher kommt es auch, daß wir zwar Talente und Fähigkeiten haben, deren Herkunft die Schulwissenschaft nicht erklären kann, wir uns aber normalerweise auch nicht bewußt an ein vorangegangenes Leben erinnern können. Nur der Körper stirbt, das unsterbliche und unzerstörbare Selbst eines jeden Wesens aber wechselt irdische Hüllen so wie wir die Kleider wählen, die einem bestimmten Anlaß angemessen sind. Deshalb wenden sich die Brahmanen beim Begräbnisritual auch an das Atman und sagen ›Geh hin, geh hin auf den alten Pfaden der Vorfahren‹, denn sie wissen um den Maskenball der Seelen auf dieser Welt.«

Wir hörten staunend zu. Maria berichtete weiter über die Ursachen des Todes, so wie diese von den Weisen erkannt und in den Upanishaden niedergeschrieben wurden.

Einst wurde ein junger Brahmane von seinem zornigen Vater ins Jenseits gesandt. Er war der erste Mensch, der das Reich des Totengottes Jama besuchte. Der Totengott war ein vielbeschäftigter Mann und beachtete den Brahmanen nicht. Später erkannte er seine grobe Unhöflichkeit und gewährte dem Brahmanen als Ausgleich drei Wünsche. Als der junge Mann dann den dritten Wunsch nennen sollte, bat er Jama, ihm das Geheimnis des Todes zu enthüllen. Jama antwortete, daß der Tod nur ein Trugbild ist, das in die Welt kam, weil die Menschen ihre Kenntnisse von der Unsterblichkeit ihrer Seelen vergessen haben. Sie wissen nicht mehr, daß die Seele nicht mit dem Körper stirbt. Jama erklärte dem jungen Brahmanen, daß sich der Tod überwinden läßt, wenn es gelingt, das eigene Selbst zu überwinden und zu transzendieren.

»Daran arbeitest Du«, sagte Thomas. Es war keine Frage, eher eine Feststellung.

»Auf die eine oder andere Weise«, antwortete Maria ein wenig unbestimmt. »Aber Ihr arbeitet doch auch daran. Sonst wärt Ihr mit Sicherheit nicht hier.«

Das überraschte uns dann doch ein wenig.

Im Verlauf des weiteren Gespräches stellte sich schließlich heraus, daß Maria, die aus einer streng katholischen Familie »im tiefsten Oberbayern« stammte, ziemliche Probleme mit der christlichen Lehre und noch mehr mit deren Moralvorstellungen hatte. Noch nicht einmal 20 Jahre alt entschloß sie sich, ihren eigenen Weg zu suchen. Neben einem Studium der Philosophie hatte sie auch eine Ausbildung zur Yogalehrerin absolviert. In Chidambaram, einer Stadt im Süden Indiens, hatte sie schließlich ihren Meister gefunden, der sie in Kundalini-Yoga ausbildete. Zu diesem Mann war sie nun wieder unterwegs, so wie jedesmal, wenn das Philosophiestudium ihr dazu Zeit ließ.

»Gehört es auch zum Yoga, sich in 20 Meter Höhe über dem Erdboden wie eine Lotusblüte im Nachtwind zu wiegen?« scherzte Thomas.

»Ich habe bevor Ihr kamt, über dasselbe Thema meditiert, das wir jetzt besprochen haben«, antwortet Maria. »Die Angst vor dem Tod und die Überwindung des Todes. Manchmal klappt das schon ganz gut. Ich hatte früher mal schreckliche Höhenangst und jetzt sitz ich manchmal stundenlang an einem Abgrund oder eben auf der Brüstung hier. Die Angst ist völlig verschwunden.« Maria streckte sich und gähnte. »Aber jetzt geh ich ins Bett und ich würde Euch raten, dasselbe zu tun. Mein Meister sagt immer, daß wir aus dem Westen sowieso ungesund leben. Er meint, nur wer mit dem Sonnenuntergang zu Bett geht und mit dem Sonnenaufgang aufsteht, lebt im Einklang mit der Natur. Ein solcher Mensch, heißt es, wird niemals krank.«

Von diesen Erkenntnissen des Yoga waren wir wirklich noch meilenweit entfernt, doch konnte es wirklich nichts schaden, Marias Rat zu befolgen.

Maria klopfte mir zum Abschied noch einmal leicht auf die Schulter und flüsterte: »Und denke immer daran: es ist alles, wie es ist. Und es ist gut so!«

Am nächsten Morgen waren Thomas und ich schon zeitig auf den Beinen, denn der Hotelmanager hatte uns erklärt, daß die Fahrt zur Palmblattbibliothek im Stadtteil East Tambaram mit dem Scooter eine Stunde und länger dauern könnte. Zu unserem Termin in der Schicksalsbibliothek wollten wir natürlich auf keinen Fall zu spät kommen.

2. Beobachtungen in der Bibliothek von Ramani

Unser Fahrer mit seinem Scooter kämpfte sich todesmutig durch das morgendliche Gewühl im labyrinthischen Straßendschungel von Madras. Zahlreichen Stops folgten und noch mehr Fragen nach dem Weg, die mit größter Zuverlässigkeit natürlich falsch beantwortet wurden, da die Befragten den Weg ebenso wenig kannten wie unser wagemutiger Scooterpilot. Wie durch ein kleines Wunder erreichten wir dann doch gegen 9 Uhr die idyllisch und weitab vom üblichen Straßenlärm gelegene Palmblattbibliothek Sri Ramanis.

Eigentlich ist seine Bibliothek zugleich auch ein kleiner Ashram. Das ganze Areal besteht aus mehreren Wohn- und Wirtschaftsgebäuden sowie einer mit Palmstroh gedeckten, hellen und luftigen Empfangshalle, in der auch während der größten Mittagshitze aufgrund der traditionellen und dem Klima angepaßten Bauweise immer eine angenehme Kühle herrscht. Besonders aber fiel uns die recht große Baustelle in der Nähe von Sri Ramanis Ashram auf. Wir erfuhren später, daß er dort für seine immer zahlreicher werdende Anhängerschaft mit beachtlichem Aufwand ein modernes Gästehaus errichten ließ, das zwischenzeitlich fertiggestellt worden ist. Wer es wünscht, kann inzwischen gegen einen kleinen Obolus seine Zeit in Madras in unmittelbarer Nähe Sri Ramanis und der Palmblattbibliothek verbringen.

Wir waren die einzigen anwesenden Ausländer inmitten zahlreicher Inder, die in Sri Ramanis Palmblattbibliothek offenbar ebenfalls den Rat oder zumindest den Segen des Rishis zu erhalten hofften. Am Eingang der Bibliothek erwartete uns bereits ein dienstbarer Geist. Er bat uns zunächst, die Schuhe auszuziehen. In jedem traditionellen indischen Haushalt und selbstverständlich in jedem Tempel oder an heiligen Plätzen bleiben die Schuhe vor der Schwelle zurück. Sie werden als unrein angesehen und sind buchstäblich »das Unterste«. Wirft der unzufriedene europäische Zuschauer eines mißratenen Theaterstückes mit faulen Tomaten, so schleudert der Inder seine abgetragenen Latschen. Aus diesen Gründen hockt man sich im Indien auch traditionell im Schneidersitz nieder. Dann zeigen nämlich die Fußsohlen auf niemanden und insbesondere nicht auf den Hausaltar oder andere heilige Plätze, denn diese würden dadurch entweiht.

Aufgrund dieser für einen Europäer komplizierten Verhaltensmaßregeln waren wir froh, daß wir zunächst im Vorraum der eigentlichen Empfangshalle Platz nehmen durften. Dieser Vorraum war glücklicherweise mit Teppichen und Bambusmatten ausgelegt, so daß wir uns ein wenig an die ungewohnte Sitzhaltung gewöhnen konnten. Unsere umfangreiche Ausrüstung – Fotoapparate, Diktiergeräte, Kassetten und Akkus – erleichterte diese Übung nicht gerade. Doch von unserem Sitzplatz aus hatten wir sehr gute Sicht auf das Geschehen um den Palmblattleser.

Der Raum war über und über mit Statuen und Bildern hinduistischer Gottheiten und der Rishis geschmückt. Die Statuen versanken buchstäblich in einem Meer aus Blüten, das sie bedeckte. Diese Blumen und zahlreiche brennende Räucherstäbchen verbreiteten überaus angenehme Düfte. Wir waren eingetreten in eine Oase der Stille und des Friedens inmitten des hektischen indischen Alltags – anders kann ich nicht ausdrücken, was ich damals empfand. Hier gingen die Uhren anders. Die Zeit der Menschen spielte in diesen Räumen keine Rolle.

An der Stirnseite des Raumes saß neben den blütenbekränzten Bildern eines Rishis und seiner Gefährtin – später sollten wir erfahren, daß das Gemälde Sri Kaka Bujanda Maharishi zeigte, den Schöpfer der Palmblattbibliothek von Madras – ein Mann in den mittleren Jahren. Er war nur in einen safrangelben Dhoti – das traditionelle indische Wickelgewand – gehüllt und saß auf einem Tigerfell.

Das mußte Sri Ramani sein. Er war für indische Verhältnisse ungewöhnlich groß und kräftig gebaut. Seine helle Haut war ein untrügliches Zeichen dafür, daß Sri Ramani wie seine Ahnen dem Brahmanenstand entstammte. Er trug eine Brille und hatte sein schon etwas schütter werdendes Haupthaar straff nach hinten gekämmt. Auf seiner Stirn waren mit weißer Asche drei Querstreifen gezogen. Diese Zeichen symbolisieren die Dreiheit der Gottheit Shiva und stehen für deren asketisches Streben nach dem Auslöschen der drei Unreinheiten – Selbstsucht, eigennütziges Handeln und Maya, die Täuschungen der materiellen Welt.

Mit den Segnungen dieser materiellen Welt schien Sri Ramani jedoch ebenso gut umgehen zu können. Neben ihm am Boden lag ein modernes Funktelefon, von dem er ab und an Gebrauch machte.

Als wir ankamen, hielt Sri Ramani gerade eine Puja – eine zeremonielle Anbetung der Rishis – mit seinen Anhängern ab. Er sang mit lauter, wohltönender Stimme die Bhajans, die religiösen Hymnen aus den alten Schriften. Danach verteilte er an die Anwesenden

Früchte und Süßigkeiten, die auf einem Altar vor den Abbildern Kaka Bujanda Maharishis, Shivas und Parvatis gelegen hatten. Solche Gaben werden als Prasad bezeichnet, das sind Speisen, von denen symbolisch die Gottheit gekostet hat und die dadurch geheilt wurden. Sie gelten als die Reste des Males der Gottheit und werden nach Abschluß der Zeremonie an die Gläubigen verteilt.

Auch Vibuthi, heilige Asche, die aus dem Opferfeuer entsteht, gab Sri Ramani seinen Anhängern mit, wahrscheinlich als Mittel gegen Krankheiten und als Elixier zur inneren Wandlung.

Danach verließen die meisten Anwesenden den Raum unter allen Anzeichen der höchsten Ehrerbietung. Für diese Menschen war Sri Ramani nicht nur der Hüter des Palmblattorakels, sondern auch ihr Guru, ein spiritueller Lehrer, der sie auf ihrem eigenen geistigen Entwicklungsweg anleitete und begleitete.

Die Zeremonie hatte mindestens eine halbe Stunde gedauert.

3. Mein Reading

Endlich bat uns Sri Ramani zu sich heran. Wir verbeugten uns und nahmen zu seinen Füßen auf einem kleinen Teppich Platz. Dann schilderten wir unser Anliegen und tappten auch sofort in ein Fettnäpfchen. Eines nämlich glaubten wir während unseres Aufenthaltes hier in Indien gelernt zu haben: bevor man sich auf ein Geschäft einläßt, muß der Preis ausgehandelt werden. So fragte Thomas auch ohne Umschweife, wieviel die Zeremonie des Nadi-Readings pro Person kosten sollte. Sri Ramani verzog das Gesicht, als habe er auf eine faule Chilli-Schote gebissen. Wir merkten, daß unsere wohlfeil zurechtgelegten Maßstäbe bei diesem Mann absolut nicht paßten. Fast beleidigt wehrte Sri Ramani diese Frage ab und erklärte uns, daß er die Reading als heilige Aufgabe sieht.

»Verstehen sie, ich nehme dafür kein Geld. Wenn sie etwas geben möchten, dann ist das Ihre Entscheidung. Das Geld wird auf jeden Fall denen zukommen, die es brauchen. Den armen Leuten da draußen in Tambaram. Glauben Sie mir, davon gibt es hier mehr als genug«, sagte er mit einem traurigen Lächeln.

Doch trotz unseres kleinen Ausrutschers war Mr. Ramani sehr freundlich und schob uns ein Stück Papier hin, auf dem wir zunächst unsere Namen und Geburtsdaten notieren sollten. Das Orakelhafte der Zeremonie begann dann aber spätestens in dem Augenblick, als jeder von uns beiden neun polierte Muscheln gleich einem Würfelspiel über einem Mandala werfen mußte, daß in einen kleinen Teppich gestickt war. Danach suchte der Nadi-Reader die im Zentrum des Mandalas liegenden Muscheln heraus. Ihre Zahl, verbunden mit den bereits genannten Daten, bildete offensichtlich die Information für das Auffinden des persönlichen Palmblattes unter Tausenden von Palmblattmanuskripten, die in Bündeln von mehreren hundert Palmblättern jeweils zwischen zwei schmalen, lackierten Holzbrettchen auf Kordeln aufgefädelt waren. In einem kleinen Schrein neben Sri Ramanis Platz lagen mindestens fünf Dutzend dieser Palmblattbündel.

»In diesen Manuskripten sind die Palmblätter für all jene Menschen enthalten, die heute zu einem Nadi-Reading kommen können. Jeden Morgen bringe ich aus der Bibliothek die Manuskripte für den neuen Tag hierher. Manchmal sind es nur einige wenige Palmblattbündel, manchmal so viele wie heute«, erklärte Sri Ramani.

Er schaffte es tatsächlich in wenigen Minuten, jene beiden Palmblattbündel aus der großen Anzahl der Manuskripte auszusortieren, die unsere persönlichen Palmblätter enthalten sollten. Bei beiden Palmblattbündeln löste Sri Ramani bedächtig die Kordeln, fächerte die Palmblätter auf und begann darin zu blättern, ganz so, wie wir in einem Buch oder dem umfangreichen Katalog einer Bibliothek blättern würden.

Schließlich schnalzte er überrascht mit der Zunge und nickte dann befriedigt.

»Ich hab Ihre Palmblätter gefunden«, sagte Sri Ramani. »Eine sehr interessante Information, auch für mich.« Er wiegte bedeutungsvoll den Kopf.

Thomas hielt sein Diktiergerät hoch.

»Dürfen wir das Reading mitschneiden?«

»Ich mache Ihnen einen anderen Vorschlag«, antwortete Sri Ramani. »Ich werde die alten Texte gleich schriftlich ins Englische übersetzen, da ich mich dabei besser auf die korrekte Interpretation der einzelnen Begriffe und Kalenderdaten konzentrieren kann. Die Übersetzung wird in zwei Abschnitten geschehen. Zunächst übersetze ich ihnen die Textabschnitte, die den Lebensabschnitt von Ihrer Geburt bis zum heutige Tag betreffen. Anschließend werde ich Ihnen all das notieren, was Sri Kaka Bujanda Maharishi zu Ihrer Zukunft bis zum Tag Ihres Todes gesagt hat. Bei manchen Aussagen kann es aber so sein, daß sie sowohl Ihre Vergangenheit als auch Ihre Zukunft betreffen. Haben Sie bitte ein wenig Geduld. Die Übersetzung wird mindestens eine halbe Stunde dauern, vielleicht auch länger. Bleiben Sie ruhig hier sitzen«, bat er uns, als wir uns entfernen wollten. »Sie können mir zuschauen oder meditieren oder sich einfach umsehen.«

In den nächsten beiden Stunden schien Sri Ramani vergessen zu haben, daß es uns überhaupt gab. Er konzentrierte sich vollkommen auf die Palmblatt-Texte und beschrieb mit seinen klaren, energischen und sicheren Schriftzügen ein Blatt Papier um das andere. Sein Stift schien nur so über das Papier zu fliegen. Ab und an wurde Sri Ramani über sein Handy angerufen. Doch auch während er die Anrufer kurz abfertigte, unterbrach er die Übersetzung nicht. Es war faszinierend, den Palmblattleser gleichzeitig ein Telefonat führen zu sehen, während sein Schreibstift mit unverminderter Geschwindigkeit über das Papier flitzte. Selbst wenn er uns die fertig beschriebenen Bögen reichte, geschah das in einer Art distanzierter Abwesenheit, ganz so als hätten wir eigentlich nichts mit dem zu tun, was hier vor unseren Augen geschah.

Nur einmal, als er Thomas die ersten beschriebenen Blätter überreichte, fragte er kurz: »Können Sie es lesen?«

Thomas nickte, denn seine Schrift war wirklich problemlos zu verstehen.

»Dann lesen Sie. Das ist der Lebensabschnitt von Ihrer Geburt bis zum heutigen Tag.«

Thomas vertiefte sich in die Übersetzung des Textes seines Palmblattmanuskriptes. Er las schweigsam, aber seine Stirn zog sich immer mehr in Falten und er schüttelte mehrfach den Kopf. Erschrocken über seine Reaktion, stupste ich ihn an und flüsterte:

»Sind die Aussagen falsch?«

Thomas schüttelte nur wieder bedächtig den Kopf, ohne seinen Blick vom Papier zu lösen.

»Nein, alles korrekt! Ich kann es nicht fassen! Woher wußte er …?« und las weiter.

Nach einer halben Ewigkeit ließ Thomas die Papierbögen auf seine Knie sinken.

Sri Ramani blickte kurz auf und fragte: »Trifft zu, was das Palmblatt über Ihre Vergangenheit aussagt?«

Thomas nickte, sprachlos vor Verwunderung.

Sri Ramani reichte ihm lächelnd weitere, eng beschriebene Bögen.

»Dann lesen Sie jetzt bitte das über Ihre Zukunft.«

Die Gesichtszüge meines Freundes zeigten ein wahres Wechselspiel. Mal lächelte er in sich hinein, dann wieder wurde er ernst und versonnen. Dennoch hatte ich das Gefühl, daß ein Ausdruck des Friedens in seinen Zügen lag.

Mir waren inzwischen die Füße eingeschlafen und mein rechtes Knie schmerzte vom ungewohnten Sitzen, doch ich wagte nicht mich zu rühren, da ich diese andächtige Stille nicht durch eine meiner Bewegungen stören wollte. Trotz meiner Nervosität zu Beginn überkam auch mich langsam eine meditative Ruhe. Mir fielen wieder Marias Worte beim Abschied ein: »Und denke immer daran: es ist alles, wie es ist. Und es ist gut so!«

Noch während Thomas las, hatte Sri Ramani mehrere Papierbögen für mich beschrieben und reichte sie mir. In diesem Moment wurde mir wieder einmal schmerzlichst bewußt, daß ich kein Englisch gelernt hatte. In meiner Schule in der DDR stand nicht die Wahl zwischen Englisch und Französisch. Es wurde einfach festgelegt, daß die Jungen – wegen der bevorstehenden Zeit in der Nationalen Volksarmee – neben Russisch nun auch Englisch und die Mädchen Französisch lernen sollten. In diesem Augenblick in der Palmblattbibliothek von Madras schwor ich mir allerdings, recht bald die fehlende Sprache zu lernen.

Thomas übersetzte mir schließlich leise den geschriebenen Text. Diese Übersetzung ist im Nachfolgenden kursiv wiedergegeben. Die

Anmerkungen zu den einzelnen im Text des Palmblattes geschilderten Fakten sind in Klammern gesetzt. In bezug auf die kalendarischen Daten gibt es einen Unterschied, der recht oft zu nicht unerheblichen Mißverständnissen führt. Wenn ein Europäer sagt, er sei dreißig Jahre alt, so bedeutet dies, daß er den dreißigsten Geburtstag schon hinter sich hat und sich im einunddreißigsten Lebensjahr befindet. Wenn ein Inder hingegen behauptet, er sei im dreißigsten Lebensjahr, so bedeutet dies, daß er nach europäischem Verständnis erst 29 Jahre alt ist, da in Indien immer das Lebensjahr angegeben wird, in dem sich die betreffende Person gerade befindet.

Im nachfolgenden möchte ich nur die wichtigsten Abschnitte des Nadi-Redings wiedergeben, wie sie mir von Thomas übersetzt wurden.

Ich erfuhr präzise Details aus meiner Vergangenheit. Mein Palmblatt sagte beispielsweise aus:

Du hast einen Bruder, der zehn Jahre älter ist als du. Er hat das Elternhaus bereits früh verlassen und lebt jetzt in einer Stadt nördlich von deinem Geburtsort. Euer Kontakt ist dennoch gut.

(Mein Bruder, zu dem ich tatsächlich eine gute Beziehung habe, lebt in Cottbus, einer Stadt ca. 200 km nördlich von meinem Geburtsort Freital.)

Im Februar 1989 nach westlichem Kalender hast du deinen jetzigen Partner getroffen.

(Dies war tatsächlich so! Am 15. Februar 1989.)

Bezüglich einer existentiellen Lebenskrise zwischen dem 16. und 19. Lebensjahr erklärte das Palmblatt:

Schon seit deiner Kindheit warst du anders als die Menschen in deiner Umgebung. Du kanntest deine Vergangenheit nicht. Sie war dir nicht wichtig. Doch du bist mit besonderen Gaben gesegnet. Du kannst die Zukunft der Menschen und Dinge sehen. Als du diese Gabe erkanntest, machte sie dir Angst. Sei nicht traurig und besorgt, die Angst ist ein Teil deines spirituellen Erwachens. Die Zeit deines Erwachens begann in deinem 17. Lebensjahr, als du anfingst, dir deiner Gaben bewußt zu werden. Du wirst diese Gaben in der Zukunft nutzen, um anderen Menschen zu helfen, ihre Leiden zu heilen oder zu lindern.

Im Anschluß an diese Reise wird dein Partner körperlich in eine Situation geraten, in der er die Hilfe von Ärzten in Anspruch nehmen muß. Die einzige jedoch, die ihn heilen kann, bist du, denn du bist in der Lage, ein Kanal für mächtige heilende Energien zu sein. Diese Situation wird es dir ermöglichen, dich an dieses heilige Wissen zu erinnern. Von dieser Zeit an wirst du wissen, daß es deine eigentliche Aufgabe ist, Menschen mit der Macht des Geistes und durch die Gabe deiner heilenden Hände zu helfen und ihr Leiden zu lindern.

(Im September 1993 mußte sich Thomas aufgrund merkwürdiger Symptome – einer außerordentlich starken, aber ansonsten schmerzlosen Lymphknotenschwellung am Hals – in ärztliche Behandlung begeben. Er wurde von seinem Hausarzt in ein Krankenhaus in Dresden eingewiesen. Aufgrund des Indienaufenthaltes kam Thomas dort unter »Beobachtung« in Quarantäne und mußte sich darüber hinaus mehreren äußerst schmerzhaften Untersuchungen des Rachen- und Halsbereiches unterziehen. Natürlich trug diese Prozedur nicht zur Hebung seines allgemeinen Wohlbefindens bei. Als ich ihn zur Besuchszeit in diesem Zustand sah, machte ich mir ernstlich Sorgen und fragte die behandelnde Ärztin nach den möglichen Ursachen der Krankheit. Diese wollte bei Thomas das »Pfeifersche Drüsenfieber«, eine äußerst heimtückische und langwierige Krankheit, diagnostiziert haben, die vor allem dauerhaft innere Organe wie Leber, Nieren oder sogar das Herz unheilbar zu schädigen imstande ist. Ich fuhr nach Hause und war von dieser Botschaft völlig niedergeschmettert. Am Abend und in der Nacht grübelte ich ununterbrochen darüber nach, wie ich Thomas helfen könnte. Und plötzlich »wußte« ich genau, was ich tun mußte. Meine Hände vollzogen ein mir völlig fremdes Ritual, das mir innerlich doch so vertraut war. Ein uraltes Wissen durchfuhr mich wie ein heller Lichtball. Ich spürte, wie durch meinen Körper mächtige Energien wirkten, von denen ich vorher nichts wußte, allenthalben etwas Unbestimmtes ahnte. Ein neuer Weg eröffnete sich mit ungestümer, lichter, heilender Kraft.

Der sonst so skeptische Thomas berichtete mir am nächsten Tag: »Ich träumte in dieser Nacht ungewöhnlich klar. Ich sah mich auf diesem Krankenbett in dem tristen Zimmer liegen, das urplötzlich von einem unglaublich hellen und zugleich unendlich warmen goldenen Licht erfüllt wurde. Dieses überaus angenehme Licht schien meinen Körper zu durchfluten und zu reinigen. Wie lange dieser Traum andauerte, ist unmöglich festzustellen.« Am nächsten Morgen jedoch erwachte Thomas ausgeruht – und gesund. Die Symptome der seltsamen Erkrankung waren vollkommen verschwunden, ohne daß die Ärzte die Ursache dieser spontanen Heilung hätten bestimmen können.)

Dieses Erlebnis und die Entdeckung meiner Fähigkeiten als Geistheilerin hat mein Leben seither völlig verändert. Ich nutze diese Gaben nun oft sehr erfolgreich, um kranken und von der klassischen Schulmedizin zum Teil bereits aufgegebenen Patienten zu helfen. Die Palette der mit Erfolg behandelten Krankheiten spannt sich von der – eigentlich banalen – chronischen Bronchitis über psychosomatische Leiden und Allergien bis hin zu so ernsten Erkrankungen wie Leukämie, Krebs oder Multiple Sklerose. Nicht in allen Fällen ist eine Heilung möglich, stets jedoch eine erhebliche Minderung des Leidens. Inzwischen habe ich auch eine Heilpraktikerausbildung absolviert – genau wie es bei Sri Ramani geschrieben stand.

Auch zu meinem größtem Problem – den stets wiederkehrenden Todesängsten und Visionen – fand sich in meinem Palmblatt eine Erklärung.

Du trägst Dinge aus einem früheren Leben mit dir herum, die dich belasten. Du bist in diesem vergangenen Leben eines gewaltsamen Todes gestorben und ein Teil deines Selbst erinnert sich an diese Ereignisse. Diese Erinnerung ruft bei dir eine grundlose Angst vor dem Übergang in eine andere Welt hervor. In deinem 22. Lebensjahr, im Jahr 1994 nach dem westlichen Kalender, wirst du in deiner Heimat eine Meisterin treffen. Durch ihre Hilfe wird es dir gelingen, dich von diesen Todesängsten zu befreien. Du wirst deine Meisterin anläßlich deines Auftritts vor einer breiten Öffentlichkeit kennenlernen.

(Am 1. Juni 1994 wurden Thomas und ich völlig überraschend zu einer Nachmittags-Talk-Show eines ebenso bekannten Kölner TV-Senders eingeladen, bei der es auch um unsere Erfahrungen mit den indischen Palmblattbibliotheken ging. Anläßlich dieses Ereignisses traf ich zum ersten Mal Renate Winkler aus München, eine wirklich begnadete Heilerin und zugleich ein hervorragendes Medium. Wir waren uns auf den ersten Blick sympathisch, und besonders ich schloß Renate sofort ins Herz. Durch eine einstündige energetische Behandlung gelang es ihr tatsächlich, mir die drückende Angst vor dem Tode zu nehmen.)

Über meine weitere Zukunft hieß es unter anderem:

Du wirst ein Studium aufnehmen in deinem 22. Lebensjahr in einer Stadt, die weit westlich von deinem Geburtsort liegt an der Grenze zu einem anderen Land, in dem eine andere Sprache gesprochen wird. Du wirst ein Jahr von dem Mann getrennt sein, den Du liebst und mit dem du heute an diesem Ort bist – Thomas. Dann wirst du zurückkehren in deine Heimat und wirst dein eigenes Geschäft eröffnen. Dieses Geschäft hat mit Kommunikation, Darstellung, Organisation und Öffentlichkeit zu tun. Außerdem wird deine Berufung – das Heilen – dir zum Beruf werden. Viele Menschen, nicht nur aus deiner Heimat, werden zu dir kommen und deine Hilfe suchen. Im 25. Lebensjahr heiratest du Thomas, an einem Tag, wo die Zahl 7 eine große Bedeutung hat. Dein Geschäft wirst du in deinem 26. Lebensjahr vergrößern. Du wirst dann Reisen nach Indien organisieren. Diese Firma wird sehr erfolgreich sein. Ihr werdet oft gemeinsam reisen und auch über diese Reisen schreiben. Deine eigentliche Aufgabe aber ist es, anderen Menschen mit deinen Gaben zu helfen und ihre Leiden zu lindern. Fürchte nicht deine Kräfte und keine Widerstände. Die göttliche Kraft der Rishis, aus deren Gegenwart du gesandt wurdest, ist stets mit dir.

(Im Jahr 1994 begann ich in Köln ein Studium der Regionalwissenschaften, spürte jedoch rasch, daß dies nur eine Sackgasse in meiner Entwicklung war. So kehrte ich 1995 zurück in meinen Heimatort und wagte den Weg in die Selbständigkeit als freie Mitarbeiterin einer Public-Relation-Agentur in Dresden. Ich habe diesen Schritt nie bereut, half er doch, mir den notwendigen Freiraum für meine Tätigkeit als Heilerin zu schaffen. Im November 1997 erweiterte ich mein Geschäft durch die Gründung des Unternehmens RITTER-REISEN, mit dem ich Reisen weltweit, aber vor allem zu den indischen Palmblattbibliotheken in einer individuellen Atmosphäre anbot. 1996 heiratete ich Thomas. Wir hatten lange gerätselt, was es wohl mit der Zahl 7 auf sich hatte, fanden aber keine Lösung. So legten wir als Hochzeitsdatum den 22.9.1996 fest und stellte beim Schreiben der Einladungskarten fest, daß wir an diesem Tag 7 Jahre, 7 Monate und 7 Tage ein Paar waren.)

Der Palmblattleser nannte für mich nicht die genaue Todeszeit, sondern bedeutete mir auf die entsprechende Frage:

»Das vorausgesagte lange Leben bedeutet über 80 Jahre. Wenn es dann in diesem Alter Zeit ist zu gehen, spürst du das.«

Man mag sich ausmalen, wie beeindruckend diese überaus präzisen Aussagen wirkten. Leider entging mir in diesem Augenblick, daß mir für einen riesigen Lebensabschnitt – zwischen meinem 28. und 81. Lebensjahr, immerhin 53 Jahre (!) kaum Daten genannt wurden. Lediglich Formulierungen wie *Du wirst Kinder haben und ab Deinem 30. Lebensjahr auch im Ausland leben* wurden von Thomas übersetzt. Ich war noch so aufgeregt und begeistert, daß mir dies erst viel später auffiel. Ich war so glücklich, endlich einen klaren Weg vor mir zu sehen, der auch meine Probleme und meine Sinnsuche lösen würde. Erst viele Jahre später fand ich durch Thomas eine Erklärung für diese Pauschalisierung, doch dazu später.

In dem Zusammenhang darf aber auch nicht verschwiegen werden, daß die Texte dieses Palmblattes gekürzt wiedergegeben worden sind. Ich will mir – bei aller Objektivität – eine bestimmte Privatsphäre erhalten und weder mich selbst, noch meine Familie oder bestimmte Ereignisse zum Gegenstand von Spekulationen machen.

Sri Ramani sah unsere ehrliche Verblüffung nach dem Abschluß der Lesungen. Obwohl ihm die Anspannung nach der langen Arbeit anzusehen war, wirkte er doch auch ein wenig amüsiert. Zum Abschluß der Zeremonie markierte er mit Vibuthi – der heiligen roten Asche – die Tikha, das Dritte Auge, auf unseren Stirnen, ein Zeichen des besonderen Segens Sri Kaka Bujanda Maharishis. Es ist auch der Punkt, an dem Brahma, der Schöpfergott, einst das erste lebendige Wesen berührte, als er es aus dem Zustand der Unbewußtheit zum Menschen erhob.

Außerdem erlaubte uns Sri Ramani, ihn selbst, die Palmblattbündel und die Bibliothek ausgiebig zu fotografieren – eine Aufforderung, der Thomas nur allzu gern nachkam. Inzwischen überreichte Sri Ramani mir eine kleine Broschüre mit dem Titel »Narbhavee«, die zum nächsten Dankopferfest für Sri Kaka Bujanda Maharishi einlud.

In dieser Broschüre war auch eine kleine Biographie des Meisters niedergeschrieben, die ich interessiert las, da sie in Deutsch für seine Anhänger verfaßt war:

»Sri R.V. Ramani Guruji wurde 1937 in Südindien in einer Brahmanenfamilie geboren, wo er zusammen mit seinen Geschwistern aufwuchs und eine Ausbildung als Englischlehrer absolvierte. 1962 nahm sein Leben eine neue Wendung. Er war auf dem Weg von Bhutan, wo er als Englischlehrer arbeitete, zurück zu seiner Familie, als er von einem alten, ihm unbekannten Mann namentlich angesprochen und gebeten wurde, mitzukommen. In den folgenden Stunden hatte er ein zutiefst mystisches Erlebnis, das mit der Bitte endete, seine Familie zu informieren und wiederzukommen. Damit begann für Sri Ramani Guruji ein neues Leben, denn er hatte seinen Guru, seinen spirituellen Lehrer, gefunden, mit dem er die nächsten Monate zusammenblieb. Während dieser Zeit intensiver Unterweisungen wurden Sri Ramani Guruji alle spirituellen Fähigkeiten seines Gurus übertragen. Der Einsatz dieser Fähigkeiten ist für ihn die Verpflichtung, für jeden – unabhängig von Person, Herkunft und Ansehen – dazusein. Sein Guru übergab ihm zum Abschied eine stattliche Anzahl von uralten beschrifteten Palmblättern, aus denen er künftig zum Wohl der Menschen lesen sollte, wobei dieses Rezitieren jedoch nicht auf das konkrete Vorhandensein eines Palmblattes beschränkt ist.«

Wie bitte? Hatte ich dies wirklich richtig verstanden? Das Lesen des Palmblattes ist nicht nur das Vortragen der Niederschrift? Ich stutzte.

»Ja, das Palmblatt ist für mich eine Art Medium, um selbst wie die weisen Rishis in der Akasha-Chronik zu lesen!« antwortete Sri Ramani in gebrochenem Deutsch auf meine bis dahin nur gedanklich gestellten Fragen.

Fasziniert las ich weiter:

»… Palmblattbibliothek von Sri Ramani Guruji besteht aus speziell präparierten, länglichen Blättern der Stechpalme und sind zum Teil mehrere tausend Jahre alt. Sie muß regelmäßig durch besondere Anwendungen gepflegt werden, um erhalten zu bleiben. Die Blätter von 3 bis 6 cm Breite und unterschiedlicher Länge und sind mit Holzdeckeln verschnürt. Die Palmblätter enthalten sowohl Texte als auch Zeichnungen. Der Inhalt soll sich einerseits auf unterschiedliche Themen der heutigen Zeit beziehen. So werden unter anderem weltanschauliche, ethische, politische und wirtschaftliche Themen behandelt. Andererseits sind natürlich konkrete Personen und deren Entwicklung in der Vergangenheit, Gegenwart und Zukunft beschrieben.

Die Inhalte wurden von Inkarnationen des Sri Kaka Bujanda Maharishi geschrieben, der die Texte in einer alten, nicht mehr gesprochenen Version der tamilischen Sprache verfaßt hat.

Dieser Maharishi ist eine der fünf Formen Shivas und gilt in der Hinduistischen Tradition als der Sachverwalter und Bewahrer allen Wissens, der als Einziger allen Zyklen von Zerstörung und Aufbau des Universums überlebt. Nach jeder Zerstörung des Universums ist es seine Aufgabe, das alte Wissen zur Verfügung zu halten. - Sri Ramani Guruji's Botschaft an die Menschen ist ›Denk Gutes! Sprich Gutes! Tue Gutes!‹«

Ich war zwar nun von der Echtheit des Nadi-Readings überzeugt. Mit zahlreichen Fotos hatte Thomas den Aufenthalt in der Palmblattbibliothek dokumentiert, und wir waren im Besitz der englischen Übersetzungen unserer Palmblätter.

Doch genügte das als Beweis?

Ich glaubte dem Nadi-Reading des Mr. Ramani.

Jedoch: wer würde mir glauben?

Es gab nur einen Beweis – die Palmblätter selbst. Und so wagten Thomas und ich in diesem Augenblick das scheinbar Unmögliche. Wir baten Sri Ramani um unsere Palmblätter; baten darum, sie nach Europa mitnehmen zu dürfen. Solch einer Bitte war – meines Wissens – noch niemals stattgegeben worden.

Der Palmblattleser hingegen wirkte wegen unseres außergewöhnlichen Anliegens keineswegs überrascht, sondern im Gegenteil ganz so, als habe er eben die Bestätigung einer Voraussage erfahren. Er bat uns, zunächst noch einmal im Vorraum auf dem Teppich Platz zu nehmen. Wir folgten seinem Wunsch, nicht ohne ihm zuvor jedoch einen großzügig bemessenen Betrag als Dank für die umfangreichen Lesungen zu überreichen. Er legte die Geldscheine mit einem freundlichen Lächeln einfach beiseite.

Den Grund für Sri Ramanis Bitte erfuhren wir bereits nach wenigen Augenblicken.

4. Das Reading für Einheimische

Thomas und ich hatten nun das unglaubliche Glück, ein Nadi-Reading für Einheimische miterleben zu dürfen. Jeder, der sich mit dem Thema dieser ungewöhnlichen Orakel intensiver beschäftigt, wird früher oder später erkennen müssen, daß die Palmblattbibliotheken von den Rishis nicht geschaffen wurden, um die Neugier westlicher Touristen zu befriedigen. Sie dienen vor allem dazu, den Menschen der indischen Kultur, in welche diese Bibliotheken eingebettet sind und ohne die sie höchstwahrscheinlich nicht die Zeiten überdauert hätten, eine wirkliche Hilfe in krisenhaften Lebenssituationen zu sein.

In einer solchen Krisensituation befanden sich offensichtlich auch die Angehörigen der Familien, die nunmehr von Sri Ramani ein Nadi-Reading begehrten. Aus der auch teilweise in Englisch geführten Unterhaltung ging hervor, daß es hier tatsächlich um ein ernsthaftes Problem ging.

Da war ein junger Mann, dem die Aufregung und sogar die Angst deutlich anzusehen waren. Er hatte für Hindu-Verhältnisse ja auch etwas äußerst Ungewöhnliches, wenn nicht sogar Anstößiges getan. Er hatte sich nämlich verliebt. In traditionellen Hindu-Familien ist es auch noch heute Brauch, daß die Eltern die Hochzeit des Sohnes bzw. der Tochter arrangieren. Eine Heirat ist in Indien weniger der Bund zweier Liebender als vielmehr die gesellschaftliche Verbindung zweier Familien, die zu gegenseitigem Vorteil geschlossen wird.

Für die Familie des Mädchens ist die Hochzeit mit nicht unerheblichen finanziellen Aufwendungen verbunden, da an die Familie des Bräutigams eine »Morgengabe« in Form von Geld und Wertgegenständen zu entrichten ist, wozu im modernen Indien auch Autos, Kassettenrekorder oder Videogeräte gehören können. Bei Hochzeiten unter Angehörigen des Brahmanen-Standes können leicht fünf- oder auch sechsstellige Summen – wohlgemerkt nicht in indischen Rupien, sondern in harten US-Dollar – zusammenkommen. Manche Familie verschuldet sich dabei hoffnungslos bei den auch in Indien allgegenwärtigen Kredithaien, nur, um eine standesgemäße Heirat des Mädchens zu ermöglichen.

Die zukünftigen Eheleute werden einander oftmals bereits im Kindesalter versprochen. Vor allem auf dem Lande kann es auch heute noch vorkommen, daß Braut und Bräutigam sich am Tag der Hochzeit zum ersten Male sehen.

Auch bei dem jungen Brahmanen hier mochte die Vorbereitung der Hochzeit so oder ähnlich vonstatten gegangen sein. Doch dann war er bei seinem Studium einem jungen Mädchen begegnet, in das er sich bis über beide Ohren verliebt hatte. Obwohl die schönen Töchter Indiens eigentlich als chronisch schüchtern gelten, erwiderte das Mädchen die Gefühle des jungen Mannes und auch ihre Familie war offensichtlich einverstanden mit dieser Beziehung. Nicht so jedoch die Eltern des jungen Brahmanen und natürlich noch weniger diejenigen der sitzengelassenen Braut.

Um diese delikate Situation ohne den eigentlich unvermeidlichen Streit zu schlichten, sollte nunmehr die Palmblattbibliothek Auskunft über das weitere Schicksal des jungen Brahmanen und seiner neuen Beziehung geben. Dazu hatten sich die Vertreter aller Beteiligten an diesem Tag hier in East Tambaram im Haus Sri Ramanis versammelt.

Die Zeremonie begann wiederum mit dem Werfen der Muscheln über dem Mandala. Diesmal benötigte der Palmblattleser jedoch etwas mehr Zeit, um das betreffende Palmblatt aufzufinden. Er übersetzte den Text des Palmblattes dann auch nicht schriftlich, sondern las es den Anwesenden in einer Art Sprechgesang vor, wobei er den Inhalt der Texte aus der Hochsprache des Alttamil simultan in die heutige lokale Umgangssprache übertrug. Ich stellte fest, daß sich Sri Ramani während dieser Zeremonie in eine Art Trance versetzte.

Das Ergebnis dieses Nadi-Readings war deutlich am Gesicht des »ungehorsamen« jungen Bräutigams abzulesen. Er strahlte. Ganz offensichtlich durfte er seine Angebetete heiraten, ohne daß einer der Beteiligten sein Gesicht verlor oder er sich gar ein ungutes Karma auflud, das es dann im nächsten Leben abzutragen galt. Als Ausgleich für die geplatzte Hochzeit jedoch mußte die Familie des jungen Mannes an die Eltern der sitzengelassenen Braut eine Entschädigung in Form einer bestimmten Geldsumme zahlen.

Wieder geschah etwas Außergewöhnliches. Sri Ramani überreichte das Geld, welches wir ihm für unsere Nadi-Readings gegeben hatten, mit höflicher Geste an den jungen Brahmanen, der es seinerseits ehrerbietig an den Vater seiner ehemaligen Braut übergab. Das Familienoberhaupt wiegte gnädig den Kopf zum Zeichen der Bestätigung, daß diese Entschuldigung angenommen und künftig kein Zwist mehr zwischen den Familien sei.

Danach verabschiedeten sich die Inder mit ausgesuchter Höflichkeit von Sri Ramani, grüßten auch uns freundlich und verließen die Palmblattbibliothek.

Eine Stunde war vergangen. Nun wurden wir nochmals von Sri Ramani herangebeten. Ich hatte tatsächlich den Eindruck, als würde er gerade aus einer Trance erwachen, denn er wirkte noch ein wenig benommen. Wir brachten nochmals unsere Bitte vor. Und das Unglaubliche geschah. Sri Ramani dachte nur kurz nach, dann öffnete er erneut das zuletzt zusammengeschnürte Bündel Palmblattmanuskripte und las nochmals ein wenig in den für mich bestimmten Texten nach, so als suche er eine ganz bestimmte Textstelle.

Dann entnahm er den Palmblattbündeln zwei Blätter, die mein Schicksal betrafen und überreichte uns die Palmblattmanuskripte mit einem freundlichen Lächeln.

»In diesen Palmblättern steht geschrieben, daß sie für Euch beide bestimmt sind und ich sie Euch übergeben soll, da Ihr die Palmblätter für Euer Leben und Eure Arbeit in Zukunft brauchen werdet«, sagte Sri Ramani. »Das ist der Wille Kaka Bujanda Maharishis, der Euch segnet.«

»Ich habe noch etwas Zeit«, fuhr er fort. »Wenn Sie Fragen oder Zweifel haben, können wir jetzt darüber reden.«

Natürlich hatten wir jede Menge Fragen.

»In welcher Sprache ist der Text auf den Palmblättern abgefaßt?« wollte ich genau wissen. »Ist das Alt-Tamil oder ist es eine andere Sprache?«

»Es ist Alt-Tamil. Ihr müßt wissen, daß auch heute noch bei uns zwischen zwei Sprachvarianten unterschieden wird. Im tamilischen gibt es zum einen die Umgangssprache, in der wir uns tagtäglich unterhalten. Dann gibt es noch eine Hochsprache, in der die Zeitungen und Bücher hier in Tamil Nadu verfaßt werden. Auch bei Kommentaren im Fernsehen oder im Rundfunk wird die Hochsprache benutzt. Mancher meiner Landsleute, der sich in der Umgangssprache ganz ungezwungen unterhält, hat schon Schwierigkeiten, die Zeitung richtig zu lesen, wenn dort die Hochsprache gebraucht wird. Das Alt-Tamil ist Vorläufer dieser Hochsprache. Es braucht lange Jahre und gründliche Studien, um es wirklich zu verstehen.«

»Lesen Sie die Texte auf den Palmblättern vor oder interpretieren Sie diese Texte?« fragte Thomas.

»Das ist nicht so ganz einfach zu erklären. Ich rezitiere die Texte und ich schreibe die Interpretation dieser Texte auf Englisch nieder.«

Das hatten wir noch nicht ganz genau verstanden und hakten deshalb ein wenig nach.

»Der englische Text ist also eine Interpretation des Textes auf dem Palmblatt. Ist das richtig?«

»Richtig. Der Text ist insofern eine Interpretation, als die alt-tamilische Sprache sehr blumig ist, also mit vielen Umschreibungen eines Gegenstandes oder auch der Charaktereigenschaften einer Person arbeitet. Meine Aufgabe ist es dann, für diese Umschreibung in der viel kürzeren und sehr präzisen englischen Sprache den entsprechenden Begriff zu finden, der genau das ausdrückt, was der alt-tamilische Text meint. Das kann man dann schon als Interpretation bezeichnen. Es ist nicht immer ganz einfach.«

»Was steht denn nun wirklich auf den Palmblättern?«

»Auf den Palmblättern steht, was ich Ihnen aufgeschrieben habe. Ihre Vergangenheit und ihre Zukunft bis zum Tag ihres Todes und manches über die Zukunft der Menschheit und Ihrer Nation. Es existieren auch andere Palmblätter, die nur Aussagen über die Zukunft der Menschheit oder bestimmter Nationen beinhalten. Wieder andere Texte beschreiben auch wissenschaftliche Dinge oder technische Erfindungen.«

»Wie ist dann die wörtliche alt-tamilische Version dieser Prophezeiungen? Gibt es da einen Unterschied zwischen dem Text auf dem Palmblatt und Ihrer Interpretation?« bohrte Thomas nach.

»Ich rezitiere den Text, und ich interpretiere, was geschrieben ist. Wenn zum Beispiel jemand ein Auto kaufen wird, was für viele Inder von ungeheurer Bedeutung ist, dann steht auf dem Blatt ›Wagen mit vier Rädern, mit dem man von einem Ort zum anderen kommt‹. Man braucht den Segen der Götter, um die Palmblätter lesen zu können.«

»Ich möchte gern wissen, was diese Zeremonie mit den Muscheln zu bedeuten hatte« sagte ich.

»Nun, die Anzahl der geworfenen Muscheln im Zentrum des Mandalas und die Art ihrer Lage zueinander, das zeigt mir an, ob das Palmblatt zu dieser Person gehört oder nicht. Das muß ich ja zunächst herausfinden, bevor ich mit der Lesung beginnen kann.«

»Ist Ihre Methode mit den Muscheln die traditionelle Methode wie einer Person ihr Palmblatt zugeordnet wird? Oder gibt es auch andere Arten?«

»Da gibt es eine Menge von traditionellen Verfahren, wissen Sie, ich kann nur für mich sprechen.«

»Wir haben gesehen, daß Sie sich vorhin bei der Palmblattlesung in Trance versetzt haben. Was passiert da mit Ihnen?«

»Ich denke, es ist eine große göttliche Gabe, die ich erhalten habe. Wenn jemand, der zu mir kommt und ein Nadi-Reading wünscht, die Muscheln wirft, dann bekomme ich aus der Anzahl und Lage der Muscheln einen Hinweis. Ich kann Ihnen eigentlich nicht sagen wie – es gibt nur ein Blatt, und ich bekomme diesen Hinweis durch die Muscheln. Mit dem Geburtsdatum und diesem Fingerzeig suche ich aus dem Bündel dann das betreffende Palmblatt aus. Wenn ich das Palmblatt lese, so wie vorhin, dann bin nicht ich es, der da liest. Durch mich wirkt die Kraft des Rishis, seine Weisheit. Ich bin nur ein Werkzeug.«

»Wer hat Sie im Palmblattlesen ausgebildet?«

»Mein Guru war Yogi Ramsuratkumar. Doch durch ihn sprach Kaka Bhujanda Maharishi zu mir. Der Urheber meiner Palmblattschriften ist Sri Kaga Bhujanda. Das bedeutet ›der im Hause der Krähe ist‹. Sein Symbol ist auch die weiße Krähe. Er ist ein großer Weiser, ein Maharishi, kein Mensch. Er lebt ewig in den Reinen Ländern, in Shambhala.«

»Gab es eine besondere Einweihung von Ihrem Guru?«

»Nun, er gab an mich die Kraft Sri Kaka Bhujandas weiter. Er legte seinen Daumen auf meine Stirn und meinen Bauchnabel und rezitierte ein Mantra. Er gab auch andere Kräfte an mich weiter, so die Fähigkeiten, zu heilen und anderen Menschen gute Kräfte zu geben.«

Wir bedankten uns bei Sri Ramani für dieses Gespräch und verließen überglücklich die Palmblattbibliothek in East Tambaram.

5. Analyse der Palmblätter in der Heimat

Nun hatten Thomas und ich alle Möglichkeiten, die Palmblattmanuskripte einer wissenschaftlichen Untersuchung zugänglich zu machen. Wir ahnten damals noch nicht, welche schwere Aufgabe wir damit in Angriff nahmen. Einerseits sollte das Alter dieser Palmblätter bestimmt werden. Wir wußten, daß sich in unserem Besitz keinesfalls die Urschrift unseres Palmblattmanuskriptes befand, da ein solches getrocknetes Palmblatt nur Jahrhunderte hält, bevor es brüchig wird und schließlich zerfällt. Dennoch reizte es uns, herauszufinden, wann die Texte unserer Palmblätter zum letzten Mal von einem älteren Manuskript kopiert worden waren. Wichtiger, aber sicherlich auch bei weitem aufwendiger, würde die inhaltliche Analyse der Texte sein, die nur jemand vornehmen konnte, der selbst die alt-tamilische Sprache beherrschte.

Nach der Rückkehr von unserer Reise bemühte sich Thomas unverzüglich darum, beide Vorhaben zu verwirklichen. Ich mußte mich auf mein Abitur vorbereiten und war deshalb dankbar, daß Thomas sich um die technischen Details kümmerte.

Zunächst ließ er von einem professionellen Fotostudio detaillierte Vergrößerungen der Texte auf den Palmblättern anfertigen, um den Wissenschaftlern, die er mit der Übersetzung beauftragen wollte, ihre Arbeit weitestgehend zu erleichtern.

Anschließend suchten wir beide nach einer möglichst exakten Methode der Altersbestimmung für das Trägermaterial der Texte, also für die Palmblätter selbst.

Für eine solche Datierung kam nur die sogenannte C-14-Analyse (Erläuterung der Methode siehe Anhang) in Frage, da es sich bei den Palmblättern um organisches Material handelte.

Bestätigung für unseren Entschluß fanden wir bei Wissenschaftlern des Institutes für Ionenstrahlphysik des Kernforschungszentrums in Rossendorf. Sie ermöglichten kompetent und unbürokratisch die Altersbestimmung unserer Palmblätter. Besonders Herrn Dr. Friedrich und Herrn Dr. Heise, zwei führenden Mitarbeitern des Institutes für Ionenstrahlphysik verdanken wir die unkomplizierte Abwicklung unseres doch recht außergewöhnlichen Anliegens.

Das Institut ist vorwiegend mit Werkstoffanalysen befaßt und arbeitet in diesem Zusammenhang des öfteren auch für die Staatlichen Kunstsammlungen Sachsens, etwa dann, wenn es darum geht, die für eine Restaurierung historischer Gemälde erforderlichen Farbkomponenten und die Zusammensetzung der Originalfarben zu bestimmen. Doch auch Altersbestimmungen archäologischer Funde gehören zu den ständigen Aufgaben des Instituts für Ionenstrahlphysik.

Bereits im Frühsommer 1994 wurden den Palmblättern Proben entnommen, die für eine Altersbestimmung notwendig waren, und der für die Versuchsreihen erforderlichen Aufbereitung zugeführt. Da bei einer Analyse mittels der C-14-Methode mit kleinsten Mengen des zu untersuchenden Materials gearbeitet wird – in der Regel mit wenigen Milligramm der Substanz – genügte in unserem Fall die Entnahme einer Materialprobe vom Rand eines Palmblattes. Dabei wurden die Texte der Palmblattmanuskripte nicht in Mitleidenschaft gezogen.

Die eigentlichen Untersuchungen der Proben fanden jedoch erst im Winter des Jahres 1994. Bei der Analyse der Palmblattmanuskripte ergaben sich weitere unvorhergesehene Schwierigkeiten. Sie hingen mit der Art zusammen, in der die Texte auf den Palmblättern hergestellt worden waren.

Die nur wenige Millimeter großen Buchstaben wurden nicht mit Tinte oder einer anderen Substanz auf die ca. 35 cm langen und etwa 5 cm breiten Palmblätter geschrieben, sondern waren mit feinen Nadeln oder Griffeln aus Bronze und später aus Stahl buchstäblich in das Trägermaterial eingeritzt worden. Über diese filigranen Gravuren stäubte man anschließend Graphitmehl oder dunkle Asche. Die eingeritzten Zeichen füllten sich dabei mit dem Material. So wurde die Schrift schließlich sichtbar. Einerseits bedingte diese Herstellungsweise eine bestimmte Lagerung der Palmblätter, welche in Bündeln zwischen schmalen hölzernen Platten gepreßt wurden, da die Schriftzeichen vor dauerhaftem Lichteinfall geschützt werden müssen, weil sie ansonsten rasch ausbleichen und die Schrift unleserlich wird.

Andererseits verursachte diese hier beschriebene Art der Herstellung der Texte die erwähnten Probleme bei der Altersbestimmung des Trägermaterials. Da bei der Niederschrift der Manuskripte auch kohlenstoffhaltiges Material – das Graphitmehl bzw. die dunkle Asche – verwendet worden war, bestand bei einer Verunreinigung der Proben die Möglichkeit gravierender Verfälschungen der Ergebnisse einer C-14-Analyse. Das Untersuchungsmaterial mußte deshalb einem aufwendigen Reinigungsprozeß unterzogen werden, um die geschilderten Beeinflussungen der Meßergebnisse auszuschließen.

Nach langen Wochen des Wartens lag im März 1995 dann das endgültige Ergebnis der Altersuntersuchungen vor. Demnach war das Palmblatt, das wir durch das Institut für Ionenstrahlphysik im Kernforschungszentrum Rossendorf hatten untersuchen lassen, definitiv mindestens 350 Jahre alt. Ein gewisse Streuung der Ergebnisse hatte sich bei den Analysen nicht vermeiden lassen, so daß das reale Alter der Palmblätter zwischen 350 und 400 Jahren angesetzt werden kann. Damit hatten wir ein recht interessantes Ergebnis zumindest in bezug auf die Trägersubstanz erreicht, denn die Analyse von Rossendorf bedeutete nichts anderes, als daß die Palmblätter vor mindestens 350 Jahren von jemandem mit dem Text, den Sri Ramani für uns übersetzt hatte, beschrieben worden waren.

Wie aber verhielt es sich nun mit diesen Texten? Handelte es sich wirklich um meinen Lebenslauf, aufgeschrieben in der blumigen Sprache des Alt-Tamil?

Um diese Frage zu klären, wandte Thomas sich zunächst an den Lehrstuhl für Indologie an der Freien Universität Berlin. Dabei deutete er gegenüber den Wissenschaftlern in keiner Weise an, daß wir den möglichen Inhalt der Palmblattmanuskripte bereits kannten. Thomas teilte ihnen lediglich in einem Anschreiben mit, daß es sich bei den beigefügten vergrößerten Fotografien der Palmblätter möglicherweise um alt-tamilische Schriften handeln könne, deren Übersetzung wir wünschten. Die angesprochenen Wissenschaftler der Universität bedauerten jedoch, uns nicht helfen zu können. Ihrer Meinung nach war in dieser Sache weniger die klassische Indologie, sondern vielmehr die vergleichende Philologie gefragt.

Als führender Experte für die Beantwortung unserer Frage nach dem Inhalt der Texte wurde uns Professor Jaroslav Vacek, Prorektor der Karls-Universität Prag, empfohlen. Im August 1994 nahm Thomas erstmals Kontakt zu dem tschechischen Wissenschaftler auf. Dieser Kontakt gestaltete sich trotz einer unvermeidliche Sprachbarriere sehr intensiv und führte letztlich dazu, daß Thomas und ich im November des Jahres 1997 einen Vortrag über die Palmblattbibliotheken im Großen Auditorium der Karls-Universität Prag halten durften.

Professor Vacek und seine Mitarbeiter gingen mit großem Eifer an die Arbeit, da auch sie die Aufgabe der Übersetzung alttamilischen Schriftgutes außerordentlich reizte. Es war in der Tat eine nicht geringe Herausforderung, der sich die tschechischen Experten stellten. Professor Vacek ließ uns durch seinen Assistenten, Herrn Jan Dvorak, bereits unmittelbar nach Beginn der Arbeiten mitteilen, daß es sich bei den zu untersuchenden Schriftstücken um sehr komplexe und darüber hinaus komplizierte Texte handelte. Der Inhalt war offensichtlich stark von kalendarischen Angaben eines den Philologen unbekannten Kalendersystems geprägt. Dies erschwerte die Übersetzung.

In den folgenden Monaten telefonierte Thomas des öfteren mit Prag, um mehr über die Fortschritte bei den Übersetzungen zu hören. Diese ließen sich trotz aller Bemühungen aufgrund der Struktur der Texte nur überaus schleppend an.

Im November des Jahres 1994 dann erklärte Professor Vacek, daß die Übersetzungen der Texte auf den Palmblättern, soweit er diese bewerkstelligen konnte, nunmehr abgeschlossen waren. Die tschechischen Philologen kamen bei ihren Forschungen zu dem Ergebnis, daß die Texte keine Auszüge aus den vedischen Epen waren. Ebensowenig enthielten sie yogische Lebensregeln, wie andere, bereits von westlichen Wissenschaftlern übersetzte Palmblattmanuskripte. Vielmehr handelte es sich nach Auffassung der Wissenschaftler um Professor Vacek bei diesen Texten um individuelle Lebensläufe bestimmter Personen. Professor Vacek schloß aufgrund der übersetzten Textstellen, daß es sich um Lebensbeschreibungen von Personen handelte, die in unserem Jahrhundert lebten. In einem persönlichen Gespräch vertraute Professor Vacek Thomas an:

»Wenn es nicht so außergewöhnlich und absolut unmöglich wäre, würde ich sogar annehmen, daß es sich um Ihre Lebensläufe handelt, da wir glauben, bei den Übersetzungen die Namen Annett und Thomas verifiziert zu haben. Aber das kann ja wohl nicht möglich sein.«

Wenn Professor Vacek gewußt hätte, was er uns für eine Freude mit dieser Entdeckung gemacht hatte! Denn auch die übrigen Textstellen, deren Übersetzung den tschechischen Wissenschaftlern gelungen war, stimmten fast wortwörtlich, jedenfalls aber inhaltlich, definitiv mit den Aussagen des Nadi-Readings bei Sri Ramani überein. Dennoch ergaben die Übersetzungen insgesamt noch kein schlüssiges Bild, da die Übersetzung der kalendarischen Angaben trotz aller Bemühungen nicht gelungen war.

»Diese Daten sind kein Kalender im herkömmlichen Sinn, so wie etwa der gültige Gregorianische Kalender«, erläuterte Professor Vacek. »Es handelt sich vielmehr um Beschreibungen bestimmter astronomischer Konstellationen, denen wiederum signifikante astrologische Bedeutungen beigemessen werden. Deren Inhalt übersteigt meine Kenntnisse aber bei weitem, wie ich gern zugebe. Die Astrologie ist nun einmal nicht meine Fachrichtung«, bedauerte der Prorektor der Karls-Universität. »Aber es gibt da jemanden unter meinen Kollegen,« fuhr er fort, »der Ihnen möglicherweise helfen kann. Ein Privatdozent aus Eppelheim. Er lehrt an der Universität Göttingen. Seine Name ist Dhamotharan.«

Versehen mit den besten Empfehlungen Professor Vaceks, schickte Thomas unser Material an Dr. Dhamotharan. Zwei Tage später bereits rief er Thomas an, um zu bestätigen, daß die Unterlagen bei ihm eingegangen waren und er bereits angefangen hatte, sie zu sichten. Eine seiner ersten Fragen verblüffte Thomas vollkommen.

»Aus welcher Palmblattbibliothek haben Sie denn die Originale der Texte, die ich Ihnen übersetzen soll?« wollte Dr. Dhamotharan wissen. Thomas erzählte ihm die Geschichte unserer Indienreise. Im Gespräch stellte sich bald heraus, daß Dr. Dhamotharan selbst Tamile war, der sich als sogenannter »Muttersprachler« mit der Erforschung seiner ureigenen Sprache und deren Wurzeln befaßte. Daher war es auch für ihn eine neue und interessante Erfahrung, die Texte auf den Palmblättern aus der Hochsprache des Alttamil zu übertragen. Bereits nach wenigen Wochen konnte Dr. Dhamotharan die Ergebnisse seiner tschechischen Kollegen bestätigen und in gewisser Hinsicht, was die Einordnung der kalendarischen Daten betraf, präzisieren. Doch auch bei seiner Übersetzung traten im Bereich der Zeitangaben gewisse Abweichungen von den Daten auf, die uns Sri Ramani so exakt übersetzt hatte.

Dr. Dhamotharan bestätigte uns ebenfalls, daß die zeitliche Einordnung der Ereignisse den Schlüssel zum Verständnis der Kunst des Nadi-Readings darstelle. »Wissen Sie, die Palmblattleser erhalten nicht umsonst eine so langwierige und überaus umfassende Ausbildung im Studium der alten Texte und darüber hinaus auch noch geheime Einweihungen«, beschied er uns. »Es braucht schon eine ganze Menge an Übung und Kenntnissen, um diese Texte so übersetzen zu können, wie dies Ihr Palmblattleser in Madras getan hat. Wenn es nur darauf ankäme, die Bedeutung der einzelnen Namen oder Begriffe abzustufen und entsprechend einzuordnen, dann könnte sich Indien vor Palmblattlesern kaum noch retten. Doch es bedarf für ein korrektes Nadi-Reading auch des Verständnisses der alten astrologischen Systeme. Sie sind der Schlüssel, der erst eine genaue zeitliche Einordnung der Ereignisse ermöglicht. Die indische Astrologie ist in ihrer Art einzig, und ihre Angaben sind überaus exakt. Seit über 1.500 Jahren wird sie nachweislich praktiziert, und auch heute noch gilt die Astrologie in meiner Heimat als Wissenschaft. Entstanden ist sie aus der Verschmelzung von zwei überaus bedeutenden Traditionen. Da war zum einen die ›Wissenschaft der göttlichen Astronomie‹ – Jjoti genannt – und zum anderen die Astrologielehre des antiken Griechenland, die sich bis nach Indien verbreitet hatte. Im Grunde nämlich sind sich die westliche und die indische Astrologie ziemlich ähnlich. Beide Systeme arbeiten mit den Tierkreiszeichen, und der Einfluß der Planeten spielt hier wie da eine besondere Rolle. Jedoch erkannten meine Landsleute sehr rasch beim Studium der westlichen Quellen, daß dort ein fundamentaler Denkfehler liegen mußte. Die in der Antike in Europa weit verbreitete Vorstellung von der Erde als flache Scheibe bot nämlich keine Erklärung für die Tatsache, daß sich in Indien die Sternbilder nun einmal anders darstellten als im alten Griechenland. So setzte sich bei uns viel früher die Idee einer runden Erde durch. Aber es gibt noch einen viel wichtigeren Unterschied zwischen dem westlichen und dem indischen System der Astrologie. Im Gegensatz zur modernen westlichen Astrologie wird in Indien die ›Sternzeit‹ als Grundlage aller Berechnungen genutzt. Sie errechnet sich auf der Grundlage der Sternenpositionen am Himmel. Ich bin überzeugt, daß auch die zeitliche Einordnung der Ereignisse, die in diesen Palmblättern beschrieben sind, auf der Grundlage der Sternzeit erfolgte.«

Da sich Dr. Dhamotharan selbst zu wenig mit den komplizierten Berechnungen der hinduistischen Astrologie auskannte, das Problem der kalendarischen Berechnungen aber unbedingt lösen wollte, machte er uns den Vorschlag, einen Hindu-Astrologen zu Rate zu ziehen. Natürlich nicht irgendeinen!

»Ich muß demnächst sowieso wieder einmal in meine Heimat reisen«, erklärte er. »Da werde ich dann einen wirklich kompetenten Astrologen aufsuchen. Wissen Sie, der Bruder meiner Mutter hat eine Tochter und deren Mann hat einen Bruder, welcher ein ganz ausgezeichneter Astrologe ist. Ich denke, ihn kann ich in dieser Sache um Rat bitten.«

Die Indienreise Dr. Dhamotarans mußte noch einige Male verschoben werden. Doch im Sommer 1995 dann besuchte er wieder einmal seine Familie und nahm dies zum Anlaß, mit dem Astrologen, von dem er uns berichtet hatte, in Kontakt zu treten. Versehen mit zahlreichen Hinweisen für die korrekte Interpretation und Umrechnung der auf den Palmblättern in »Sternzeit« angegebenen Daten machte sich Dr. Dhamotaran nach seiner Rückkehr erneut an die Übersetzung der Texte auf den Palmblättern. Das Ergebnis seiner Übersetzung stimmte diesmal auch in bezug auf die kalendarischen Angaben mit den Informationen überein, die wir von Sri Ramani zu unseren Biographien erhalten hatten.

Ich sehe dies als einen Beweis für die Authentizität der Palmblattbibliotheken! Ebenso ist dies für mich der Beweis für die Wahrheit der Beschreibung über die Entstehung der Palmblattbibliotheken. Selbst wenn jemand erst vor 350 Jahren unsere Lebensläufe aufschrieb, wäre das schon ein Phänomen für mich. Doch die Geschichte der Palmblattbibliotheken besagt, daß die Substanz der Palmblätter ca. aller 800 Jahre zerfällt. Dann muß von der Urschrift, die etwa vor 7.000 Jahren niedergeschrieben wurde, eine identische Kopie angefertigt werden. Im Klartext heißt das für mich: vor 350 Jahren wurde mein Palmblatt letztmalig von einem weitaus älteren Manuskript kopiert, das wiederum von einer noch älteren Vorlage kopiert worden sein muß - und so weiter, bis zurück zu der Urschrift, welche die legendären Rishis verfaßten.

Zum besseren Verständnis des Weltbildes, welches die Entstehung und die Überlieferung der Palmblattbibliotheken erst möglich machte, sollen an dieser Stelle zunächst die Lehren von Karma und Wiedergeburt als zwei der zentralen Themen des hinduistischen Weltbildes behandelt werden, bevor ich weiter über die Erfahrungen berichte, die wir in weiteren Palmblattbibliotheken sammeln durften.

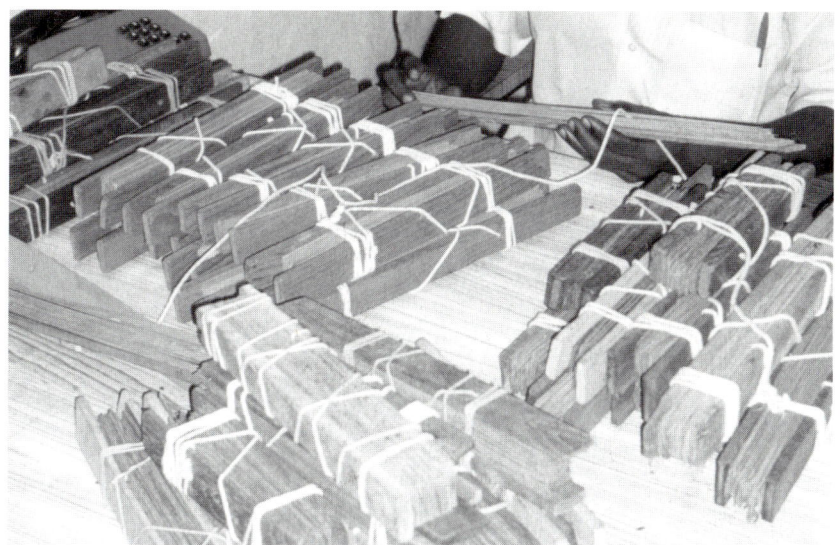

Abb. 1: Palmblattbündel

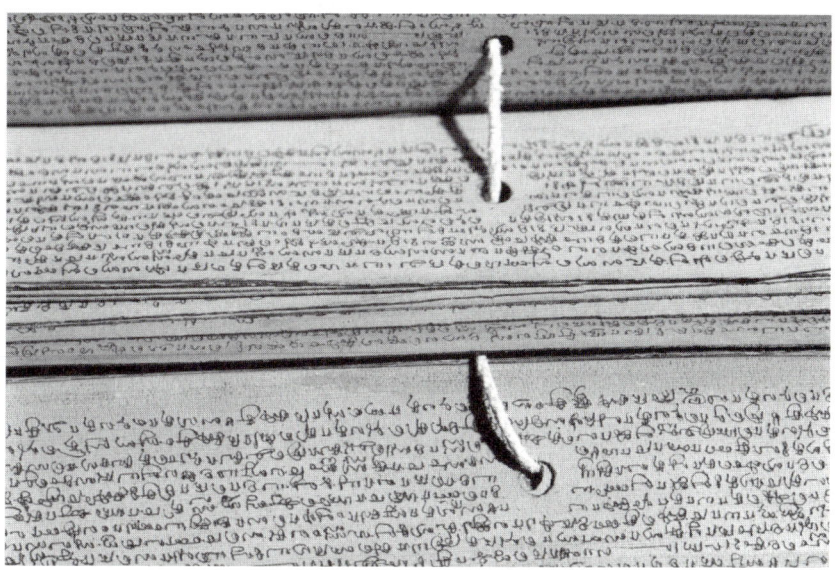

Abb. 2: Ein Palmblatt für jedes Leben.

Abb. 3: Gopuram von Kanchipuram.

Abb. 4: Die Fünf Rathas von Mahabalipuram.

Abb. 5: 27 m langes und 9 m hohes Basrelief in Mahabalipuram.

Abb. 6: »Butterkugel« von Mahabalipuram.

Abb. 7: Die Fischer von Mahabalipuram.

Abb. 8: Autorin mit Fischerkindern in Mahabalipuram.

Abb. 9: Einfaches Fischerdorf.

**Abb. 10: Schüler in
Mahabalipuram.**

Abb. 11: Rituelle Waschungen vor dem Feuerlauf.

Abb. 12 (links): Geschmückte Feuerläufer.
Abb. 13 (rechts): Feuerlauf von Mahabalipuram.

Abb. 14: »Telegraphenmast« im
Kapaleeshwarar-Tempel
in Madras.

Abb. 15: Darstellung einer
Vimana (eingerahmt) über
den Köpfen von Shiva und
Parvati im Kailasanatha-
Tempel in Kanchipuram.

Abb. 16: Eingangsschild der Palmblattbibliothek von Kanchipuram.

Abb. 17: Die Palmblattbibliothek von Kanchipuram.

Abb. 18: Siddharta, Palmblattleser von Kanchipuram.

**Abb. 19: Straßenrand-
impression.**

**Abb. 20 (unten):
Seidenweber in
Kanchipuram.**

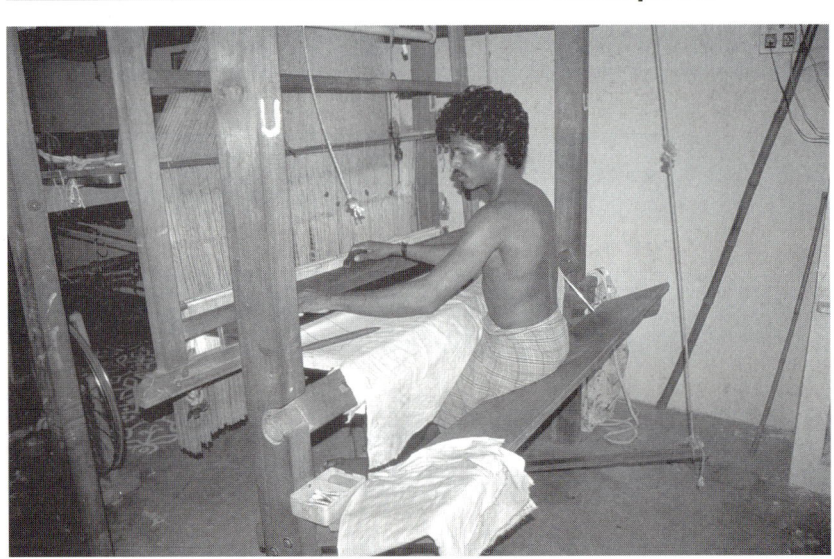

138

Abb. 21: Auf dem Blumenmarkt von Bangalore.

Abb. 22: Gewürzstand

Abb. 23: Eingangsschild der Palmblattbibliothek von Bangalore.

**Abb. 24: Rishi Baghawan Sri Shuka Maharshi,
Schöpfer der Palmblattbibliothek von Bangalore.**

**Abb. 25: Gunjur Sachidananda Murthy,
Palmblattleser von Bangalore.**

Abb. 26: Shiva-Tempel in Bangalore.

Abb. 27: 1.500 Jahre alter Baum im Botanischen Garten von Bangalore.

Abb. 28: Festtagskleidung eines indischen Jungen.

Abb. 29: Mr. Srinivasan – Priester, Handleser und Touristenführer.

VI. Das Rad der Wiedergeburten

1. Reinkarnation

Der feste Glaube an eine Wiedergeburt und an ein Weiterleben nach dem körperlichen Tod hat immer schon einen zentralen Platz in fast allen Weltreligionen eingenommen. Selbst im frühen Christentum war der Glaube an die Wiedergeburt noch verbreitet und überlebte in den verschiedensten Ausformungen bis ins Hochmittelalter. Origenes, einer der einflußreichsten Kirchenväter, schrieb im dritten Jahrhundert u.Z.: »Jede Seele kommt gestärkt durch die Siege und geschwächt durch die Niederlagen aus vergangenen Leben in diese Welt.« Zwar hatte das Christentum den Glauben an Reinkarnation bald abgelehnt, aber es lassen sich Spuren dieses Gedankengutes selbst noch während der Renaissance, als die Beschäftigung mit der Antike dieses Wissen auch unter westlichen Philosophen und Forschern wieder aufleben ließ, nachweisen. Gegen Ende des 19. Jahrhunderts keimte im Abendland ein immer stärkeres Interesse an den östlichen Religionen auf. Zahlreiche Wahrheits- und Sinnsucher – nicht nur die Theosophen der bereits erwähnten Madame Blavatsky – begannen, sich mit dem Wissen der Hindus und Buddhisten um die Wiedergeburt zu befassen.

In unserer so materiell geprägten Zeit haben die meisten Menschen allenfalls nur eine äußerst vage Ahnung von einem Leben nach dem Tod und überhaupt keine Vorstellung, wie ein solches Leben nach dem Tod beschaffen sein könnte. Meist wird die Tatsache der weiteren Existenz eines unzerstörbaren Teiles des Selbst nach dem Tod des vergänglichen Körpers mit einer faktischen und »objektiven« Unbeweisbarkeit geleugnet, so daß »man eben nicht glauben kann, wofür es keine Beweise gibt«. In Indien sind Fälle von tatsächlicher Wiedergeburt bereits wissenschaftlich erfaßt und dokumentiert worden.

In Bangalore existiert das National Institute of Mental Health and Neurosciences, das in der Abteilung für Klinische Psychologie eigens einen Lehrstuhl zur wissenschaftlichen Erforschung der Re-

inkarnation eingerichtet hat. Dort wurden durch Dr. Satwant Pas-
cricha mehr als 250 Fälle zum Thema Reinkarnation erforscht. Dabei wurden in 77 Prozent der Fälle die Angaben der untersuchten
Personen über ihre früheren Leben bestätigt. Diese Zahl liegt eindrucksvoll über einer bloßen statistischen Zufallswahrscheinlichkeit.
Die Befragten erinnerten sich ab dem Alter von drei Jahren an ihren
Namen und Beruf, den früheren Wohnort ihrer ehemaligen Familie
und zahlreiche andere Dinge, von denen sie nach menschlichem Er-
messen eigentlich keine Kenntnis haben konnten. Interessant dabei
war auch, daß 49 Prozent dieser Personen in ihrem vorangegangenen Leben eines gewaltsamen Todes gestorben waren. Angesichts
dieser überzeugenden Forschungsergebnisse erscheint es nahezu
absurd, daß die abendländische Geisteswissenschaft und Theologie
dem Gedanken der Wiedergeburt immer noch ablehnend gegenüber-
steht.

Anders als im Westen sind in Indien die Wissenschaft und die
Religion keine ausgeprägten Gegensätze. Sie werden vielmehr als zwei
verschiedene, einander ergänzende Wege auf der großen Suche nach
Wahrheit und Erleuchtung betrachtet. In der hinduistischen Wissenschaft hängt das Verständnis der äußeren Wirklichkeit untrennbar vom Verständnis des Göttlichen ab.

Dieser Tradition zufolge ist das All älter als die Menschheit und
älter selbst als die Götter. Wichtig an dieser hinduistischen Weltsicht
und insbesondere an ihrer Auffassung von Raum und Zeit ist die
Annahme, daß die Außenwelt nur ein Produkt des kreativen Spiels
der Maja ist – dieser Begriff läßt sich am ehesten mit Illusion übersetzen. Die Welt an sich ist keine Illusion, wohl aber unsere Wahrnehmung der Welt. Scheinbar besteht sie aus den verschiedensten
Dingen, Strukturen und Ereignissen, die in Wirklichkeit jedoch alle
eins sind. Die Unterteilung, welche unsere Wahrnehmung suggeriert,
ist nur eine Erfindung des Gehirns, sie existiert nicht wirklich. Die
Welt, wie wir sie erleben, ist daher auch alles andere als fest und real,
sondern in Wirklichkeit nur Schein. Das All hat viele Wirklichkeits-
ebenen und ist in ständiger Veränderung begriffen.

In diesem Zusammenhang spielt das Wesen der Zeit eine besondere Rolle. Die Zeit wird als ewiges Rad gesehen, das sich durch

Zyklen (Kalpa genannt) aus Schöpfung (Sarga) und Zerstörung (Pralaja) bewegt. Zusammen mit der Illusion des Maja kettet sie die Seele an das sterbliche Leben in Unwissenheit und Leid im ewigen Kreislauf der Wiedergeburten, des Samsara. Mokscha wird die Erlösung vom Rad der Zeit und dem Kreislauf von Samsara genannt. Ziel aller religiösen Strömungen Indiens ist es daher, die Zeit zu transzendieren. Die Inder bezeichnen daher fortgeschrittene Asketen oft als Kala-Atrita, was »die Zeit Überwindende« bedeutet.

Eine gewisse Entsprechung dieser Weltsicht findet sich in den Lehren der Katharer (von lat. katharos – die Reinen), einer mittelalterlichen Glaubensgemeinschaft, die von der katholischen Kirche als ketzerisch verfolgt und in einem grausamen Vernichtungsfeldzug in den Jahren 1209 bis 1244 ausgerottet wurde. Auch für die Katharer befand sich die wahre Heimat der Menschen in einem »Reich des reinen Geistes jenseits der Sterne«. Hier auf der Erde fühlten sie sich »wie in einem Gefängnis, das ein ungeschickter Baumeister aus minderwertigem Material gefertigt hat«. Der Tod war für sie wie das Ablegen eines alten Kleides. Auch den Katharern war die Idee der Wiedergeburt vertraut. All jene Seelen, die sich in der Welt der Materie heimisch fühlten, durften hier bleiben. Sie wandern von einem Körper zum anderen, solange sie wollen, bis auch sie Sehnsucht nach dem Lichtreich verspüren.

Wie die indischen Weisen in alter Zeit und auch die Katharer im Abendland bereits wußten, ist es früher oder später die Aufgabe eines jeden menschlichen Wesens, Befreiung – Mokscha – aus den Fesseln von Raum und Zeit zu suchen. Mokscha aber, so lehren bereits die Upanishaden, kann nur dann erlangt werden, wenn das Karma der Erdenleben abgetragen ist.

2. Karma

Wie ist dieser Begriff nun am besten zu definieren? Karma kann als die reale, treibende Kraft der Wiedergeburt betrachtet werden. Im Westen wird Karma oft als »Schicksal«, »Schuld« oder »Vorherbestimmung« angesehen und damit gründlich mißverstanden. Man sollte es viel eher als das unfehlbare Gesetz von Ursache und Wirkung im gesamten Universum bezeichnen. Jede Wirkung hat eine Ursache, jede Ursache zieht eine Wirkung nach sich.

Der Begriff Karma ist ein Sanskritwort und bedeutet »Handlung« bzw. wörtlich übersetzt »das, was bewirkt ist und bewirkt«. Es ist also »Wirken« oder »Tat« und es zeigt sowohl die Kraft, die in den Handlungen verborgen liegt, als auch die Ergebnisse aus diesen Handlungen. Deshalb darf man eine Handlung nie isoliert von höheren Zusammenhängen betrachten.

Es sind viele Arten von Karma zu unterscheiden, so beispielsweise universelles Karma, nationales Karma und natürlich das individuelle Karma. Alle Arten sind auf komplexe Weise miteinander verbunden, gleichsam verwoben und ineinander verzweigt.

Einfach gesagt, bedeutet »Karma«, daß alles, was wir tun (unsere Handlungen, unsere Worte und Gedanken) entsprechende Ergebnisse hervorbringt. Über kurz oder lang, nämlich immer dann, wenn sich die passenden Umstände ergeben, holen uns die Ergebnisse unserer Handlungen ein – meist haben wir diese dann aber schon lange vergessen. So kann es durchaus sein, daß sich die Auswirkungen einmal gesetzter Ursachen erst in einem späteren Leben manifestieren. Nicht immer können wir die jeweilige Ursache ausmachen, weil jeder Vorgang eine komplizierte Mischung verschiedener karmischer Verzweigungen ist. Meist nimmt der Betroffene dann an, daß bestimmte Ereignisse »zufällig« geschehen, und wenn sie gut ablaufen, dann haben wir eben »Glück gehabt«. Dies ist nichts weiter als ein über Jahrhunderte und Generationen hinweg im Abendland kultivierter fataler Irrtum, denn nichts in dieser Welt existiert ohne Ursache und ohne sein Gegenteil. Gegensätze aber ergänzen einander.

Karma ist, wie gesagt, nicht fatalistisches sich Fügen in ein vorbestimmtes Schicksal. Karma begründet unsere Fähigkeiten und Talente, gibt uns die Möglichkeit, uns zu verändern und damit auch die Welt, in der wir leben. Was immer uns jetzt widerfährt, spiegelt unser vergangenes Karma wieder. Unter einem solchen Blickwinkel erscheinen dann Leiden und Schwierigkeiten nicht länger mehr als persönliches Versagen oder als unabwendbare Katastrophe, und vor allem erscheinen sie nicht als eine Art von Strafe. Dies führt dazu, daß man nicht mehr in Schuldgefühlen und Selbsthaß schwelgen muß, sondern sich und sein Leben so akzeptieren kann, wie es sich darbietet. Natürlich sollte eine solche Haltung nicht dazu führen, daß man sich aus der Verantwortung stiehlt, die aus diesem Verständnis von Karma nun einmal entsteht.

In der Tat ist es verführerisch, die Lehre vom Karma als Flucht vor eigener Verantwortung zu nutzen.

In Indien erlebten wir, daß manche Zeitgenossen das Karma als Ausrede dafür benutzten, beispielsweise bei einem Verkehrsunfall niemandem hilfreich beistehen zu müssen, da es ja das »Karma« der in den Unfall Verwickelten sei, dieses Leid zu erfahren.

Im »aufgeklärten« Westen hingegen durften wir eine andere Variante derselben Ausrede kennenlernen, die besonders übertrieben sensibel und vorsichtig daherkam. Derjenige behauptete, jemandem zu helfen, bedeute, sich in einen Entwicklungsprozeß einzumischen, den aber der Betroffene selbst durchleben und klären müsse.

Mit an Sicherheit grenzender Wahrscheinlichkeit ist es aber gerade unser Karma, in dieser egozentrischen Zeit einen Weg der Hilfe und der gegenseitigen Unterstützung zu beschreiten.

Albert Einstein sagte einmal:

»Der Mensch ist ein Teil des Ganzen, das wir Universum nennen, ein in Raum und Zeit begrenzter Teil. Er erfährt sich selbst, seine Gedanken und Gefühle als abgetrennt von allen anderen – eine Art optische Täuschung des Bewußtseins. Diese Täuschung ist für uns eine Art Gefängnis, das uns auf unsere eigenen Vorlieben und auf die Zuneigung zu wenigen uns Nahestehenden beschränkt. Unser Ziel muß es sein, uns aus diesem Gefängnis zu befreien, indem wir den Horizont unseres Mitgefühls erweitern, bis er alle lebenden Wesen und die gesamte Natur in all ihrer Schönheit umfaßt.« (Zitat aus: Einstein, Albert: Ideas and Opinions, übers. v. Sonja Bargmann, New York [Crown] 1954.)

Das Gesetz des Karma fordert vom Einzelnen die Übernahme der vollen Verantwortung für sein Schicksal – für all seine Gedanken, Gefühle, Worte und Taten. Dies ist ein Schritt, den viele Menschen in unserer Epoche nicht mehr bereit sind zu gehen. Die meisten schreckt vordergründig die unveränderliche karmische Gesetzmäßigkeit von Ursache und Wirkung, die vor allem unserer westlichen Zivilisation widerstrebt, da wir mit einem Mal nicht mehr selbst Herr unseres so gepriesenen »freien Willens« sein sollen.

Doch eine Regel der Karmalehre besagt, daß etwa fünfundsiebzig Prozent von allen Ereignissen in diesem Leben durch karmische Entwicklungen zumindest in großen Zügen vorherbestimmt sind. Um es bildlich auszudrücken:

Jeder Mensch steuert ein Schicksalsschiff über die Weltmeere des Lebens. Durch das Karma sind ihm bestimmte Voraussetzungen – also Talente oder Lebensumstände – mitgegeben und diese sollte er nutzen, um den Zielhafen zu erreichen. Dieser Zielhafen in hinduistischer Tradition ist es, das Maja der Wahrnehmung zu erkennen und die Grenzen von Raum und Zeit zu transzendieren, um letztlich zur göttlichen Urquelle des Seins zurückzukehren. Mit dem freien Willen kann jeder entweder seine Voraussetzungen nutzen und auf der bestmöglichen Route diesen Hafen erreichen oder die Gaben ungenutzt lassen und mit seinem Schiff auf einer der zahlreichen Untiefen stranden, die das Leben nun einmal bereithält.

Fünfundzwanzig Prozent freier Wille sind nach meiner Ansicht für die im Verlauf des Lebens zu treffenden wirklich wichtigen Entscheidungen vollkommen ausreichend, obwohl ich sehr oft den Eindruck gewinne, daß für manche sogar diese von der Karmalehre zugestandenen fünfundzwanzig Prozent zuviel sind.

Die Flucht aus dieser Lehre der Reinkarnation fanden viele Religionen im Laufe der Jahrhunderte. Dadurch wurde der Einzelne immer mehr von seiner Eigenverantwortung freigesprochen und die Schuld dem Staat, der Gesellschaft, Krankheitserregern, neuerdings auch der Umweltzerstörung oder einfach dem »Zufall« zugeschrieben. Das kommt einem Selbstbetrug gleich. Doch Karma ist auch ein Gesetz des Ausgleichs, das heißt, ein Mensch wird so lange mit demselben Problemtypus konfrontiert, bis er das Problem durch sein Handeln gelöst hat. Ob allerdings mit den vorstehend beschriebenen Verdrängungsmechanismen eine Lösung der Probleme gefunden werden kann, erscheint mir eher fraglich.

3. Das Leben – ein Schauspiel

Ich selbst mußte in meinem jetzigen Leben ganz deutlich Problem-
stellungen aus einem früheren Leben nun endlich lösen. Damals lebte ich Ende des 18. Jahrhunderts in Paris. Ich war die einzige Tochter
eines reichen Adligen. Meine Mutter war kurz nach meiner Geburt
gestorben, und so verwöhnte mich mein Vater unsäglich. Er konnte
mir keinen Wunsch abschlagen – und dessen war ich mir damals sehr
bewußt. Ich verliebte mich mit 16 Jahren in einen jungen Bürgerlichen, was natürlich nicht standesgemäß war. Doch ich setzte mich
gegen den Willen meines Vaters durch und heiratete den Bürgerlichen. Nach kurzer Zeit »langweilte« mich diese Beziehung allerdings
und so trennte ich mich von meinem Mann. Für ihn war das eine
Farce und gleichzeitig der gesellschaftliche und finanzielle Ruin.
Meine »Langeweile« wurde erst mit der Bekanntschaft zu einem jungen Revolutionär beendet, der mich durch diese neuen Ideen begei-
sterte. Er wandelte mein ganzes Leben und gab ihm einen wirklichen Sinn. Um diesen Mann zu retten, starb ich im Kugelhagel während der Französischen Revolution. – Bereits als kleines Kind hatte
ich mich im jetzigen Leben an viele Ereignisse von damals »erinnert«. Das ging sogar soweit, daß ich bestimmte Wahrnehmungen
aus dem heutigen Leben mit Erinnerungen von damals überlappten.
– Ich traf auch all die mir wichtigen Personen von »damals« wieder.
Bei allen hatte ich sofort das Gefühl »den kennst du doch«, obwohl
wir uns, zumindest in diesem Leben, nie zuvor getroffen hatten. Die
Konstellationen allerdings, unter denen wir uns trafen, lagen heute
anders. So zum Beispiel begegnete ich dem Bürgerlichen von damals,
der heute eine gut laufende Firma hat. Er bot mir in einer für mich
finanziell schwierigen Zeit einen Job an, den ich natürlich gern wollte und auch brauchte. Als ich jedoch die Arbeit antreten wollte, sagte er nur zu mir: »Dieses Gespräch hat nicht stattgefunden! Ich stelle
Dich nicht ein.« Das Loch, in das ich danach fiel, war um so tiefer!
Heute kann ich darüber lachen, weil ich jetzt natürlich die Zusam-
menhänge und die Ursache-Wirkung kenne. Ich begegnete auch dem
Revolutionär von damals wieder, doch diesmal rettete er mir das
Leben.

4. Seelenpartner

Auch an diesem Beispiel kann man erkennen, daß wir nicht allein unser Karma zu bewältigen haben. Wir erhalten auch Hilfe, indem wir Menschen begegnen, die für uns bestimmte Szenen »inszenieren«. Ich möchte das Leben wirklich mit einem Schauspiel vergleichen. Wir schlüpfen in verschiedene Rollen und füllen diese Rollen mit Leben aus. Im Kreise unserer Mitspieler inszenieren wir ein bewegtes Drama. Im nächsten Leben wechseln wir dann die Rollen. Diese Mitspieler kann man auch als Seelenpartner bezeichnen. Seelenpartner sind Wesen, die vom Anfang aller Zeiten an füreinander bestimmt sind, ihre Aufgaben in dieser und allen anderen Welten gemeinsam zu lösen und die sich immer wieder finden, von Leben zu Leben erneut in den verschiedensten Inkarnationen. Es ist allerdings ein Irrtum, wenn man glaubt, daß ein Seelenpartner nur der Liebespartner sein kann. Nein, Seelenpartnerschaft bedeutet, daß man gemeinsam mit einer oder mehreren Seelen eine gemeinsame Aufgabe bewältigen möchte. Seelenpartner können also im Leben auch Opfer und Täter oder zwei Feinde sein, wenn sich beide Seelen zur Aufgabe gemacht haben, eine bestimmte Sache zu erlernen oder eine bestimmte Situation zu durchleben. Ziel für diesen Seelenverbund ist letzendlich das Lösen vom Rad der Wiedergeburten.

5. Sinnhaftigkeit – Verantwortung für das Leben

Theoretisch natürlich funktioniert das Karma-»Denkmodell« in vielen Köpfen, doch die praktische Umsetzung fällt sehr schwer, denn der erste Schritt dazu ist die Ehrlichkeit zu sich selbst und damit verbunden die Übernahme der Verantwortung für alle Handlungen. Dabei stehen Verantwortung und Sinnhaftigkeit eng beisammen – sie bedingen sich gegenseitig.

In unserer Zeit leiden viele Menschen an dem Verlust der Sinnhaftigkeit des Lebens, weil sie nicht bereit sind, Verantwortung für ihr Leben zu übernehmen.

Wenn hier nun ständig von den Wirkungen die Rede ist, für die wir Ursachen in vergangenen Leben gefunden haben, warum »erinnern« wir uns dann nicht an unsere vorherigen Leben? Der Mensch vergißt nichts von dem, was wesentlich für ihn ist. Er vergißt nur die konkreten Rahmenbedingungen, die nicht mehr wichtig für ihn sind. Das gilt vor allem für bestimmte Fähigkeiten und Fertigkeiten. Fähigkeiten aus früheren Inkarnationen werden nun als Begabungen in dieses Leben eingebracht, allerdings nur, wenn sie für die jetzige Aufgabenstellung notwendig sind. Unnötige Fertigkeiten würden in dem Falle nur ablenkend wirken.

Rudolf Steiners Motto war: »Wir werden nicht nur wiedergeboren, um etwas zu tun, was wir schon können, sondern um etwas zu tun, was wir eigentlich können wollen« – also eben noch nicht können.

So ist der Weg eines jeden Individuums durch zahllose Erdenleben bis zur Befreiung von Samsara – dem Rad der Wiedergeburten – einem ständigen Lernprozeß vergleichbar, in dem alle Variationen der Existenz in dieser materiellen Welt durchlebt werden, solange, bis es hier nichts Neues mehr zu versuchen gibt und den Menschen Sehnsucht nach seiner wahren Heimat – jenem »Reich des reinen Geistes jenseits der Sterne« – überkommt.

Abschließend sei mir folgender Vergleich erlaubt:

Unser Leben ist wie ein Haus. Der Rohbau steht fest, nur die Innenausgestaltung wird uns selbst überlassen. Machen Sie das beste draus!

VII. Die Prophezeiungen von Bangalore

1. Eine Legende

Einstmals lebte an der Stelle, wo sich heute die City von Bangalore erhebt, ein heiliger Mann schon jahrzehntelang in strenger Askese und tiefer Meditation. Da erschien ihm eines Tages Narada, Sohn des großen Rishis Brighu und Seher der Götter.

»Du hast durch deine Übungen große Verdienste erworben«, teilte Narada dem Asketen mit. »Die Götter gewähren dir dafür einen Wunsch.«

»Dann wüßte ich gern,« erwiderte dieser, »wieviele Leben ich noch auf diese Weise zubringen muß, bis ich nicht mehr wiedergeboren werde und erlöst bin.«

»Sieh die Blätter des Tamarindenbaumes, unter dem du sitzt« antwortete Narada.

»Erst wenn du so viele Leben in Askese und Meditation zugebracht hast, wie dieser Baum Blätter hat, dann erst wirst du Erlösung finden.«

Da sprang der Asket auf, tanzte vor Freude und rief begeistert: »Welch ein Glück, nur noch so wenige Leben!«

Diese Legende erzählte uns Gunjur Sachidananda Murthy, der Nadi-Reader aus Bangalore, als Thomas und ich auf unserer zweiten Indienreise im Juli 1995 seine Palmblattbibliothek besuchten. Die Palmblattlesung von Madras war äußerst beeindruckend gewesen. Wir wollten jedoch in Erfahrung bringen, ob unser Schicksal auch in anderen indischen Palmblattbibliotheken aufgezeichnet war oder ob für jeden Ratsuchenden nur ein bestimmtes Palmblatt in einer ganz bestimmten Bibliothek existierte.

2. Die Palmblattbibliothek

Bereits auf unserer ersten Reise im Jahr 1993 suchten wir deshalb die Palmblattbibliothek von Bangalore im indischen Bundesstaat Karnataka auf. Dabei mußten wir feststellen, daß Gunjur Sachidananda Murthy nach einem strengen Terminplan arbeitete. Die durchschnittliche Wartezeit betrug damals 14 Tage, inzwischen sind 2 bis 3 Monate daraus geworden, so daß sich in jedem Fall eine rechtzeitige Anmeldung und vorherige Terminvereinbarung empfiehlt. Auf unserer ersten Reise war es uns daher trotz mehrmaliger Anfragen nicht möglich gewesen, einen Termin für ein Nadi-Reading zu erhalten, da der Kalender von Mr. Sachidananda bereits vollständig ausgebucht war. Wir waren sehr enttäuscht, doch wurden wir damit getröstet, daß es nur nötig sei eine Kassette und 200 Rupies pro Person zu hinterlassen, so daß uns das Nadi-Reading dann per Post zugesandt werden würde. Dazu sollten wir einen umfangreichen Fragebogen ausfüllen, in dem u.a. nach vollständigem Namen, Adresse, Telefon- und Faxnummer sowie Geburtstag, -stunde, -minute, -sekunde sogar, Geburtsort (mit Angabe von genauem Längen- und Breitengrad), Sternzeichen, Aszendent sowie sämtlichen Daten über Eltern, Geschwister, Ehepartner und Kinder gefragt wurde. Eigentlich waren wir nach unseren Erfahrungen in Madras der Meinung, daß derartige Angaben in den Palmblättern enthalten sind. So hinterließ diese Palmblattbibliothek in Bangalore im Jahre 1993 einen etwas zwiespältigen Eindruck, den wir auf unserer zweiten Reise jedoch völlig revidieren mußten.

In diesem Zusammenhang erscheint mir auch erwähnenswert, daß die Palmblattbibliothek in Bangalore besonders stark von Ausländern frequentiert wird, weniger von Indern. Dies ist jedoch kein Maßstab für die Qualität der abgehaltenen Readings, wie wir im Juli 1995 erfahren durften.

Abermals fuhren Thomas und ich durch die breiten Alleen der für indische Verhältnisse modernen und sauberen Hauptstadt des Bundesstaates Karnataka nach Chamarajpet hinüber, jener Gegend der Altstadt, in der Angestellte, Handwerker und Händler in bescheidenem Wohlstand leben.

Vor einem unscheinbaren Reihenhaus neben einem kleinen Buchladen stoppte unser Fahrer sein brabbelndes Blechmonster der Marke »Ambassador«, das in seiner Mischung aus unverwüstlicher Robustheit und Eleganz längst vergangener Jahre so unnachahmlich zu

Indien paßte. »Nadi Gruha« stand über dem Eingang des kleinen Anwesens – niemals hätte ein zufälliger Besucher vermutet, daß sich hinter dieser bescheidenen Fassade eine der größten und wohl auch berühmtesten Palmblattbibliotheken Indiens verbarg.

Diesmal hatten wir uns rechtzeitig schon einige Wochen vorher telefonisch von Deutschland aus angemeldet und einen Termin vereinbart. Das erschien uns notwendig, da uns 1995 eine Gruppe von Freunden und Bekannten nach Indien begleitete, welche die lange Reise ausschließlich wegen der Palmblattbibliotheken unternommen hatten. Ihnen wollten wir die Enttäuschung ersparen, die wir zwei Jahre zuvor erlebten.

So suchten wir die Palmblattbibliothek Gunjur Sachidananda Murthys auch einen Tag vor dem vereinbarten Termin auf, einfach um uns zu vergewissern, daß an den beiden nachfolgenden Tagen tatsächlich Zeit für die Nadi-Readings unserer Freunde eingeplant worden war.

Rathna Murthy, die Ehefrau des Palmblattlesers, empfing uns freundlich und wollte wissen, ob wir an diesem Tag einen Termin für ein Nadi-Reading hätten. Obwohl wir verneinten, bat uns Rathna mit ausgesuchter Höflichkeit ins Haus und versprach, ihren Mann zu fragen, ob er ein wenig Zeit für uns erübrigen könne. Doch zunächst sollten wir in dem kleinen Vorraum auf einer ledergepolsterten Bank Platz nehmen. Bestimmt würde es eine Weile dauern, bevor Gunjur Sachidananda Murthy Zeit hatte. Rathna brachte uns inzwischen wohlschmeckenden Masala-Tschai – ein mit Milch, Kardamon, Ingwer und bestimmt einer geheimen Hausmischung weiterer Gewürze verfeinerter schwarzer Tee, der einfach köstlich schmeckte.

Wir hatten gerade den letzten Schluck dieses fabelhaften Getränks geschlürft, als Gunjur Sachidananda erschien, gekleidet in den traditionellen Dhoti und die weiße Kurta. Er war uns auf den ersten Blick sympathisch. Mittelgroß, von kräftigem Wuchs und mit klaren, klugen Augen, die uns aus seinem offenen, freundlichen Antlitz entgegenblickten. Er begrüßte uns ebenso herzlich wie es zuvor schon seine Frau getan hatte und sagte dann:

»Wie Rathna mir erzählte, hatten Sie für heute keinen Termin vereinbart. Ich habe zwar noch einige Klienten, aber zumindest für eine Person könnte ich heute noch ein Nadi-Reading abhalten. Morgen und übermorgen ist dann eine ganze Gruppe von Ausländern hier, da bin ich völlig ausgebucht.« Diese Nachricht freute uns, bedeutete sie doch, daß die Reservierung für unsere Freunde geklappt hatte.

Gunjur Sachidananda Murthy schien nachzudenken.

»Für Sie beide kann ich ein gemeinsames Reading abhalten. Sie sind Seelenpartner.« Wir waren verblüfft und schauten uns nur schweigend an.

3. Unsere Lesung

Der Palmblattleser bat uns in seinen kleinen Arbeitsraum. Hinter dem gewichtigen Schreibtisch hing an der Wand das lebensgroße Poster eines würdigen, weißhaarigen Mannes. Das war eine Aufnahme von Narayan Shastri, dem Vater Gunjur Sachidananda Murthys, dessen profunde Sanskritkenntnisse, verbunden mit seiner Hellsichtigkeit, die Palmblattbibliothek von Bangalore berühmt gemacht hatten.

Gunjur Sachidananda reichte uns zwei von den Fragebögen, die wir bereits von unserem ersten Besuch hier noch gut in Erinnerung hatten. Nach Namen, Geburtsdatum, Beruf, Wohnanschrift, Familienstand und -verhältnissen sowie nach den Kindern wurde da gefragt und auch nach wichtigen Ereignissen in der Vergangenheit. Wir griffen zum Kugelschreiber und machten uns zögernd an das Ausfüllen der Fragebögen.

Plötzlich unterbrach uns Gunjur Sachidananda Murthy und bat Thomas um die Angabe seines Geburtsdatums.

Der Palmblattleser notierte sich das Datum auf einem kleinen Zettel, entschuldigte sich bei uns für einen Moment und verließ den Raum.

»Warum hat er nicht nach Deinem Namen gefragt?« wollte ich wissen. Thomas zuckte nur mit den Schultern. Auch ihm kam das Ganze wohl etwas seltsam vor.

Nach etwa zehn Minuten war Gunjur Sachidananda Murthy wieder da. Er brachte ein starkes Bündel schon recht alt aussehender Palmblätter mit, das mit einer roten Schnur umwickelt war.

»Nun, lassen wir einstweilen mal das mit dem Formblatt«, sagte Gunjur Sachidananda und schnürte das Palmblattbündel auf. »Ich werde es bei Ihnen ohne weitere Angaben probieren.«

Er sortierte die Palmblätter und wandte sich Thomas zu.

»Sie sind bei Ihrer Mutter aufgewachsen, die nicht verheiratet ist.«

»Das trifft zu.«

»Sie studieren zur Zeit noch, und zwar beschäftigen Sie sich dabei mit Gesetzen, mit dem geschriebenen Recht ihres Landes.«

»Ja.«

»Ihr erster Name ist Thomas.«

Er konnte nur nicken.

»Nun zu Ihrer Partnerin«, fuhr Gunjur Sachidananda Murthy fort. »Sie haben sich im zweiten Monat des Jahres 1989 nach dem westlichen Kalender kennengelernt.«

»Ja.«

»Sie ist an einem 31. Januar geboren, und zwar im Jahr 1972 nach dem westlichen Kalender.«

»Ja.«

»Ihr Name ist Annett und sie hat die Gabe, mit ihren Händen zu heilen.«

Jetzt war es an mir, ungläubig zu nicken.

»Dann habe ich mich nicht getäuscht«, meinte der Palmblattleser. »Dies hier ist Ihr Palmblatt. Aber da gibt es noch eine Sache, die mit dem Nadi-Reading eigentlich nichts zu tun hat.« Gunjur Sachidananda blätterte in seinem Kalender. »Eigentlich sind Sie erst für morgen angemeldet, stimmt's?« Das konnten wir nur bestätigen.

»Im Palmblatt steht aber, daß Sie bereits am heutigen Tag zur Lesung kommen.«

Ein »Zufall« im indischsten Sinne des Wortes.

»Dann will ich mit der Lesung beginnen«, fuhr Gunjur Sachidananda Murthy fort. »Bhagawan Sri Shuka Maharshi spricht nun durch mich zu Ihnen …«

Der Inhalt des Textes auf dem Palmblatt wurde uns in Bangalore ebenso vorgetragen, wie dies in Madras geschehen war. Gunjur Sachidananda übertrug jedoch den Text – der von dem mythischen Schöpfer der Palmblattbibliothek, Bhagawan Sri Shuka Maharshi einstmals in Sanskrit verfaßt wurde – sofort ins Englische. Er stellte uns dabei frei, ob wir die wichtigen Punkte selbst notieren oder das Reading mittels Kassette aufzeichnen wollten. Wieder dolmetschte mir Thomas. Selbst wenn ich damals Englisch verstanden hätte, wäre ich auch viel zu aufgeregt gewesen, um auch nur ein Wort verstehen zu können. Und so geht es sicherlich vielen Leuten, die in den Palmblattbibliotheken um Rat fragen. Aus diesem Grunde steht bei meinen Reisengruppen, die ich nach Indien führe, immer ein Dolmetscher zur Verfügung und das Reading wird zusätzlich noch auf Kassette mitgeschnitten, so daß man sich die Lesung zu Hause nochmal entspannt anhören kann. Ich selbst machte die Erfahrung, daß ich Dinge, die ich dort hörte und die mir im Moment nicht wichtig erschienen, sofort wieder verdrängte und mich tatsächlich danach nicht mehr daran erinnern konnte. Deshalb ist es gut, wenn man eine Aufzeichnung zur Verfügung hat.

Die Lesung des Palmblattes untergliederte sich in mehrere Abschnitte: Nach der Einleitung, in der unsere astrologischen Daten unter Verwendung des hinduistischen Kalenders dargelegt wurden, berichtete Gunjur Sachidananda anhand des Palmblattes zunächst von unserer Vergangenheit in diesem Leben. Dabei überprüfte er die mitgeteilten Fakten durch Rückfragen, da es eine Eigenart des Sanskrit ist, daß gleiche Worte oftmals unterschiedliche Bedeutungen haben können.

Anschließend erläuterte er für jeden von uns die charakterlichen Eigenschaften, Talente und Fähigkeiten sowie die Aufgaben, welche sich daraus ergeben und für die Gestaltung unserer Zukunft wichtig sind. Dieser Teil des Nadi-Readings, der die Gestaltung des Lebens umfaßt, war inhaltlich der bedeutendste und auch umfangreichste der Palmblattlesung in Bangalore. Hier ging es um das, was sich am treffendsten als »Sinn des Lebens« definieren läßt.

Bhagawan Sri Shuka Maharshi sagt in diesem Palmblatt, daß du, Annett, auf diese Welt zurückgekehrt bist, obwohl sich der Zyklus deines Lebens bereits vollendet hatte. Du kamst, um anderen Menschen bei ihrer spirituellen Entwicklung zu helfen.

Annett, du hast die besondere Gabe, durch die Macht des Geistes
und die Energie, die durch deine Hände fließt, andere Menschen zu
heilen und ihre Leiden zu lindern. Das ist die Aufgabe, die du dir
gestellt hast und die dir bestimmt ist in diesem Leben. Du wirst für
andere Menschen da sein, die auf der Suche nach ihrem Weg sind und
du wirst ihnen helfen, diesen eigenen Weg zu finden. Deine Haupt-
aufgabe ist jedoch das Heilen. Du wirst Menschen treffen, die es dir
ermöglichen, in deinem Land dieser Bestimmung zu folgen, doch
bereits in deinem 26. Lebensjahr wirst du erkennen, daß es in der
Zukunft nicht möglich sein wird, deine Bestimmung in dem Land zu
verwirklichen, in dem du jetzt lebst. Es ist der Staat – es sind die
Gesetze der Regierung, die es dir verwehren. So wirst du oft ins Aus-
land reisen auf der Suche nach einem Ort, an dem du deine Aufgabe
ungehindert erfüllen kannst. Du wirst in vier Jahren diesen Platz
finden, in einem Land südwestlich von eurer Heimat, an der Küste
des Meeres. Dort ist der Ort, an dem du deine Aufgabe verwirkli-
chen kannst. Da wirst du beginnen, ein spirituelles Zentrum, ein
Heilzentrum einzurichten. Dieses Land kennst du schon aus einem
früheren Leben. Der Name des Platzes lautet heute ...

Gunjur Sachidananda Murthy grübelte, wie er den Namen des
Platzes aus dem Sanskrit ins Englische übertragen sollte.

»Ich komme jetzt einfach nicht drauf«, sagte er entschuldigend.
Doch dann stand er einfach auf und trat an die große Weltkarte, die
eine ganze Wand des kleinen Raumes bedeckte. Mit dem Fingerknö-
chel klopfte er auf das spanische Festland, westlich von Marbella.
»Dort wirst du ein spirituelles Zentrum einrichten, in Spanien.«

Bhagawan Sri Shuka Maharshi sagt, daß sich an diesem Platz dein
Drittes Auge öffnet und sich deine spirituelle Energie erhöht. Du wirst
mit diesem Zentrum einen Platz schaffen, an dem Menschen, die auf
der Suche nach ihrer Aufgabe in diesem Leben und auf der Suche
nach sich selbst sind, Zeit und Ruhe zum Verweilen und für ihre Stu-
dien finden. Du wirst deine Kenntnisse und dein Wissen in Semina-
ren, Vorträgen und Büchern an diejenigen weitergeben, die zu dir
kommen.

Du wirst auch sehr viel reisen in den nächsten Jahren, um deine
Kenntnisse von der Welt und den alten Wissenschaften zu erweitern.

Auf deiner Suche wird es dir gelingen, zunächst auf spirituellem Wege, doch in späterer Zeit auch körperlich, die Tore zu anderen Welten zu durchschreiten und an dem Wissen der Wesen dieser Welten teilzuhaben. All dies wird geschehen, wenn sich das Drittes Auge öffnet und klar ist.

Du wirst jedoch auf Reisen gehen, um anderen Menschen die Möglichkeit zu geben, dieselben Erfahrungen zu machen, die du selbst gemacht hast. Du wirst für andere Reisen organisieren und sie auf diesen Reisen begleiten. Du wirst noch mehrere Sprachen lernen, unter anderem Englisch und Spanisch. Du wirst insgesamt an drei verschiedenen Orten leben. Deine Eltern werden dir bei der Verwirklichung dieser Aufgabe eine große Hilfe sein.

Du wirst ab deinem 27. Lebensjahr verschiedene Systeme der Heilkünste studieren, später auch selbst in Indien und in Tibet. Du wirst dich auch sehr ausführlich mit Ayurveda und Homöopathie beschäftigen. Dir ist es auch gegeben, die Zukunft der Menschen und Dinge zu sehen und Kanal für mächtige Energien zu sein, gleich einem Medium. Diese Fähigkeiten wirst du ab dem 27. Lebensjahr einsetzen, um andere noch wirksamer heilen zu können und die wirklichen Ursachen der Krankheiten zu ergründen.

Mein weiteres Leben wurde dann in Abschnitten von jeweils zwei bis drei Jahren bis hin zum Todesjahr – das mit den in der Palmblattlesung von Sri Ramani genannten Daten übereinstimmte – sehr detailliert geschildert und erläutert. Hier hörte ich auch zum ersten Mal, daß mir eine Scheidung von Thomas bevorstand, was mich damals sehr schockierte. Ich erzählte dies an dem Abend noch völlig aufgelöst zwei Freunden. Anschließend muß ich dieses Schockerlebnis komplett verdrängt haben, denn ich konnte mich absolut nicht mehr daran erinnern. Thomas rührte natürlich auch nicht mehr an diesem heiklen Thema, zumal unser Hochzeitstermin näherrückte. Jahre später, als die Scheidung bereits lief und ich den Freunden davon erzählte, zuckten sie nur mit den Schultern und meinten: »Das hast Du uns bereits nach der Lesung in Bangalore angekündigt!« In mir war nur ein schwarzes Loch!

Doch zurück zur Lesung von Bangalore. Im Zusammenhang mit meiner weiteren Entwicklung benannte das Palmblatt auch vier meiner früheren Leben, aus welchen bestimmte Erfahrungen und Ereignisse in die jetzige Inkarnation hineinwirken. Dieser Abschnitt des Readings diente vor allem dazu, noch unbewußte, brachliegende Fähigkeiten, die bereits in früheren Leben erworben wurden, für die Aufgaben in dieser Inkarnation nutzbar zu machen, erläuterte Gunjur Sachidananda Murthy.

Unsere in diesem Zusammenhang bedeutendste Inkarnation hatten sowohl Thomas als auch ich in Indien erlebt.

Thomas war in diesem Leben ein Philosoph, der eine bestimmte Art des Kundalini-Yoga (Schlangen-Yoga) praktizierte. Das Kundalini-Yoga versucht, die gegensätzlichen Prinzipien Spiritualität und Sexualität durch Verschmelzung ihrer Energien im Körper zu vereinen und so das reine Bewußtsein der Einheit aus Körper und Seele zu erreichen. Ist diese Vereinigung vollkommen, hat ein solcher Yogi Mokscha – die Erlösung vom Kreislauf der Wiedergeburten – erlangt.

Ich war auch in dieser Inkarnation seine Partnerin und praktizierte als ayurvedische Ärztin. Eine Erläuterung zur Ayurveda-Heilkunst befindet sich im Anhang.

Ein weiteres Leben verbrachten wir gemeinsam – nach Aussage des Textes auf unserem Palmblatt – in China.

Thomas beschäftigte sich in diesem Leben mit Architektur, während ich Tantra lehrte. Auch zum Tantra gibt es eine Erläuterung.

In Spanien lebten wir bereits einmal gemeinsam in einer Familie, die dem damaligen Herrscherhaus sehr nahe stand. Aus dieser Inkarnation kannten wir auch unsere Eltern. – Dies ist gemäß der Aussage des Palmblattes auch ein Grund, warum ich in diesem Leben nach Spanien zurückkehren werde. Gunjur Sachidananda konnte nicht wissen, daß ich mich bereits seit 1990 mit dem Gedanken trug, an die spanische Mittelmeerküste umzusiedeln. Ich hatte seit jeher das Gefühl, daß in Marbella etwas auf mich wartete, konnte mir dies aber nie erklären.

In Südafrika lebte Thomas bereits einmal um die Wende des 19. zum 20. Jahrhundert als Rechtsanwalt und Grundstücksmakler, während ich damals in einer männlichen Inkarnation als Tierarzt praktizierte. Auch damals hatten wir miteinander Kontakt.

Ein weiteres Kapitel des Nadi-Readings war meiner gesundheitlichen Verfassung sowohl in psychischer als auch in physischer Hinsicht gewidmet. Dabei nannte der Text des Palmblattes auch die Gegenmittel (etwa bestimmte Meditations- und Yogatechniken oder Medizin der Ayurveda) zur Behebung möglicher künftig auftretender gesundheitlicher Probleme.

Nach über zwei Stunden sprach uns Gunjur Sachidananda Murthy zum Abschluß des Nadi-Readings unsere ganz persönlichen Mantren vor, welche wir immer dann rezitieren sollten, wenn wir in Situationen geraten, welche die ganze Kraft der Persönlichkeit erfordern.

Mein Mantra richtet sich an Dhanvantharaye, die Göttin der Gesundheit, der Ärzte und Heiler, während Thomas sich mit seinem Mantra der Führung Shiva Natarajas, des gewaltigen Tänzers, anvertrauen soll, dessen Tanz die Einheit und den Rhythmus des Lebens symbolisiert. Shiva Nataraja tanzt in einem Feuerring, der für die ewige Kette von Leben und Tod steht. Alles ist immerfort in Wandlung begriffen. Die Energie nimmt im Spiel der Schöpfung ständig neue Formen an – nur das Göttliche ist unveränderlich und absolut. Am Ende des gegenwärtigen Zeitalters der Unwissenheit sind die Ausdehnung, der Zerfall und die Auflösung die bestimmenden Prinzipien. Shiva tanzt den schrecklichen Zerstörungstanz Tandava.

Gunjur Sachidananda Murthy lächelte zufrieden, als er unsere Begeisterung sah.

»Bhagawan Sri Shuka Maharshi segnet Sie. Der Rishi und ich wünschen Ihnen das Beste für Ihr weiteres Leben.«

Er schaltete den Recorder ab und übergab uns die Kassette, auf welche die gesamte Lesung aufgezeichnet worden war.

»Es freut mich, daß Sie mit der Lesung so zufrieden sind. Jedes Palmblatt ist für mich eine neue Aufgabe, jedes Nadi-Reading eine Herausforderung, denn ich bin erst seit wenigen Jahren im Besitz der Bibliothek. Mein älterer Bruder Ramakrishna war Nadi-Reader vor mir, und vor ihm war es mein Vater.« Dann begann Gunjur Sachidananda Murthy zu erzählen, wie er zum Hüter der Palmblattbibliothek wurde.

4. Gunjur Sachidananda Murthys
Palmblattbibliothek

Narayan Shastri, dessen legendärer Ruf als Nadi-Reader und Hellseher sich weit über die Grenzen Indiens verbreitet hatte, bestimmte ursprünglich Gunjur Sachidananda Murthy zu seinem Nachfolger. Doch Ramakrishna machte das Recht des Erstgeborenen geltend und so war er es, der in seiner Jugend vom Vater in der Kunst des Palmblattlesens, der vedischen Mythologie und den alten Sprachen unterrichtet wurde. Nach dem Tode Narayan Shastris hielt Ramakrishna die Palmblattlesungen ab. Durch seine hervorragende Ausbildung war er bald ein ebenso geachteter Nadi-Reader wie einst sein Vater. Ramakrishna Shastri erhielt Einladungen ins Ausland, in die USA und nach Kanada, denen er gern nachkam. Bei seinen Reisen führte er stets einen Koffer voller Palmblattbündel mit sich, so daß er auch im Ausland Lesungen abhalten konnte. Ramakrishna verdiente viel Geld damit. Doch er hatte gegen den uralten Grundsatz verstoßen, daß die Palmblätter den Boden des Landes, auf dem sie einst niedergeschrieben worden waren, nicht verlassen durften. Dies zog Konsequenzen nach sich. Die Familie Murthy ist überzeugt, daß Bhagawan Sri Shuka Maharshi offenbar selbst in das Geschehen eingriff, um weiteres Unheil zu verhüten. Im Alter von nur 39 Jahren kehrte Ramakrishna Shastri aus einem Trancezustand nicht mehr in das irdische Leben zurück.

Der 1956 geborene Gunjur Sachidananda Murthy hatte inzwischen das College und anschließend die Universität besucht. Ein guter Abschluß sicherte ihm eine Laufbahn als Angestellter im Regierungspräsidium von Karnataka. Doch nach dem Tod seines Bruders stand er plötzlich vor der Wahl, sich zwischen Beruf und Berufung entscheiden zu müssen. Gunjur Sachidananda Murthy versuchte anfangs beides. Er hielt Palmblattlesungen abends ab, wenn er bereits durch die Arbeit des Tages ermüdet war. Natürlich blieb es dabei nicht aus, daß er Fehler beging und die Readings nicht gelangen, da ihm die Deutung der Palmblätter zumindest anfangs unglaublich schwer fiel. In seiner Not begann Gunjur Sachidananda Murthy eingedenk der Ermahnungen seines verstorbenen Vaters, sich intensiv mit Meditation zu beschäftigen. Diese Übungen öffneten ihm den Zugang zu den höheren Welten.

Wir hatten eine seiner Palmblattlesungen erleben dürfen und waren überzeugt, daß Gunjur Sachidananda Murthy mindestens über genauso außergewöhnliche Kräfte verfügte, wie sein Vater.

Wir wollten gern mehr wissen über die Rishis und die Geschichte der Palmblattbibliothek von Bangalore, doch Gunjur Sachidananda Murthy entschuldigte sich zunächst einmal, da im Vorraum schon weitere Ratsuchende auf ihn warteten. Doch er meinte, daß seine Frau Rathna ebenfalls unsere Fragen beantworten könne. Wir bedankten uns mit einer leichten Verbeugung und überreichten dem Palmblattleser eine angemessene Spende, da auch hier kein fester Preis verlangt wird. Zum Dank dafür bat uns Gunjur Sachidananda Murthy noch einen Moment zu warten. Er verschwand kurz im Nebenraum und kaum mit zwei safranfarbenen Tüchern, die mit Mantren bedruckt waren, wieder. »Dies ist für Ihre Meditation. Viel Glück auf Ihrem Weg.«

Vor der Tür erwartete uns bereits Rathna mit einem kleinen Jungen auf dem Arm. Sie bat uns in einen größeren Raum – das Wohnzimmer der Familie. Wir durften auf einer Couch Platz nehmen. Die immer lächelnde Rathna brachte uns abermals Tee und setzte sich dann zu uns.

»Der Ursprung dieser Palmblattbibliothek geht auf den Rishi Baghawan Sri Shuka Maharshi – einen Gefährten Brighus – zurück. Diese Palmblattbibliothek ist seit ca. 80 Jahren im Familienbesitz. Seither waren eine Frau und mehrere Männer als Palmblattleser tätig. Seit Juli 1990 ist mein Mann, Gunjur Sachidananda Murthy, der Palmblattleser. Sein Nachfolger wird unser einziger Sohn Ramnarayan. Er ist die neue Inkarnation von Narayan Shastri.« Stolz blickte sie auf ihren Sohn, der am Boden spielte. »Ramnarayan wird mit etwa 20 Jahren das Amt des Palmblattlesers übernehmen, bis dahin aber mehrere Schulen besuchen. Er wird wahrscheinlich der letzte Palmblattleser in dieser Bibliothek sein.«

»Wieviele Palmblätter mit Schicksalen haben Sie in Ihrem Familienbesitz?«

» Wir haben genau 375 Palmblattbündel. In jedem Bündel befinden sich etwa 100 bis 300 Blätter. Wir haben aber auch Bündel mit wissenschaftlichen und medizinischen Informationen. Zwei Ärzte kamen bereits im Auftrag von Sai Baba und haben sich die Informationen aus den medizinischen Bündeln geben lassen.«

In den nächsten beiden Tagen ergab sich nochmals die Gelegenheit, unsere Fragen direkt an Herrn Sachidananda Murthy loszuwerden.

Welche Auffassung hatte nun Gunjur Sachidananda vom Zweck der Palmblattbibliotheken?

»Die Palmblätter enthalten nicht nur die Beschreibung individueller Schicksale, sondern auch Hinweise, wie sich die Zukunft der Menschheit gestalten wird. Es wäre jedoch nicht nur müßig, sondern sogar schädlich, diese Hinweise jedermann zu enthüllen. Viele sprechen von den Dingen im Außen, die geändert werden müssen. Sie verkennen aber, daß jede Änderung in der äußeren Welt nur dann dauerhaft sein kann, wenn sich zuvor die Dinge im Innern der Menschen, in ihrem Herzen und in ihrer Seele geändert haben. Es ist nutzlos, von Freiheit nur zu sprechen, wenn man in den Fesseln der Materie verstrickt ist, und ebenso ist es eine Lüge, von Frieden zu predigen, wenn dieser notfalls mit Waffengewalt erzwungen werden soll. Es ist eine Angewohnheit der Menschen des Kali-yuga – des Eisernen Zeitalters, sich mit den Dingen der äußeren Welt zu identifizieren. Wenn sich jeder für sich selbst und seine spirituelle Entwicklung nur soviel Zeit nehmen würde, wie er aufwendet, um die Fehler seiner Mitmenschen zu kritisieren oder seinen materiellen Wünschen nachzujagen, gäbe es viel mehr Erleuchtete auf dieser Welt.

Die Botschaft derer, die diese Bibliotheken schufen, ist selbstlose Liebe, denn die Probleme der heutigen Menschheit resultieren aus den selbstsüchtigen Wünschen der Menschen, seien diese nun persönlicher, sozialer, rassischer oder nationaler Art. Nur wenn es gelingt, diese menschliche Selbstsucht zu überwinden und zu transzendieren, dann wird für jeden Einzelnen das Leben in einer wirklich menschlichen Gemeinschaft möglich sein. Um diese großen Dinge zu ändern, ist es jedoch erforderlich, daß sich zuvor der Einzelne verändert. Für alle, die nach dieser individuellen Veränderung streben, haben die Rishis vor etwa 7.000 Jahren diese Palmblattbibliotheken geschaffen. Mit der Kenntnis der spirituellen Aufgabe in seinem Leben und den Hinweisen auf die Möglichkeit ihrer Lösung erhält jeder, der die Palmblattbibliotheken besucht, den Weg aufgezeigt, auf dem er für sich selbst diese innere Veränderung vollziehen kann und durch sein eigenes Beispiel ebenfalls an der Veränderung all jener mitzuwirken imstande ist, die in sein Leben treten. Den Weg, den die Rishis Ihnen gezeigt haben, müssen Sie nun selbst gehen. Niemand sonst kann das tun. Das heißt, wer hierher kommt, um sein Schicksal zu erfahren, muß auch bereit sein, Verantwortung für sein eigenes Leben zu übernehmen. Nur dann kann man die Aufgabe erfüllen, die einem von den Rishis aufgezeigt wird. Aus diesem Grunde ist es auch nicht möglich, daß ich beispielsweise schriftliche Anfragen eines Nadi-Readings anhand des Fragebogens beantworte, die Sie vor sich liegen haben. Ich habe es anfangs versucht, aber es hat nicht funktioniert. Es ist nicht im Sinne Bhagawan Sri Shuka Maharshis. Jeder, der ernsthaft daran interessiert ist, sein Schicksal und seine Aufgabe in diesem Leben zu erfahren, muß sich selbst auf die Reise zu dieser Palmblattbibliothek begeben.« Gunjur Sachidananda lächelte verschmitzt. »Doch in Ihrem Palmblatt steht ja, daß Sie noch sehr oft hierher kommen und für viele Menschen die anstrengende Reise leichter machen werden.«

Thomas und ich baten auch Gunjur Sachidananda in einem ruhigen Augenblick um unsere Palmblätter, doch ohne Erfolg.

»Die Palmblätter eines Bündels sind fortlaufend beschrieben«, erklärte uns der Palmblattleser. »So beginnt zum Beispiel der Text, der Sie betrifft, im oberen Drittel dieses Blattes. Er erstreckt sich über fünf weitere Blätter und endet dann etwa in der Hälfte dieses Palmblattes hier. Wenn ich Ihnen nun Ihre persönlichen Palmblätter aushändigen würde, wäre der Zusammenhang in diesem Palmblattmanuskript zerstört, und Informationen für andere Ratsuchende würden fehlen.«

»Ist dann der Vorrat an Manuskripten nicht irgendwann einmal verbraucht?« wollten wir wissen.

»Nein, denn die Bibliothek füllt sich auf eine bestimmte Weise immer wieder mit neuen Palmblattmanuskripten auf.« Gunjur Sachidananda Murthy lächelte ein wenig geheimnisvoll. »Wenn es an der Zeit ist, werde ich Sie einladen, sich anzuschauen, wie das vor sich geht.«

Tatsächlich erreichte uns im Sommer 1997 ein Brief, der uns zur Puja, dem alljährlichen Dankopferfest für den Begründer der Palmblattbibliothek einlud. Es wäre nicht nur unhöflich, sondern ziemlich ignorant gewesen, diese Einladung nicht wahrzunehmen. Die Puja für Bhagawan Sri Shuka Maharshi dauerte zehn volle Tage. In dieser Zeit verwandelte sich das bescheidene Heim der Familie Murthy in einen kleinen Tempel. Blumengirlanden und Bilder der indischen Gottheiten schmückten die Wände und den kleinen Altar, auf dem sich die Opfergaben für den Rishi häuften – Blüten, Früchte, Weihrauch, Öl und Wasser. Es duftete nach Blumen, Sandelholz, Moschus und Amber. Ununterbrochen erklangen Bhajans, die heiligen Hymnen der Veden, gesungen von Gunjur Sachidananda und seinen zahlreichen Gästen – Brahmanen, Sadhus und Schriftgelehrten –, die aus ganz Indien und zum Teil wohl auch aus dem Ausland angereist waren. Als einzige Europäer fühlten wir uns anfangs ein wenig fremd in dieser Atmosphäre so nah den Rishis und indischen Göttern. Doch die Herzlichkeit von Rathna und Gunjur Sachidananda Murthy ließ uns bald all unsere Hemmungen vergessen. Wir waren keine Fremden, keine bloßen Zuschauer oder Zaungäste, sondern Teilnehmer der heiligen Zeremonien.

In einem kleinen Raum waren Palmblattmanuskripte zu einer mannshohen Pyramide aufgestapelt worden. Girlanden aus frischen Blüten schmückten die Palmblätter.

»In den zehn Tagen, wenn wir die Puja zu Ehren Bhagawan Sri Shuka Maharshis abhalten, findet keine Palmblattlesung statt«, erklärte uns Gunjur Sachidananda. »Alle Palmblattmanuskripte werden jeweils für einen Tag in diesen Raum gebracht. Es sind jeden Tag andere. In dieser Zeit laden sie sich mit der Energie der Rishis erneut auf. Das ist jener Zeitpunkt, an dem die Transformation der Texte erfolgt. In diesen zehn Tagen ändern sich die Inhalte der Palmblätter, und so füllt sich die Bibliothek Jahr um Jahr aufs Neue. Ich weiß, daß ist für Sie schwer zu verstehen, doch läßt sich dieser Vorgang auch anders erklären. Unsere Wahrnehmung der Welt ist nicht objektiv. Jeder nimmt nur einen kleinen Ausschnitt der Wirklichkeit wahr und diese Wahrnehmung ist darüber hinaus noch von seinen persönlichen Wünschen und Vorstellungen geprägt. Der Mensch glaubt, die Dinge, die er wahrnimmt, und er selbst, seien voneinander getrennt. Doch in Wirklichkeit ist alles eins. Im Spiel der Schöpfung nimmt die Energie lediglich ständig neue Formen und Zustände an. Wir alle sind Teil dieses Spieles und so kommt es auch, daß sich die Texte der Palmblätter transformieren. Es ist eine Frage der Wahrnehmung, was auf den Palmblättern geschrieben steht. Manche scheinen noch unbeschrieben zu sein, in einigen Jahren dann sind sie beschrieben. Dann nämlich, wenn derjenige die Bibliothek aufsucht, für den eben dieses Palmblatt bestimmt ist. Das ist das Spiel des Maja, und die Weisheit der Rishis besteht eben darin, das Maja der äußeren Welt erkannt zu haben und dieses Wissen in Botschaften an all jene weiterzugeben, die auf irgendeine Weise nach einer Möglichkeit von der Befreiung der Fesseln dieser äußeren materiellen Welt streben.«

»Sie meinen, die Rishis existieren noch? Heute und hier?« Ich war fasziniert!

»Bhagawan Sri Shuka Maharshi ist in den Tagen der Puja unter uns, präsent in energetischer Form. Er ist auch immer dann hier, wenn ich eine Palmblattlesung abhalte. Ich bin nur sein Medium, ein Dolmetscher der Worte Bhagawan Sri Shuka Maharshis. Die Rishis sind keine Menschen und die Zeit der materiellen Welt spielt für sie keine Rolle. Wir können sagen, die Urschriften der Palmblätter wurden nach unserer Zeitrechnung vor 7.000 Jahren verfaßt. Ebenso können wir aber sagen, die Rishis beschreiben die Blätter des Schicksals noch heute. Auch sie mögen vergänglich sein, doch nach menschlichen Maßstäben sind sie unsterblich. Wir wissen, daß sie sich am Beginn des Kali-yuga aus der Welt der Menschen zurückgezogen haben, in die Reinen Länder im Gebirge des Nordens und dort ihr Reich errichteten, für das menschliche Auge unsichtbar, geschützt von Mauern aus geistiger Kraft. Das Kali-yuga ist das Zeitalter der Menschen, in dem sie glauben, selbst ihr Dasein bestimmen zu können, ohne Hilfe aus den anderen Welten. Doch die Palmblätter sagen auch, daß in der Zeit von 1987 bis in das Jahr 2002 nach westlichem Kalender 18 der erleuchteten Meister in menschlicher Gestalt zurückkehren werden, um bei der kommenden Transformation des Planeten der Menschheit helfend zur Seite zu stehen.«

»Es heißt, die Rishis hätten ihre spirituellen Gaben genutzt, um in der Akasha-Chronik zu lesen. Wie kann man sich das vorstellen?«

5. Die Akasha-Chronik

»Nun, die Akasha-Chronik ist nichts Materielles,« antwortete Gunjur Sachidananda, »kein Goldenes Buch des Schicksals oder etwas in der Art. Sie besteht vielmehr aus reiner Energie und ist in der Lage, Informationen zu speichern. Je stärker dabei die Emotionen sind, die ein Erlebnis, eine bestimmte Situation im Leben begleiten, desto ausgeprägter ist die überdauernde Information in der Akasha-Chronik.«

Nach der Lehre des Shuka Nadi – der Kunst des Palmblattlesens – existieren neben unserer dreidimensionalen Welt noch weitere, sehr komplexe Ebenen oder Dimensionen. Diese sind transzendent und mit unserer Wirklichkeitsebene auf eine bestimmte Weise miteinander verschachtelt. Normalerweise beeinflussen sich diese Ebenen nicht gegenseitig, daher können sie auch nicht wahrgenommen werden. Nur bei bestimmten Veränderungen oder Störung des Gleichgewichts dieser Sphären werden sie auch von weniger sensitiven Menschen bemerkt. Vorahnungen oder auch das kurzfristige Versetzen in andere Zeitebenen sind die Auswirkungen dieser Phänomene.

Ein solches Ereignis spielte sich am 4. August 1951 in der Nähe von Dieppe in Frankreich ab. Zwei Engländerinnen, die sich in ihrem Urlaub in Puys, einem kleinen Ort in der Nähe von Dieppe aufhielten, wurden an jenem Sommertag der Jahres 1951 noch vor Sonnenaufgang durch Kanonendonner aus dem Schlaf gerissen. In den nächsten drei Stunden waren sie Ohrenzeugen einer Schlacht, die gleichsam in der Zeit festgebannt zu sein schien. Neun Jahre zuvor hatten während des zweiten Weltkrieges kanadische und britische Truppen am 19. August 1942 den von der deutschen Kriegsmarine besetzen Hafen von Dieppe angegriffen. Aus diesem Angriff lernten die Alliierten viel für die spätere Invasion in der Normandie, doch sie zahlten einen furchtbaren Preis dafür. Von insgesamt 6.086 Männern, die in den frühen Morgenstunden des 19. August 1942 bei Dieppe gelandet waren, wurden 3.623 getötet oder verwundet. Neun Jahre später hörten die beiden Frauen noch einmal die unheimlich genaue Wiederholung der Ereignisse von 1942. Die militärischen Aufzeichnungen bestätigten später ihre Beschreibung des erbitterten Kampfes an der französischen Kanalküste.

Dieses Beispiel verdeutlicht, daß nicht nur individuelle Schicksale, sondern auch alle Ereignisse der Menschheitsgeschichte, in der Akasha-Chronik gespeichert sind. Es heißt, daß sich jeder Mensch und jedes Geschehen in der Akasha-Chronik wiederfindet. Die Akasha-Chronik enthält also alles, was in diesem Universum war, was ist und was jemals sein wird.

Für jemanden, der es gewohnt ist, in den westlichen Maßstäben des Verständnisses von Raum und Zeit zu denken, wird diese Aussage sicher nur sehr schwer nachvollziehbar sein, denn sie basiert auf einem völlig anderen Zeitbegriff. Ich spreche hier nicht von einer linearen Abfolge von Ereignissen, sondern von einer Art Zeitlosigkeit, die sich als Gleichzeitigkeit aller Ereignisse und Prozesse im Universum manifestiert. Die »Zeit«, so wie wir sie begreifen und „messen", ist demnach nichts anderes als ein von unserem Gehirn kreiertes Ordnungssystem, mit dem es uns erst möglich wird, sich in Raum und Zeit – also dem gleichzeitigen Ablauf aller Ereignisse – zu orientieren.

Im folgenden möchte ich einen recht einfachen, bildhaften Vergleich benutzen, der sich an unserem westlichen Zeitverständnis orientiert, um zu erklären, wie es den Rishis gelang, die Schicksale bestimmter Personen aus der Akasha-Chronik zu lesen.

Stellen wir uns also die Zeit als einen gigantischen Strom vor, der sich aus der Vergangenheit von einer imaginären Quelle – der Einfachheit halber wollen wir sie mit dem Urknall, dem Beginn unseres Universums gleichsetzen – über die sich ständig im Fluß befindliche »Gegenwart« in die Zukunft bewegt, bis hin zu jenem fernen Punkt, an dem das Universum einmal aufhören wird zu existieren. Stellen wir uns dieses »Ende aller Form« deshalb als einen gigantischen Ozean vor, in den der Strom der Zeit mündet.

Wir schwimmen, wie alle anderen Wesen auch, für einen bestimmten Abschnitt in diesem Strom der Zeit – tauchen an einer Stelle auf, um nach dem Ablauf unserer Lebensspanne wieder darin zu versinken. Dabei ist es für diese Erklärung erst einmal nicht notwendig, weiter zu diskutieren, ob wir nun nur einmal in diesem Strom auftauchen – wie es das westliche Verständnis von Geburt und Tod aussagt – oder ob wir, gemäß der östlichen Lehre der Reinkarnation, viele tausend Male in verschiedenen Abschnitten dieses Flusses der Zeit schwimmen.

Als Schwimmer in diesem Zeitstrom ist unser Blickfeld natürlich stark eingeschränkt, so daß wir immer nur einen sehr geringen Teil der Strecke wahrnehmen, die vor uns liegt. Nur für wenige Stunden, Tage oder allenfalls Wochen ist es uns möglich, unser Leben wirklich zu überschauen und entsprechend zu agieren, statt nur zu reagieren. Weiter reicht unser Blick in die Zukunft nun einmal nicht. Es hat jedoch in allen Epochen der Geschichte Menschen gegeben, denen es möglich war, diese engen Begrenzungen zu überwinden. Stellen wir uns vor, dies seien jene Schwimmer im Strom der Zeit, denen es gelungen ist, den Fluß zu verlassen. Sie gingen entlang des Stromes flußabwärts. Vielleicht liefen sie auch ein wenig schneller als die Strömung der Zeit, in der alle anderen dahintrieben. So war es diesen einsamen Wanderern am Rande der Zeit möglich, eher als alle anderen die Untiefen (Verflachung des geistigen Lebens, Versinken in der Welt der Materie), die Stromschnellen (Kriege und Naturkatastrophen) und auch die toten Seitenarme (gescheiterte persönliche oder gesellschaftliche Entwicklungen) im Strom der Zeit zu erkennen. Die Menschen, denen das gelang, waren zu allen Zeiten als Wahrsager oder Propheten bekannt. Michael de Notre Dame, genannt Nostradamus, und der Amerikaner Edgar Cayce gehörten zu ihnen.

Anderen Wesenheiten jedoch gelang es, sich über dem Strom der Zeit emporzuschwingen und aus der Höhe mit scharfem Blick zu überschauen, was in dem mächtigen Fluß der Zeit vor sich ging. Und irgendwann befanden sich diese Wesen so hoch über dem Strom der Zeit, daß sie ihn von seiner Quelle (der Entstehung des Universums)

172

bis zu seiner Mündung (dem Ende aller Form) überschauen konnten. Aus dieser Position heraus brauchten sie nur noch die Ereignisse zu beschreiben, welche sich ihnen darboten und die sie für wichtig erachteten. Aus einer solchen – natürlich spirituell zu verstehenden – Position heraus sollen die Rishis einstmals all jene Informationen bezogen haben, die sie dann in verschlüsselter Form in den Texten der Palmblattmanuskripte niederlegten.

Diese Schilderung stellt nur ein bildhaftes Beispiel dar, doch ich hoffe, daß sie zu verdeutlichen hilft, welch hochbrisante Informationen die Palmblattbibliotheken bergen. Es ist nicht mehr und nicht weniger als unser aller Fahrplan in die Zukunft der Menschheit und dieses Planeten, den die Rishis für uns aufgezeichnet haben.

»Eine wichtige Rolle bei den Nadi-Readings spielt die Beschreibung der früheren Leben,« erklärte uns Gunjur Sachidananda Murthy, »denn aus dem, was sich in diesen vorangegangenen Inkarnationen abgespielt hat; aus dem, was wir gedacht und getan haben, gestaltet sich unser heutiges Leben. Daraus wiederum läßt sich ablesen, welchen Aufgaben und Herausforderungen wir uns in diesem Leben noch stellen müssen und wie sich diese am besten bewältigen lassen.«

In den Tagen der Puja zu Ehren Bhagawan Sri Shuka Maharshis lernte ich einmal mehr den Unterschied zwischen abstraktem, angelerntem Wissen und persönlicher Erfahrung kennen, die durch nichts zu ersetzen ist. Eine Sache war es, von Gunjur Sachidananda Murthy zu hören, der Rishi weile unter den Anwesenden der Puja und durch seine Einwirkung regenerierten und transformierten sich die Inhalte der Texte auf den Palmblättern. Eine ganz andere Sache hingegen war, seine energetische Präsenz während der Zeremonien selbst fast körperlich zu spüren und zu erleben …

Ich hatte, als Thomas und ich nach Bangalore reisten, eigentlich die Hoffnung gehabt, nochmals mit Gunjur Sachidananda Murthy in meinem Palmblatt nachzulesen. In der Beziehung zu Thomas kriselte es bereits, obwohl wir kaum ein Jahr verheiratet waren. Doch wie enttäuscht war ich, als Gunjur Sachidananda Murthy uns berichtete, daß während der Zeremonien keine Lesungen gemacht werden. Diese Enttäuschung muß er mir sicherlich angesehen haben, denn er bat mich und Thomas in seinen Lesungsraum. Er deutete mir, daß er eine Ausnahme machen wollte und verschwand sofort wieder im Nebenraum. Kurze Zeit später kam er mit einem Palmenblattbündel zurück, das er geöffnet vor mich hinlegte.

»Ziehen Sie bitte aus dem Bündel ein Blatt!« Ich blickte ihn nur ungläubig an, da ich ihm ja noch nicht einmal meine Frage gestellt hatte.

»Ziehen Sie bitte ein Blatt!« wiederholte Herr Sachidananda Murthy.

Ich griff nach einem Blatt aus der Mitte und hob es heraus. Doch es war nicht beschrieben. Ich sollte nochmals ziehen. Wieder leer. Und noch einmal. Abermals leer. Gunjur Sachidananda Murthy wiegte nachdenklich den Kopf und meinte:

»Dann ist jetzt nicht der richtige Zeitpunkt. Kennzeichnen Sie bitte das letzte leere Blatt. Dann werden wir heute Abend nochmals nachsehen.«

Ich tat, wie er mir sagte und malte auf dieses Blatt ein kleines Kreuz. Gunjur Sachidananda Murthy schnürrte das Bündel wieder zusammen und deutete uns, ihm zu folgen. Im Vorraum wurde gerade die Palmblattpyramide aufgebaut. Er legte »mein« Bündel mitten hinein. Was passierte hier? Ich wußte mir nicht anders zu helfen und setzte mich neben diese wertvolle Pyramide. Mir blieb nichts anderes übrig als zu warten. Ich verfolgte gespannt die Zeremonie, die den ganzen Tag dauerte, doch ich bewegte mich kein Stück von meinem Platz fort.

Am Abend schließlich wurden die Blüten um die Pyramide entfernt und der Pyramidenturm wieder abgebaut. Als schließlich »mein« Bündel herausgeholt wurde, forderte uns Gunjur Sachidananda Murthy abermals auf, ihm in den Lesungsraum zu folgen.

Die nächsten Minuten hatte ich das Gefühl, als würde ich neben mir stehen, denn ich begriff und begreife bis heute nicht, was passierte. Gunjur Sachidananda Murthy suchte mein markiertes Blatt heraus. Er las genau die Antwort auf die Frage vor, die ich bis dahin noch gar nicht gestellt hatte! Das markierte Palmenblatt war eindeutig beschrieben. Ich fand keine Erklärung, wie dies möglich war, da ich den gesamten Tag neben diesem Bündel gesessen hatte!

Nach dieser Erfahrung in der Bibliothek von Bangalore war ich mehr denn je davon überzeugt, daß es sich bei den Palmblattmanuskripten nicht einfach um totes, vor Jahrtausenden aufgezeichnetes Wissen, sondern um höchst aktuelle Informationen, deren Studium größte Aufmerksamkeit zu widmen ist, handelte.

VIII. Ein Leben in 12 Kapiteln – Kanchipuram

1. Kanchipuram – eine der Sieben Heiligen Städte

Kanchipuram ist eine der Sieben Heiligen Städte der Hindus. Zu diesen Orten religiöser Verehrung gehören auch Mathura, der Geburtsort des Gottes Krishna, Hardwar am oberen Ganges, Ramas Geburtsort Ayodhya, die Stadt Dwarka, wo Krishna als König herrschte, Ujiain, wo aller zwölf Jahre beim Kumbha-Mela-Fest Sadhus aus ganz Indien zusammenkommen sowie als bekannteste Stadt das legendäre Varanasi am Ganges, von den Engländern auch Benares genannt. Diese Pilgerstätten werden als Tirthas bezeichnet, was zu Deutsch nichts anderes als »Furten« bedeutet, da sie für die gläubigen Hindus einen Übergang zwischen weltlicher und transzendentaler Realität bilden.

Shiva Vishnu Kanchi, so lautet der heilige Name Kanchipurams, wird auch als die »Stadt der Tausend Tempel« gerühmt. In ihren Glanzzeiten, als sie nacheinander Hauptstadt der Reiche von Pallava, Chola der Rajias von Vijajanagar war, traf diese Bezeichnung zweifellos auch zu. Heute sind von den mehr als eintausend sakralen Bauwerken nur etwa 138 Tempel übriggeblieben. Dennoch ist Kanchipuram eine der ungewöhnlichsten Tempelstädte Indiens. Ihre Gopurams, die gewaltigen Tortürme der Tempel, erheben sich eindrucksvoll über die weite, hitzeflimmernde Ebene und sind schon von Ferne sichtbar.

Auf unserer Reise im Juli 1995 kamen Thomas und ich auf der Suche nach einer weiteren, im Westen wenig bekannten Palmblattbibliothek, in diese Stadt. Wir wußten, daß sich die von Mr. Balasubramaniam geführte Bibliothek in einem Vorort mit der Bezeichnung »Little Kanchipuram« befinden sollte.

Doch mindestens ebenso wie die Kunde von dieser Palmblattbibliothek faszinierten uns die riesigen Tempelanlagen und geheimnisvollen Schreine.

Die hinduistischen Tempel galten von alters her als irdischer Wohnsitz der Gottheiten. Daher wurden sie nach einheitlichen Regeln einer komplizierten sakralen Architektur erbaut, um die Götter zu bewegen, sich darin niederzulassen. Der Tempelbau ist in Indien auch heute noch eine Form der Verehrung des Göttlichen und ein Ritual, um den Göttern näherzukommen.

Der Tempel wurde dabei gleichsam als eine Art dreidimensionales Mandala angesehen – ein Mikrokosmos, der das Universum symbolisierte. Im Zentrum des Bauwerkes befand sich stets das Abbild der zu verehrenden Gottheit. Sie wurde umgeben mit Bildern ihres Gefolges in absteigender Rangfolge von innen nach außen, so daß zugleich die göttliche Hierarchie sichtbar wurde. Über dem Garbhagriha genannten Sitz der Gottheit erhob sich der zentrale Tempelturm als Symbol des mythischen Berges Meru, der Achse des Universums.

2. Flugscheiben und Telegraphenmasten

Der ganz aus Sandstein erbaute Kailasanatha-Tempel gehört zu den ältesten Bauwerken in Kanchipuram. Er wurde vor mehr als 1.300 Jahren auf Geheiß der Könige des Pallavareiches errichtet. Eine mehr als zwei Meter hohe Mauer, in die kunstvolle Nischen eingebaut sind, umgibt den inneren überdachten und in seiner Massivität an ein Festungsbauwerk erinnernden Tempelbereich, der – und das ist eine große Ausnahme in Indien – auch von Nicht-Hindus betreten werden darf. Keine Fläche der Mauern ist von den antiken Baumeistern und Steinmetzen eben belassen worden, alle sind mit vollendeten figürlichen Darstellungen verziert. In den Nischen und Alkoven bewunderte ich die immer noch farbenprächtigen Überreste der Wandmalereien und Reliefs, geschaffen von Künstlern, deren Namen und Existenzen längst vergessen waren. Diese Bildnisse stellten allesamt Szenen aus den ältesten indischen Epen dar. Doch neben den Abbildern von Arjuna, Krishna, Rama und Lakshmana fanden sich auf den Reliefs auch seltsam modern anmutende Darstellungen ganz offensichtlich technischer Fluggeräte. Scheibenförmige Objekte schweben über den Köpfen der abgebildeten Menschen und Götter. Manche dieser Flugscheiben schienen sich auf einer Säule aus Flammenstrahlen gerade vom Boden zu erheben. Andere kreuzten – teilweise sogar in Formation – am Himmel.

Thomas fragte einen Tempelpriester nach der Bedeutung dieser Darstellungen.

»Das sind Bilder der Vimanas, der fliegenden Maschinen«, antwortete er kurz und bündig. »Vor mehr als tausend Jahren, als dieser Tempel erbaut wurde, weilten die Rishis, die Erbauer der Vimanas, noch unter den Menschen. In späteren Zeiten sind sie verschwunden, und mit ihnen verging das heilige Wissen um die Bauweise der fliegenden Maschinen.«

Der alte Priester berichtete uns von unzähligen steinernen Tafeln, beschrifteten Kupferplatten und Palmblattmanuskripten, die in den Archiven der Tempel an den heiligen Orten für Nichteingeweihte unzugänglich gelagert sind und die Vimana-Veda, die »Wissenschaft der planetarischen und interplanetarischen Flugobjekte« zum Inhalt haben.

»Nur wir Priester können noch in den alten Texten lesen und sie übersetzen, doch wir sind keine Ingenieure oder Techniker, wir sind Männer des Glaubens. Wenn es aber jemanden gäbe, der ein Techniker oder ein Konstrukteur ist und er die Geduld hätte, unter unserer Anleitung Jahrzehnte lang diese alten Texte zu studieren, solange eben, bis er sie vollständig verstanden hat – dieser Mann wäre dann imstande, eine Vimana zu bauen, so wie es einst die Rishis getan haben. Die Pläne zum Bau der Flugscheiben und ihrer Verwendung – die Vimana-Veda eben – existieren noch. Diese Wissenschaft der Alten muß nur wieder zum Leben erweckt werden.«

Erst wenige dieser wertvollen Manuskripte konnten jedoch bislang auch von der offiziellen Wissenschaft »wiederentdeckt« und teilweise übersetzt werden. Eines davon ist das Vaimanika-Shastra – ein mehrere tausend Jahre alter Sanskrit-Text, der aus der Feder des Rishis Maharshi Bharadwaaja stammen soll. In zehn Kapiteln behandelt dieser Text so aktuelle Themen wie die Ausbildung der Piloten auf verschiedenen Typen von Vimanas und die Darstellung der vorzeitlichen Luftwege. Von der Ausrüstung und Verpflegung der Passagiere ist dort ebenso die Rede wie von der Bedienung der einzelnen Geräte und Maschinen an Bord einer solchen Vimana.

Auch militärische Aspekte wurden in den alten Sanskrit-Texten berücksichtigt. Die Vimanas verfügten über Instrumente, mit denen feindliche Manöver rechtzeitig erkannt werden konnten, um diese wirkungsvoll zu verhindern. Außerdem waren die antiken Flugscheiben mit recht modernen Kommunikationsgeräten ausgerüstet, mit denen »die Verständigung zwischen diesen Fluggeräten über weite Strecken im Raume hinweg möglich« gewesen sein soll.

Recht genaue Angaben über die Größe der Flugapparate, welche nach Stockwerken gemessen wurde, und über die mächtigen Waffensysteme der Vimanas waren ebenfalls in den Sanskrit-Texten verzeichnet.

»Ich zeige ihnen eine schöne Vimana«, erklärte der Priester und bat uns, ihm zu folgen. In einer Nische, die wir bislang noch nicht entdeckt hatten, war eine hervorragende Darstellung einer solchen Flugscheibe, die sich über den Köpfen eines Paares in den Himmel erhob, erhalten geblieben. Eine Reihe von Fenstern und Luken sowie die realistische Darstellung des Abgasstrahles bewiesen den eindeutig technischen Charakter dieses Flugobjektes.

Der Priester deutete auf die beiden abgebildeten Porträts. »Hier sind Prinz Rama und seine Gemahlin Sita dargestellt. Das Flugschiff im Hintergrund ist die Vimana des Prinzen, mit der er den Dämonen Rawana aus Sri Lanka vernichtete. Es war ein großer Kampf, bei dem Rama seine Sita aus der Gefangenschaft des Dämonen befreite. Eine unserer Legenden erzählt, daß Ramas Vimana nach dem Kampf hier an dieser Stelle, wo in späteren Jahren der Tempel erbaut wurde, gelandet sein soll. Deshalb finden sie hier auch dieses Bild.«

»Wie alt schätzt man diese Darstellung?« wollte ich wissen.

»Sie ist so alt wie der Tempel, mehr als 1.300 Jahre. Wissenschaftler haben vor einiger Zeit die Farben analysiert und das hohe Alter der Bilder bestätigt.«

»Dieselben Wissenschaftler meinen aber auch, daß die Menschen damals unmöglich solche Flugapparate gebaut haben können«, wandte Thomas ein. »Waren es vielleicht Wesen aus dem All, die ›Götter‹ der Vorzeit, deren Flugwagen hier abgebildet sind?«

Zu unserer Überraschung erwiderte der Priester mit einem nachsichtigen Lächeln: »Die Vorstellung, daß unsere Erde von Wesen aus dem All besucht wurde und immer noch besucht wird, ist den gläubigen Hindus seit Jahrtausenden geläufig. Auch unsere Wissenschaftler beziehen dieses Wissen in ihre Forschungen mit ein. Es ist schon lange nicht mehr die Frage, ob diese Vimanas tatsächlich existiert haben. Natürlich existierten sie! Vielmehr gilt es nun zu differenzieren, welche Vimanas von wem gebaut und benutzt worden sind und was wir aus den Beschreibungen in den alten Manuskripten lernen und für unsere eigene Entwicklung verwenden können.« Thomas nickte zustimmend.

»In der Vimana-Veda werden die verschiedensten Flugschiffe beschrieben«, fuhr der Priester in seinen Erläuterungen fort. »Manche dieser Maschinen stammten mit Sicherheit nicht von der Erde. In den Texten ist die Rede von Rakshasas, den Wesen der Finsternis und Gewalt, die mit ihren Vimanas aus den Tiefen des Alls kamen. Doch andere fliegende Maschinen wurden von irdischen Konstrukteuren, den Rishis, erschaffen. Das waren keine Menschen, aber auch keine Götter. Nach menschlichen Maßstäben waren sie seit Anbeginn der Zeit hier und durchschritten an der Seite der Götter und Menschen die verschiedenen Yugas, die Weltzeitalter. Sie waren die Mittler zwischen der Welt des Göttlichen und der Welt der Menschen, die Hüter einer universellen Weisheit und ihrer allumfassenden Gesetzmäßigkeiten. Die Rishis kennen die Gesetze des Karma, das die Existenz der Götter ebenso bestimmt wie die der Menschen.«

Thomas war Feuer und Flamme. Als der Priester sein begeistertes Gesicht sah, fragte er, nun seinerseits ein wenig überrascht: »Kennen Sie sich mit diesen Überlieferungen aus?«

Thomas berichtete ihm von unseren gemeinsamen Forschungsreisen und seine Faszination von den altindischen Texten. Der Priester wiegte lächelnd den Kopf hin und her. »Da bin ich nun bald achtzig Jahre alt, doch es ist offensichtlich nie zu spät, noch etwas dazu zu lernen. In vielen Dingen wissen Sie weit mehr als ich über die Großen Alten, und ich denke, Sie haben ihr Wesen recht gut verstanden. Wenn es denn Ihr Weg ist, so suchen Sie die Rishis, doch versuchen Sie vor allem ihre Weisheit zu erlangen.«

Der Priester empfahl uns noch, den Shiva geweihten Sri-Ekambaranathar-Tempel zu besuchen, wenn wir mehr über die Rishis und ihre Werke wissen wollten. »Fragen Sie dort nach Narjan. Er ist noch jung, doch er kennt sich gut aus mit den Überlieferungen.« Ein Rat, dem wir nur zu gern Folge leisteten.

Der Sri-Ekambaranathar-Tempel gehört zu den größten sakralen Bauten in Kanchipuram. Allein seine Grundfläche bedeckt neun Hektar Land. Der Tempel wird von einer gewaltigen Außenmauer aus Granit umgeben. Auch sein Gopuram, der Torturm, ist äußerst beeindruckend. Mit einer Höhe von fast sechzig Metern gehört der ganz aus Granit erbaute Turm zu den größten Tempeltürmen von Kanchipuram. Er ist über und über mit Abbildern von Göttinnen, Göttern und Helden der indischen Mythologie bedeckt. Der aus einem einzigen Granitblock geschnittene Schlußstein des Gopuram mit seinen charakteristischen, an überdimensionale Spulen oder Kondensatoren erinnernden Verzierungen wurde nach den Fahrzeugen der indischen Gottheiten Vimana genannt. Im Innern des Tempels umgeben fünf weitere Einfriedungen den Zentralbau des Heiligtums und eine Tausend-Säulen-Halle, wie man sie in allen südindischen Hindu-Tempeln findet. In Wirklichkeit, so versicherte uns der Priester Narjan, besteht diese Halle allerdings nur aus 540 mit überaus filigranen Steinmetzarbeiten geschmückten Granitsäulen, die allesamt Szenen aus dem Mahabharata, dem Ramayana und einigen weiteren südindischen Epen darstellten. Von den Säulen und Erkern lächelten die hinduistischen Götter herab, aus Ecken und Winkeln grinsten fratzengesichtige Dämonen. Tiergottheiten, Gott-Tiere, Fabelwesen verfolgten mit aufgerissenen Rachen und glänzenden Augen unseren Weg.

Narjan, der Priester, war von hohem Wuchs, breitschultrig und mochte Mitte Dreißig sein. Sein heller Teint unterschied ihn auffallend von den eher kleinwüchsigen und dunkelhäutigen Tamilen. Doch auch die anderen Priester dieses riesigen Tempels wirkten fast so, als wären sie die letzten Angehörigen einer anderen, fast ausgestorbenen Rasse. Sie gehörten allesamt zur Kaste der Brahmanen.

»Unsere Ahnen kamen einst aus den Weiten der eurasischen Steppen in dieses Land«, begann Narjan zu erzählen. »Das war vor vielen tausend Jahren. Doch weil unsere Vorfahren sich nicht mit den Einheimischen vermischten, blieb unser Aussehen ebenso unverändert wie unsere Überlieferungen. In Tempeln wie diesen werden sie gehütet. Es gibt hier eine eigene Schule, in der die jungen Mönche auf ihren Tempeldienst vorbereitet werden. Sie kommen aus über achtzig Bhramanen-Familien, die hier in Kanchipuram leben. Neben einer modernen schulischen Ausbildung erhalten sie auch Unterricht in Sanskrit, Alt-Tamil und weiteren alten Sprachen. Außerdem werden sie mit unseren Überlieferungen, Legenden und den Opferritualen des Tempeldienstes vertraut gemacht.«

Narjan führte uns zu einer Stelle im Schatten der Tausend-Säulen-Halle, wo Dutzende der Tempelschüler vor einem würdigen Priester saßen und immer wieder das Rezitieren ein und derselben Textzeile übten. Der Meister korrigierte geduldig Sprache, Ausdruck und Tonlage des Gebetsgesanges seiner Schüler, um sie den Text dann nochmals wiederholen zu lassen.

»Diese Schüler lernen gerade den Text der Bhagavadgita. So werden unsere Überlieferungen noch heute weitergegeben«, erklärte Narjan. »Wir verlassen uns nicht nur auf das geschriebene Wort. Jeder Priester muß außer den Hymnen, die für den täglichen Tempeldienst und die einzelnen Rituale erforderlich sind, auch einen großen Teil der Texte des Mahabharata und der anderer Epen auswendig beherrschen, vor allem aber die heiligen Strophen der Bhagavadgita.«

»Dennoch gibt es in unserem Tempel natürlich auch Archive, in denen Heilige Texte verwahrt werden. Dazu gehören neben historischen Überlieferungen auch yogische Lebensregeln und geheime Manuskripte, die magische Rituale beschreiben.« Wir spitzten unsere Ohren. Als er unsere Neugier bemerkte, wehrte Narjan rasch ab.

»Sie sind weder Hindus noch Priester«, beschied er uns. »Fremden sind diese Bibliotheken verschlossen, ebenso wie Nicht-Hindus der Zutritt zum zentralen Heiligtum dieses Tempels untersagt ist.«

»Vor langer Zeit, es mochte gut einhundert Jahre her sein,« so berichtete Narjan weiter, »kam ein Mann aus dem fernen Amerika auf seiner Reise durch Indien auch nach Kanchipuram. Er freundete sich mit einem Priester der Tempelschule an, den er während einer der damals recht häufigen Hungersnöte in seinen Bemühungen unterstützte, das schlimmste Leid der Bevölkerung zu lindern. Dieser

Amerikaner nun suchte nach den Spuren einer versunkenen Hochkultur, von der er glaubte, daß sie einstmals im Gebiet des heutigen Pazifik existiert hätte. Als der Priester das überaus große Interesse des Fremden an der Vergangenheit erkannte, lehrte er ihn die alten Sprachen und machte ihm schließlich auch einen Teil jener uralten steinernen Platten zugänglich, deren eingemeißelte Texte vom Untergang jenes Landes, das der Fremde Mu nannte, berichteten. – Auch dieser Amerikaner hat, obgleich er mehrere Jahre hier verbrachte, niemals das Tempelarchiv betreten dürfen. Dieses Recht ist nur den Eingeweihten des Tempels vorbehalten. Doch der Fremde war trotzdem sehr zufrieden mit dem, was er an diesem Ort erfahren hatte. Er schrieb später ein Buch über seine Arbeit, das im Westen wohl sehr viel Beachtung gefunden hat. Das erzählten zumindest unsere Lehrer, die es so wieder von ihren Lehrern erfahren hatten. Vielleicht kennen Sie sogar den Namen des Fremden. Er hieß Churchward. James Churchward.«

Unversehens waren wir hier wieder auf die Spur jenes Mannes gestoßen, der bei seinen Recherchen höchstwahrscheinlich die einstige Heimat der Rishis entdeckt hatte, den versunkenen Kontinent Mu oder Kasskara – wie das verlorene Land von den Hopi genannt wurde.

Wir berichteten Narjan von unseren Forschungen und darüber, daß wir einer ganz ähnlichen Spur wie einst James Churchward folgten.

»Ich werde Ihnen gern alles erzählen, was ich von diesen Dingen weiß«, erklärte Narjan zu unserer großen Freude, während er uns über den riesigen Hof des Tempels, der unter den sengenden Strahlen der Mittagssonne förmlich zu glühen schien, führte. Wir hatten unsere Schuhe natürlich am Eingang des Tempels zurückgelassen und waren nur froh, zumindest die Socken anbehalten zu haben, da der Gang über die Granitplatten mit bloßen Füßen sonst leicht dem Weg über eine glühende Herdplatte gleichgekommen wäre. Narjan schien das alles nichts auszumachen. Barfüßig schritt er voller Würde über die heißen Steine.

Wie immer wurde der Tempel für die heißesten Stunden des Tages geschlossen und auch wir hätten ihn eigentlich verlassen müssen.

Doch Narjan hielt uns zurück. Jetzt war die beste Gelegenheit für eine ungestörte Besichtigung des gesamten Bauwerkes, machte er uns begreiflich.

»Sie wollen doch alles über die Rishis erfahren.« Narjan deutete auf ein Gebilde, das schon die ganze Zeit über unsere Aufmerksamkeit erregt hatte. Es handelte sich um einen mindestens fünf Meter hohen, mit Messingblech verkleideten Mast, der ein wenig verloren mitten im Tempelgelände stand und in seiner Form stark an den Trägermast einer Elektrizitäts- oder Telegraphenleitung erinnerte. Selbst stilisierte Kondensatoren an den waagerecht verlaufenden Querträgern waren ohne weiteres erkennbar. Lediglich die Leitungen fehlten, ansonsten war die Illusion eines technischen Bauwerkes perfekt.

»Das ist ein Victory Pillar, eine sogenannte Siegessäule. Sie findet sich in der einen oder anderen Form in jedem Tempel, der Shiva geweiht ist«, begann Narjan seine Erklärungen. »Sie erinnert an den Sieg Durgas über die Dämonen.«

Durga ist im hinduistischen Glauben die Inkarnation der furchterregenden Seite Parvatis, der schönen und gütigen Tochter des Himalaja. Während Parvati nur als Gefährtin Shivas verehrt wird, handelt Durga selbständig und bekämpft die Dämonen der Unwissenheit und Falschheit mit ihrer ungezügelten Stärke.

Narjan erzählte uns von der Legende, die zu Durgas Verehrung führte.

Zur Zeit der Götter und Rishis übte der gewaltige Dämon Mahishasura so strenge Askese, daß die Götter ihm fast unbegrenzte Macht verleihen mußten. Diesen Umstand gedachte der Dämon für seine Zwecke zu nutzen, denn er wollte den Göttern die Herrschaft über die Welt entreißen. So nahm er Büffelgestalt an und stürmte gegen die Tore des Himmels. Von seiner schrecklichen Macht und dem nachfolgenden Chaos waren die erzürnten Götter so überwältigt, daß sie Durga schufen, womit sie all ihre Kraft in einer einzigen Göttin konzentrierten. Durga besiegte die Dämonenheere und vernichtete Mahishasura nach mörderischem Kampf schließlich.

»Es heißt, daß Durga und ihre Verbündeten siegten, weil sie sich über weite Strecken verständigen konnten, ohne daß die Dämonen in der Lage waren, diese Gespräche mitzuhören. Überall im Land standen damals diese Masten, die wir heute Siegessäulen nennen. Sie waren durch metallene Drähte miteinander verbunden. Diese Konstruktion nutzten Durga und ihre Verbündeten (die Götter und Rishis), um sich zu verständigen. So blieben ihre Pläne vor den Feinden geheim, und sie vermochten die entfesselten Dämonen zu schlagen. Die Konstruktion der Siegessäulen und die Idee der Verständigung durch die metallenen Drähte aber stammte von den Rishis, welche schließlich auch die Siegessäulen schufen. So hatten sie wesentlichen Anteil am Sieg über die Dämonen«, sagte Narjan.

Wir standen inzwischen vor der »Siegessäule« und schauten mit in den Nacken zurückgelegten Köpfen hinauf zu der Konstruktion am oberen Ende des Mastes. Aus der Nähe war die Ähnlichkeit mit einem modernen Telegraphenmast noch größer. Die Legende paßte dazu. Was hier als Symbol des Sieges über einen bedrohlichen Gegner der Menschheit verehrt wurde, war einstmals Bestandteil einer technischen Anlage gewesen, eines umfangreichen Kommunikationssystems, das in den Tagen der Vorzeit zumindest ganz Südindien und vielleicht noch weitere Teile des Subkontinentes umspannte.

Am Sockel der »Siegessäule« waren Bildnisse der Gottheiten Shiva und Durga sowie Episoden des Kampfes gegen die Dämonenheere in steinernen Reliefs eingemeißelt. Wenige Meter davon entfernt fand sich die Darstellung des Dämonenherrschers Mahishasura. In der sakralen indischen Kunst ist die Abbildung Durgas auf ihrem mythischen Reittier, dem Löwen, im Kampf gegen den Büffeldämonen ein recht beliebtes Motiv. Meist erscheint Mahishasura als aggressiver, waffenschwingender Angreifer mit wildem, tierartigen Kopf. Auf moderneren Bildern führt der Dämon dann schon einmal ein Gewehr oder gar eine Kanone mit sich. Doch hier war nichts von all dem zu sehen. Die Darstellung Mahishasuras im Ekambaranathar-Tempel von Kanchipuram schien viel eher abstrakter, um nicht zu sagen, technischer Natur zu sein.

Gegenüber der »Siegessäule« stand ein etwa ein Meter hoher granitener Sockel, auf dem der Dämon plastisch in der Form einer Flugscheibe aus dem harten Stein modelliert war, so wie wir sie von den bildlichen Darstellungen aus dem Kailasanatha-Tempel bereits kannten.

»Hier ist nicht Mahishasura in seiner körperlichen Form selbst, sondern in der Form seiner Vimana dargestellt, welche er in der Schlacht gegen Durga einsetzte«, erklärte uns Narjan. »Doch auch diese fliegende Maschine konnte seine Niederlage nicht verhindern. Die Vimana wurde von Durga zerstört und der Dämon vernichtet.«

Bis heute erinnert ein zehntägiges Tempelfest, das jedes Jahr im März abgehalten wird, an diese Ereignisse. Während des Festes werden die Statuen von Durga und Mahishasura in einer rituellen Prozession durch den Tempel und die umgebenden Straßen getragen. Zum Abschluß dieses farbenprächtigen Umzuges plazieren die Priester dann die Abbilder des Dämonen und seiner Bezwingerin vis-à-vis im Abstand von mehreren Dutzend Metern an einem exponierten Platz auf dem Tempelhof, ganz in der Nähe des Victory-Pillar. Anschließend wird die Schlacht zwischen Durga und den Dämonenheeren in Tänzen und Gesängen sowie durch das Abbrennen zahlloser Feuerwerkskörper dargestellt. Die farbigen Raketen werden solange auf das aus relativ leicht brennbaren Materialien hergestellte Abbild Mahishasuras abgefeuert, bis der Dämon in Flammen aufgeht. Dann feiert die Menge den Sieg Durgas über die Mächte der Finsternis. Die verwendeten Feuerwerkskörper sollen die mächtigen »Himmelspfeile« darstellen, die Durga einst auf ihren Widersacher abfeuerte.

»Wenn ich die Darstellung Mahishasuras in Form seiner Vimana sehe, fällt es mir nicht schwer, diese ›Himmelspfeile‹ als Raketengeschosse zu identifizieren«, meinte Thomas leise zu mir.

Narjan führte uns tiefer in die labyrinthischen Hallenkomplexe des Tempels hinein. Vereinzelte Fackeln und Öllampen erhellten hier die ewige Dämmerung. Brennende Räucherstäbchen verströmten aromatische Düfte von Sandelholz, Amber und ätherischen Ölen. Doch im Halbdunkel dieser geheimnisvollen Räume waren die Wände und Säulen aus perfekt aufeinander gefügten zentnerschweren Granitblöcken nicht mehr so reich verziert wie in den äußeren Bereichen. Ich hatte das Gefühl, daß wir uns eher in einer leeren Fabrikhalle statt durch die Säulengänge eines sakralen Bauwerkes bewegten. Die Hallen, Nischen und Arkaden wirkten seltsam funktionell und ließen jede religiöse Prachtentfaltung vermissen. Dies wunderte mich um so mehr, wenn ich an die reich geschmückten und fast überladen wirkenden Gopurams und Schreine draußen dachte, wo frische Blumen, Vibuthi und Blütenkränze auf Schritt und Tritt die Statuen der Götter und Dämonen schmückten.

»Diese Räume hier sind den Bauwerken nachempfunden, in denen einst die Vimanas konstruiert und gebaut wurden«, ließ sich Narjan im Halbdunkel vernehmen. »So wie hier sah es auch im Innern mancher Vimanas aus.«

Tatsächlich ließen sich einige Bereiche des Sri-Ekambaranathar-Tempels auch ohne große Phantasie als Nachbauten von Verladerampen, Werkstätten und Hangars interpretieren.

Wir gingen weiter. Die Räume wurden immer kleiner und verschachtelter, die Durchgänge enger. Sie wirkten fast schleusenartig.

»Hierher kommen sonst keine Weißen«, sagte der Priester. »Folgen Sie mir, ich werde Ihnen etwas Besonderes zeigen.«

Voller Erwartung betraten Thomas und ich eine lange, vom Glanz zahlreicher Öllampen matt erhellte Galerie. Was wir hier zu Gesicht bekamen, ließ unseren Atem stocken. Dutzende halbmeterhohe Statuen in seltsamen Gewändern standen auf niedrigen Sockeln entlang der Wände.

»Das sind die Abbilder der Hohepriester dieses Tempels«, erläuterte Narjan und deutete auf die Ziffern, welche über den einzelnen Skulpturen an die Mauer geschrieben waren.

»Hier sind alle Generationen aufgezeichnet, die seit Beginn des Tempelbaues hier gelebt haben.«

Es waren mehr als siebzig.

»Schauen Sie sich doch einmal die Baumeister des Tempels an«, ermunterte uns Narjan und deutete auf die Vertreter der ersten Generationen. »Es waren Rishis.«

Wir betrachteten die steinernen Skulpturen der geheimnisvollen Schöpfer dieses Tempels, der Vimanas und der Palmblattbibliotheken mit großem Interesse. Wir schritten durch die Galerie, vorbei an den steinernen Abbildern ganzer Generationen der Tempelpriester und gelangten schließlich in einen anderen Bereich des Heiligtums. Inmitten eines kleinen umbauten Hofes erhob sich hier ein mächtiger und offensichtlich uralter Mangobaum.

»Damit hat es eine ganz besondere Bewandtnis«, sagte Narjan ehrfürchtig. »Dieser Baum ist 3.500 Jahre alt. Dies haben sogar Wissenschaftler mit der Hilfe der Baumringmethode zu bestätigen vermocht. Nach ihm wurde einst unser Tempel genannt.«

Tatsächlich soll der Name des Tempels auf die Bezeichnung Eka Amra Nathar zurückgehen, was soviel wie »Herr des Mangobaumes« bedeutet. »Die vier riesigen Äste dieses uralten Baumriesen symbolisieren die Yugas, die vier Weltzeitalter«, vertraute uns Narjan an. »Deshalb haben die Früchte der einzelnen Zweige auch jeweils einen anderen Geschmack.«

Als ich drei Jahre später wieder diesen Tempel besuchte und nochmals am Mangobaum vorbeikam, war der vierte Ast abgebrochen. Er war ausgehöhlt und somit abgestorben. Makaber daran ist, daß gerade dieser Ast unser heutiges Zeitalter symbolisierte. Ist es nur Zufall oder ein Symbol?

Unter besagtem Mangobaum, so vermeldet eine Legende, heiratete der Gott Shiva einst seine Gefährtin Parvati, die schöne Tochter des Himalaja. Um den heiligen Mangobaum herum ließen die Rishis dann den Ekambaranathar-Tempel zum ewigen Andenken an diese Hochzeit errichten. Daher wird der Baum auch als eine Manifestation des Gottes Shiva angesehen. In einem kleinen Schrein am Fuße des mächtigen Baumes brachten gläubige Hindus dem gewaltigen Shiva und seiner gütigen Gefährtin Opfergaben dar: Wasser, ätherische Öle, Räucherwerk, Blumen, Früchte, Schmuck und Geld. Andächtig Gebetsmantras murmelnd umschritten die Gläubigen den Schrein des Gottes. Fasziniert verfolgten wir das Geschehen. Narjan freute sich sichtlich über unsere Aufmerksamkeit.

»Ich werde Sie beide Shiva und Parvati vorstellen«, verkündete er. »Dann werden Sie verstehen, daß es keine bloßen Statuen, nicht nur Bilder aus Stein sind, sondern daß sie wirklich existieren.« Der Priester geleitete uns weiter durch dunkle Hallen und riesige Arkadengänge zum Schrein der Gottheiten, einem Tempel im Tempel, dem Wohnsitz von Shiva und Parvati.

Wir betraten den Schrein durch das schmale, steinerne Tor. Direkt vor uns, in der Mitte des hohen Raumes thronte das göttliche Paar auf einem kleinen Altar. Die etwa einen Meter großen Statuen von Shiva und Parvati waren in prunkvolle Gewänder aus kostbarer Seide (für deren Produktion Kanchipuram seit mehr als tausend Jahren berühmt ist), Damast und Goldbrokat gekleidet. Über ihnen hing von der Decke herab ein Netz aus tausenden von haselnußgroßen getrockneten Samen einer indischen Pflanze. Diese Samen werden auch als Shivas Augen bezeichnet. Ihre ungeheure Anzahl in diesem Schrein symbolisierte die Allmacht und Allgegenwart des Gottes.

Mir fiel auf, daß der Altar zu beiden Seiten von mehr als mannshohen, messinggerahmten Spiegeln flankiert wurde, deren Qualität an das berühmte venezianische Glas erinnerte. Narjan entging meine Aufmerksamkeit nicht.

»Mit diesen Spiegeln hat es folgende Bewandtnis,« erzählte der Priester, »den Devotees, den Anhängern Shivas ist vorgeschrieben, daß sie auf einer Pilgerfahrt in eine heiligen Stadt wie Kanchipuram hier alle Schreine ihres Gottes aufsuchen müssen. Das ist Bhakti, ein Weg der völligen Hingabe an die Gottheit. Hier in Kanchipuram gibt es aber 108 Shiva geweihte Tempel. Sie können sich vorstellen, wieviel Zeit man braucht, um sie alle aufzusuchen und um dort die vorgeschriebenen Rituale der Puja abzuhalten. So viel Zeit hat kein Mensch. So kam schon vor mehreren hundert Jahren ein Herrscher der Pallava auf die Idee, seinen gläubigen Untertanen die zeitraubenden Zeremonien zu ersparen. Wenn man diese Statuen der Gottheiten hier umschreitet, so erblickt man sich selbst im Spiegel und dazu 108mal das Abbild des göttlichen Paares, so daß mit einer Puja vor diesem Altar alle religiösen Pflichten des Besuches der heiligen Stadt erfüllt sind.«

Eine sehr effiziente Methode der Verehrung, die sich die Pallavas da hatten einfallen lassen. Nun, diese uralte Königsdynastie ist nicht umsonst noch heute für ihre Tüchtigkeit und ihren Einfallsreichtum bekannt.

Narjan sprach zahllose Gebetsmantras voller geheimer Bedeutungen und sang die Bhajans zu Ehren von Shiva und Parvati mit kräftigem Bariton. Obwohl es in den steinernen Hallen des Tempels ansonsten angenehm kühl (trotz der draußen brütenden nachmittäglichen Hitze) war, herrschte in dem steinernen Schrein eine eigentümliche drückende Schwüle, die uns den Schweiß aus allen Poren brechen ließ. Ein dunkler hallender Ton, wie ferner monotoner Gesang, schien in der Luft zu liegen – der Klang der Stille.

»Shiva ist ein mächtiger Gott. Das ist seine Energie«, flüsterte Narjan ehrerbietig. Der Priester schwitzte so wie wir. Ein lang anhaltendes vibrierendes Hallen, das uns erbeben ließ, erfüllte plötzlich den Raum. Mridangas (die Trommeln) erklangen, Flöten, Tablas und Sarods fielen ein. Es erklang eine Musik, wie ich sie noch nie gehört hatte.

Die Zeremonie begann. Thomas und ich reinigten uns mit den Flammen des heiligen Feuers. Narjan markierte mit roter Vibuthi die Thika, das Dritte Auge, auf unseren Stirnen. Anschließend erteilte er uns den Segen Shivas, indem er eine reich verzierte Haube aus Silberblech, die den Fuß der Gottheit darstellen sollte, auf unsere Köpfe herabsenkte. Ununterbrochen rezitierte Narjan dabei die heiligen Mantras zu Ehren der Gottheiten. Die Berührung des kühlen Metalles durchzuckte mich unmittelbar wie ein elektrischer Schlag. Ich hatte unvermittelt das Gefühl, direkt in einem klaren Strom mächtiger Energien zu stehen, in denen sich die Kräfte des Universums und der Erde verbanden. Shiva Nataraja – ich spürte den kosmischen Tanz des Gottes.

Als die Musik allmählich leiser wurde, bat uns der Priester, den Altar des göttlichen Paares langsam zu umschreiten. »Schaut dabei in die Spiegel.« Wir folgten seinen Worten und blieben mit dem ersten Spiegel im Rücken, den Gottheiten zugewandt, stehen. Im gegenüberliegenden Spiegel erblickten wir tatsächlich das vielfache Abbild von Shiva und Parvati und – wir sahen uns, jedoch mit anderen Gesichtern und fremden Körpern. Ich nahm die Hand von Thomas um Halt zu finden. Fortwährend schienen sich die geheimnisvollen Bilder zu verwandeln, immer neue Metamorphosen zu durchlaufen. Menschen erschienen und verschwanden, von denen wir wußten, daß all diese Wesen wir waren. Wer wollte die Namen zählen, die Inkarnationen nennen, in denen wir uns fanden und wieder verloren und deren Abbilder in diesen Minuten (oder waren es Stunden?) vor unseren Augen vorüberzogen? Ein Maskentanz der Seelen!

Als Thomas und ich unseren Rundgang fortsetzten und vor dem

nächsten Spiegel abermals stehen blieben, wiederholte sich das unglaubliche Schauspiel. Wie es funktionierte, haben wir nicht herausgefunden. Alles Maya, Illusion – oder doch eine Botschaft der Götter? Ehrlich, was auch dahinter stecken mochte, es interessierte mich in diesem Augenblick nicht sonderlich, waren doch diese Bilder für mich nicht mehr und nicht weniger als ein weiterer Beweis dafür, wie recht Gunjur Sachidananda hatte, als er uns Seelenpartner nannte. Sind doch Körper, Namen und Existenzen von Anbeginn an bloße Hüllen der Seelen, die füreinander bestimmt sind. Wir waren gemeinsam durch zahllose Inkarnationen gegangen, als tiefverbundenen Freunde und verhaßte Feinde, als Mutter und Kind, als Schüler und Lehrer, als Opfer und Täter, als Liebende und sich Trennende. – Nur der, dem dieses Seelenspiel selbst widerfahren ist, wird auch dies vollkommen verstehen können.

Als Thomas und ich viel später, nach einem herzlichen Abschied von Narjan, den Schrein verließen, vergoldete der Sonnenstrahlen letzter Widerschein die mächtigen Gopurams des Tempels. Eine kühlende Brise hatte sich aufgemacht und vertrieb den Staub des geschäftigen Tages. Wir strebten im Strom der Pilger und Touristen unserer Unterkunft entgegen – erschöpft und zufrieden. Ich war einmal mehr überrascht von diesem Land. Es war Abend geworden über der Heiligen Stadt.

3. Meine Lesung in Kanchipuram

Nach dem Frühstück am nächsten Tag trafen wir Mr. Davis, unseren Dolmetscher. Er war ein pensionierter Beamter der indischen Eisenbahn, den wir in Madras kennengelernt hatten, wo er sich als Buchhalter im Hotel ein Zubrot zu seiner bescheidenen Pension verdiente.

Mr. Davis beherrschte neben Tamil und Hindi auch noch einige andere lokale Sprachen und Dialekte. So waren wir hoch erfreut, als er sich bereit erklärte, uns trotz seines mehr als siebzig Jahre zählenden Alters, als Dolmetscher auf der Fahrt nach Kanchipuram zu begleiten. Wir hatten gehört, daß in der Palmblattbibliothek von Mr. Balasubramaniam nur Tamil gesprochen wurde, so daß sich die Anwesenheit eines Dolmetschers bei ausländischen Besuchern zwingend erforderlich machte. Mr. Davis stammte aus einer der in Südindien recht seltenen christlichen Familien. Kumar, unser Fahrer, war Moslem. Dennoch brannten beide genauso wie wir darauf, die Palmblattbibliothek zu besuchen, obwohl es doch eine hinduistische Orakelstätte ist. Religiöse Vorurteile waren unseren beiden Begleitern ebenso unbekannt wie den Palmblattlesern der Familie Balasubramaniam, die ihre andersgläubigen Landsleute genauso wie uns mit großer Herzlichkeit in der Palmblattbibliothek willkommen hießen.

Die Palmblattbibliothek von Kanchipuram war in zwei großräumigen, doch trotzdem bescheiden wirkenden, strohgedeckten Häusern, die durch einen kleinen Innenhof miteinander verbunden waren, untergebracht. Nur ein Schild mit der Aufschrift »Sri Agathyar Nadi Jothida Nilayam« an der nahegelegenen Bushaltestelle zeugte von ihrer Existenz. Ansonsten hätte man das Anwesen ohne weiteres auch für das Wohnhaus der Großfamilie eines Händlers oder Angestellten halten können.

Ein junger Mann begrüßte uns mit einem herzlichen Lächeln auf der Schwelle des Hauses.

»Namaste, ich bin Siddharta«, übersetzte Mr. Davis seine Worte und fügte hinzu: »Der Meister selbst weilt zur Zeit nicht in der Stadt. Doch Mr. Balasubramaniam hält überdies in eigener Person nur noch wenige Palmblattlesungen ab. In seinem Alter überläßt er diese Arbeit eher seinen Schülern und widmet sich vor allem deren Ausbildung. Wenn Mr. Balasubramaniam einmal seinen Körper für immer verläßt, muß ein würdiger Nachfolger die Bibliothek weiterführen, so wie es die Tradition vorschreibt.«

Siddharta, unser junger Palmblattleser, schien zu den Anwärtern auf dieses Amt zu gehören. Die anderen Nadi-Reader und ihre recht zahlreichen Assistenten begegneten ihm mit großer Achtung. Siddharta bat uns in die Palmblattbibliothek, wo in etlichen kleinen Zimmern stets zugleich verschiedene Palmblattlesungen abgehalten wurden. In mehreren anderen Räumen sowie unter dem schattigen Vordach warteten ganze Scharen von Ratsuchenden. Fast alle Anwesenden waren Inder.

»So ist das hier jeden Tag.« Siddharta klang fast entschuldigend, daß er seinen europäischen Gästen eine längere Wartezeit zumuten mußte. »Unsere Bibliothek ist sehr bekannt, nicht nur in Tamil Nadu. Die Leute kommen von weit her, um sich hier Rat zu holen.«

In der Tat stammten einige Ratsuchenden aus Calcutta oder Bombay, und eine Familie war sogar aus dem sonst so nüchternen und britisch knochentrockenen New Delhi angereist. Sie alle wollten mehr über ihr Schicksal erfahren oder hatten einfach drängende, ganz bestimmte Fragen, auf die sie sich hier eine Antwort erhofften. Mr. Balasubramaniams Palmblattbibliothek ist meist auf Monate im Voraus ausgebucht und nur unserem rührigen Mr. Davis und seinen zahlreichen Bekanntschaften aus den alten Zeiten, in denen er noch mit der Eisenbahn durch ganz Indien gefahren war, verdankten wir überhaupt diesen Termin.

Obwohl die Palmblattleser und Assistenten ihre Arbeit ruhig und voller Würde verrichteten, ging es in der Bibliothek geschäftig zu wie in einem Bienenstock. Hier notierten Helfer die notwendigen persönlichen Angaben der Ratsuchenden, dort kamen Nadi-Reader mit Palmblattbündeln aus dem nur für Eingeweihte zugänglichen Archiv der Bibliothek. Und überall erklangen die Stimmen der Palmblattleser, welche in einem ganz eigentümlich schönen, rhythmischen Sprechgesang die alt-tamilischen Texte rezitierten.

Auch Siddharta wurde zu seinem nächsten Klienten gerufen. Er versicherte uns noch rasch, daß er sich gleich nach dem Lunch um uns kümmern würde. Wir machten uns auf stundenlanges Warten gefaßt und nahmen im Schatten des luftigen Vordaches auf langen hölzernen Bänken Platz. Bald schon wandten uns einige der wartenden Tamilen ihre Aufmerksamkeit zu. Doch kaum hatten wir die ersten Fragen nach dem Woher und Wohin beantwortet, da erschien Siddharta wieder und bat uns zu seinem Assistenten. Ramu war für die Aufnahme der Personalien zuständig. Um das Palmblatt eines Ratsuchenden in Kanchipuram aufzufinden, benötigten die Nadi-Reader zunächst nur den ersten Buchstaben des Vornamens und den Abdruck des Daumens. Dabei wurde der Daumenabdruck je nach Geschlecht des betreffenden Ratsuchenden unterschiedlich abgenommen. Die Herren gaben den Abdruck des rechten Daumens, die Damen den des linken Daumens. Dies verwunderte mich nun doch ein wenig, gilt doch in Indien die linke Hand allgemein als »unrein«, da sie für alle Tätigkeiten unterhalb der Gürtellinie benutzt wird und in den ärmeren Bevölkerungsschichten auch heute noch das Toilettenpapier ersetzt.

Für das Orakel schienen die Fragen der rituellen Reinlichkeit ganz offensichtlich nur eine untergeordnete Bedeutung zu haben. Ramu erklärte uns kurz und bündig, daß diese Art der Personalienaufnahme aller Ratsuchenden einst durch den erleuchteten Rishi Sri Agasthya persönlich angeordnet worden sei. Nach dieser Auskunft verstaute Ramu die kleinen Zettel mit den Daumenabdrücken und den sorgfältig aufgemalten Buchstaben in der Brusttasche seiner Kurta. »Ich werde jetzt im Archiv nach Ihren Palmblättern suchen. Sobald ich sie gefunden habe, wird Siddharta mit dem Nadi-Reading beginnen.«

Wir gesellten uns erneut zu den Wartenden. Die junge Familie neben uns war mitsamt der beiden Kleinkinder aus den Vereinigten Staaten angereist.

»Eigentlich wohnen wir in Oregon, doch jedes Jahr einmal kehren wir nach Indien zurück«, erklärte uns der Mann. »Meine Eltern leben hier in Kanchipuram. Dann suchen wir auch jedesmal die Bibliothek hier auf. Bislang haben wir es noch nie bereut, uns auf die Ratschläge Sri Agasthyas zu verlassen.«

Wir wollten gern noch mehr über ihre persönlichen Erfahrungen mit den Voraussagen dieser Bibliothek und über die Geschichte der Orakelstätte wissen. »Wir nehmen die Hinweise Sri Agasthyas stets ernst und versuchen, danach zu leben. Doch was die Geschichte dieser Bibliothek betrifft, kann ich ihnen nur sagen, daß sie auf den erleuchteten Rishis Agasthya zurückgeht und sehr alt sein soll. Man sagt, diese Bibliothek existiert hier mindestens schon so lange wie es den Vaikuntha-Perumal Tempel gibt. Und der steht meines Wissens schon über tausend Jahre hier. Doch es kann leicht sein, daß die Bibliothek selbst noch älter ist als der Tempel. Die Frage, wann genau diese Bibliothek entstand, nehmen wir nicht so wichtig. Viel bedeutender sind für uns die Aussagen der Palmblattmanuskripte und was wir damit in unserem Leben anfangen können.«

In einem späteren Gespräch erzählte Siddharta Thomas und mir,

daß die Palmblattbibliothek von Kanchipuram sehr wohl zu den ältesten ihrer Art gehört. Die künftigen Nadi-Reader leben und arbeiten wie Familienmitglieder im Hause des Meisters und werden von
diesem im Lauf von mehreren Jahrzehnten in der Kunst des Nadi-
Readings unterwiesen. Fühlt dann der Meister seinen Tod nahen,
bestimmt er einen Nachfolger, welcher dann die Leitung der Bibliothek und die weitere Ausbildung der übrigen Schüler übernimmt.

Viele Jahre später, als ich bereits über fünfzigmal mit Reisegruppen in der Palmblattbibliothek von Kanchipuram war, vertraute mir
Siddharta eine wirklich mystische Geschichte an:

»Die Palmblätter hier können erst seit 80 Jahren gelesen werden.
Vorher lag ein Fluch auf ihnen, so daß es nicht möglich war, sie zu
lesen. Darüber redet aber sonst niemand.« Leider wußte er auch nicht
mehr über die Hintergründe dieses Fluches. Siddharta wehrte auch
weitere Fragen ab, aus Angst diesen Fluch wieder heraufzubeschwö-
ren. Dafür berichtete er:

»Vor Jahrtausenden haben die Heiligen wegen ihrer Meditations-
stärke in der Akasha-Chronik lesen können. Es waren die 7 Rishis
und 18 Siddhas.« (Die Siddhas sind »die Vollkommenen«, die Besitzer kosmischer Kräfte.) »Die Palmblattbibliothek von Mr. Balasubramaniam ist in der 3. Generation in seiner Familie: zuerst gehörte
sie dem Großvater, dann dem Onkel und schließlich ihm. Mr. Balasubramaniam selbst hatte seine Ausbildung in Vaitisvarankoil gemacht und seine Palmblattbibliothek 1987 an dem jetzigen Ort eröffnet. Insgesamt 25 Leute arbeiten heute in der Palmblattbibliothek.«

Welcher Rishi schuf die Urschrift dieser Palmenblattbibliothek?

Der Rishi Agasthya war der mythischer Gründer dieser Bibliothek. Er genießt hier in Indiens Süden noch heute höchste Verehrung. Auch er gehörte zu den Großen Alten, den Weisen der Vorzeit, die das Wissen und die Kenntnisse früherer Yugas und der ver-
sinkenden Dritten Welt von Kasskara an die Menschen unseres Zeitalters weitergaben. Die wörtliche Übersetzung seines Namens lautet »Bergbezwinger«, da er als erster das sagenhafte Windhja-Gebir-
ge überwunden und den indischen Süden für den Hinduismus gewonnen haben soll. Doch der Sohn Mitras und Warunas wird hier

auch als Bringer der alt-tamilischen Schriftsprache verehrt. Mehr als eintausend Jahre bevor die Dichter und Chronisten des frühen Indien mit der schriftlichen Überlieferung von historischen Ereignissen, Legenden und religiösen Texten begannen, wurden unter Anleitung Sri Agasthyas die Palmblätter mit speziell für diesen Zweck geschaffenen Schriftzeichen beschrieben. Es sollen dieselben Schriftzeichen gewesen sein, die auch benutzt wurden, um auf den steinernen Tafeln, die James Churchward in Kanchipuram Ende des 19. Jahrhunderts entdeckte, die Überlieferung vom Untergang des Kontinentes Mu (oder Kasskara) aufzuzeichnen.

Die alt-tamilische Schriftsprache und insbesondere die Texte auf den Palmblättern und den Steintafeln Churchwards können sinngemäß mit der Speicherung von Daten auf einer modernen CD-ROM verglichen werden. In beiden Fällen ist es jeweils darum gegangen, möglichst umfangreiche Informationen unter Verwendung möglichst weniger, vorgegebener Zeichen auf einem Datenträger mit begrenzter Speicherkapazität unterzubringen, der aber – im Gegensatz zur CD-ROM – auch nach Generationen noch lesbar ist.

Siddharta berichtete uns 1995, daß er schon viele Jahre bei Mr. Balasubramaniam lebt. Seine Ausbildung begann mit dem Unterricht in der alt-tamilischen Schriftsprache und ihren vielfältigen Interpretationsmöglichkeiten. In den ersten drei Jahren dieser Ausbildung gehört es vor allem zu den Aufgaben eines künftigen Nadi-Readers, mittels feiner Griffel und Nadeln wortgetreu die Texte alter und verbrauchter Palmblätter auf neue Manuskripte zu übertragen. Durch diese Tätigkeit üben sich die Schüler im Umgang mit den anfangs ungewohnten Begriffen und Formulierungen des Alt-Tamil. In der weiteren Ausbildung wird neben der vollkommenen Beherrschung der Schriftsprache auch größter Wert auf die geistige und spirituelle Unterweisung der angehenden Palmblattleser gelegt. Die Kenntnis religiöser Gesänge und Rituale des für gläubige Hindus unverzichtbaren Tempeldienstes gehört ebenso dazu wie yogische Übungen. Diese dienten einzig und allein dazu, dem Schüler einen Kontakt mit den geistigen Welten zu ermöglichen und ihn zu einem reinen Kanal für die Energien des Rishis Agasthya werden zu lassen. Denn auch die Palmblattleser von Kanchipuram sehen sich lediglich als Medien, als bescheidene Dolmetscher der Worte Agasthyas, von dem sie glauben, daß er bei jedem Nadi-Reading durch sie spricht.

Siddharta selbst praktizierte das Lesen der Palmblätter bereits seit acht Jahren, anfangs natürlich noch im Beisein und unter Anleitung seines Meisters Balasubramaniam. Inzwischen jedoch arbeitet er selbständig. Dennoch machte Siddharta kein Hehl daraus, daß auch für ihn die Interpretation der alten Texte immer noch ein ständiger Lernprozeß sei.

»Dies war aber auch die Absicht Sri Agasthyas«, erklärte Siddharta. »Nicht nur für den Ratsuchenden, der hier Auskunft über sein Schicksal erhält, sondern auch für den Nadi-Reader, der seine Fähigkeiten von Reading zu Reading ständig vervollkommnet, ist es eine Möglichkeit, um einst die Meisterschaft und damit auch Moksha, die Erlösung vom Rad der Wiedergeburten, erlangen zu können.«

Bis zu diesem Gespräch, das unserem Nadi-Reading voraus ging, hatten wir mehrere Stunden warten müssen. Eine Übung, die jedem streßgeplagten, ungeduldigen und hektischen Europäer zumindest einmal die wunderbare Möglichkeit eröffnet, eine Lektion in indischer Gelassenheit gegenüber der Zeit zu nehmen. Mit uns wartete eine junge Koreanerin. Sie war bereits den vierten Tag hier und wußte, daß es mindestens noch einen weiteren Tag bis zu ihrem Nadi-Reading dauern würde.

»Mr. Balasubramaniam hat mir gesagt, daß in meinem Palmblatt ausdrücklich erst der morgige Tag als Datum für mein Reading angegeben ist«, erzählte sie. »Ich studiere zu Hause indische Philologie und habe bis zu meiner Abreise nur an meiner Magisterarbeit geschrieben. Ich hielt es für eine ganz tolle Idee, hier einfach herzukommen und meine philologischen Studien anhand der Texte auf den Palmblättern fortzusetzen. Sie waren in meinen Augen ideale, authentische Studienobjekte, denn die Kunst des Nadi-Readings ist bereits seit Jahrtausenden fest in die hinduistische Kultur integriert. Die Palmblätter hier in Kanchipuram sind im Durchschnitt etwa 700 Jahre alt, erzählte mir Mr. Balasubramaniam. Was diese Archive wirklich bedeuten, welch allumfassendes Wissen hier gespeichert ist, nicht nur für die Hindus, sondern für jeden, der damit in Berührung kommt, war mir nicht klar. Jetzt habe ich Zeit, darüber nachzudenken und auch darüber, was ich mir in meinem tiefsten Innern wirklich von dem Besuch hier erhoffe, was mich wirklich hierher geführt hat. Ob Sie es nun glauben oder nicht, inzwischen bin ich zutiefst dankbar für diese Wartezeit.«

Siddharta berichtete uns, wie die Palmblattbibliothek von Kanchipuram einst entstand. Ursprünglich galt die alte Stadt Tiruchirapalli, kurz Trichy genannt, als Zentrum der Kunst des Shuka-Nadi. Dieser Ort blickte auf eine lange und äußerst eindrucksvolle Geschichte zurück. Im ersten Jahrtausend unserer Zeitrechnung herrschten die Pallava oder die Pandya nach wechselvollen Schlachten über die Stadt. Im zehnten Jahrhundert konnten sich dann die Chola als neue Machthaber etablieren. Über eine langen Zeitraum hinweg war Trichy eine ihrer bedeutendsten Befestigungsanlagen. Als das Reich der Chola zerfiel, ging die Stadt in die Hände der Vijayanagar-Dynastie von Hampi über, die Tiruchirapalli im Jahr 1556 an die Streitkräfte des Sultanats von Dekkan verloren. Auch im 18. Jahrhundert noch spielte die Stadt eine bedeutende Rolle bei den Auseinandersetzungen zwischen den rivalisierenden Briten und Franzosen in Südindien.

Das berühmteste Wahrzeichen dieser quirligen Stadt ist heute der gewaltige Rock-Fort-Tempel. Gegründet auf einer massiven Felspyramide, erhebt sich das Monument unvermittelt aus der Ebene und überragt die Altstadt eindrucksvoll. Hat man die 437 Treppenstufen bis zum Gipfel des Felsens erklommen, darf man auch als Nicht-Hindu den Vinayaka-Tempel auf dem Gipfel betreten und sich sogar vom Tempelelefanten segnen lassen. Der nimmt sowohl Geld als auch Naturalien als Spenden entgegen. Die Rupien – ob Münzen oder Scheine – reicht er sofort an seinen Mahout weiter. Bananen, Ananas oder Süßigkeiten frißt er selber.

Von den Plattformen des Vinayaka-Tempels aus bietet sich ein phantastischer Ausblick über ganz Trichy, wobei man in einem Meer aus Kokospalmen sofort das zweite Wahrzeichen der Stadt entdeckt – den Sri-Ranganathaswamy-Tempel, auch Srirangam-Tempel genannt.

Dieser riesige Tempelkomplex erhebt sich auf einer Insel inmitten des Flusses Cauvery und umfaßt ein Areal von mehr als zweieinhalb Quadratkilometern. Der Vishnu geweihte Tempel wird von sieben konzentrischen Mauern umschlossen und von 21 Gopurams gekrönt. Damit gehört die Anlage zu den größten sakralen Bauwerken in ganz Indien.

Hier soll der Rishi Agasthya mit seinen Schülern die Urtexte jener Palmblätter angefertigt haben, deren Abschriften in Kanchipuram für die Ratsuchenden bereitliegen. Siddharta versicherte uns, daß die Lebensläufe von etwa 500.000 Menschen derzeit in der Bibliothek aufbewahrt werden.

In den Zeiten der Rajias von Vijajanagar verlagerte sich das Zentrum des Shuka-Nadi von Trichy nach Vaithisvarankoil, da sich dieser Ort mehr und mehr zum spirituellen Zentrum der südlichen Region entwickelte. So wird auch das Nadi-Reading in Kanchipuram noch heute in der Tradition des Shuka-Nadi von Vaithisvarankoil abgehalten. Jene ersten Nadi-Reader, die vor Tausenden von Jahren nach Kanchipuram kamen, waren Schüler aus der Palmblattbibliothek von Vaithisvarankoil. Doch bald verbreitete sich der Ruf der neuen Palmblattbibliothek in der heiligen Stadt über ganz Südindien. Die Ratsuchenden nahmen weite Wege, Gefahren und lange Wartezeiten in Kauf, um hier Rat und Hilfe bei der Lösung ihrer Probleme zu finden. Daran hat sich bis heute nichts geändert.

Die Legende berichtet von einem reichen Kaufmann aus Calcutta, der einst die Palmblattbibliothek von Kanchipuram aufsuchte. Er wünschte zu erfahren, wie die kürzlich geschlossene Ehe seines einzigen Sohnes verlaufen und ob ihm die Schwiegertochter den ersehnten Enkelsohn schenken würde, damit der Fortbestand seiner Familie auch künftig gesichert sei. Der Palmblattleser verkündete ihm jedoch, daß er keine Enkel – weder Söhne noch Töchter – haben würde.

»Das Palmblatt lügt!« empörte sich der Kaufmann wütend. »Mein Sohn und seine Frau sind beide jung und gesund! Wieso sollten sie keine Kinder haben?«

Doch der Palmblattleser blieb fest bei seiner Aussage, was seinen Klienten nur noch mehr erzürnte. »Ich werde allen berichten, was für Lügengeschichten Du mir erzählt hast!«

»Bedenke wohl, was das Palmblatt sagte«, antwortete der Nadi-Reader. »Und bedenke ebenso was Du tust und mit Deiner Zeit noch beginnen willst.«

Doch der Kaufmann war taub für die Mahnungen des Weisen und stürmte zornig aus der Palmblattbibliothek ins Freie. Blind vor Wut und Enttäuschung achtete er nicht auf den Weg und hörte nicht das warnende Zischen einer Kobra, der er zu nahe kam. Die Schlange biß den Kaufmann. Für ihn kam jede Hilfe zu spät. Er starb kurze Zeit später im Delirium. Sein Sohn und dessen Frau bekamen viele Kinder – Söhne und Töchter. Doch der Kaufmann selbst hatte niemals Enkel.

Dieser Bericht mag eine Legende sein, doch wurde ich vor einigen Jahren selbst Zeugin eines ganz ähnlichen Falles. Ein junges Ehepaar aus Japan machte auf seiner Indienreise Station in Kanchipuram und wollte natürlich einen Besuch in der Palmblattbibliothek nicht versäumen. Ihre Palmblätter wurden auch alsbald aufgefunden, und das Nadi-Reading konnte beginnen. Alle von den Palmblattlesern vorgetragenen Informationen entsprachen der Realität, und die beiden waren vor Überraschung ganz aus dem Häuschen. Um so enttäuschter zeigte sich der junge Mann, als ihm der Palmblattleser mitteilte, daß seine Eltern nicht mehr am Leben seien. Er hatte sie erst einige Tage zuvor bei bester Gesundheit in ihrer Heimatstadt Kobe verlassen. Ganz offensichtlich konnte die Aussage des Palmblattes zumindest in diesem Punkt nicht stimmen. Doch Mr. Balasubramaniam, der zur Schlichtung des sich anbahnenden Disputs herbeigeholt worden war, prüfte selbst nochmals den Text und bestätigte die Interpretation seines Schülers. Nun bestand der junge Japaner darauf, mit seinen Eltern zu telefonieren, um den Nadi-Readern zu beweisen, daß sie mit ihren Aussagen im Unrecht waren. Mr. Balasubramaniam gestattete bereitwillig die Benutzung des Telefons der Bibliothek. Nach mehreren erfolglosen Versuchen konnte dann doch noch eine Verbindung nach Japan hergestellt werden. Am anderen Apparat waren offensichtlich die Schwiegereltern des jungen Mannes, und was sie ihm mitzuteilen hatten, ließ ihn am Telefon weinend zusammenbrechen. Seine Eltern gehörten zu den Opfern des gewaltigen Erdbebens, das die Stadt Kobe einen Tag zuvor heimgesucht und hunderte Tote sowie gewaltige Zerstörungen gefordert hatte. Das Palmblatt hatte recht behalten.

Bei unserem ersten Besuch in der Palmblattbibliothek von Kanchipuram im Juli 1995 wurde nur für mich ein Nadi-Reading abgehalten. Thomas meinte, daß er bereits genug erfahren hätte. Was er damit meinte, begriff ich erst Jahre später.

Das Auffinden meines Palmblatts gestaltete sich dann recht zeitaufwendig.

Siddharta erklärte, daß er mir nun aus all jenen Palmblattmanuskripten, die eine bestimmte Affinität zu den vorhandenen Angaben (also dem Daumenabdruck, dem ersten Buchstaben des Vornamens und der astrologischen Konstellation, unter der wir diese Palmblattbibliothek aufgesuchten) hatten, die jeweils bedeutendsten, die Vergangenheit betreffenden Aussagen vorlesen würde. Konnte ich diese Aussagen bestätigen, wurde mit der Lesung fortgefahren. Trafen die Aussagen nicht zu, wurde das Palmblatt verworfen und ein neues Manuskript gelesen. Letztlich ging es darum, den Namen und das Geburtsdatum von mir sowie die Namen meiner Eltern zu verifizieren. Stimmten diese mit den Informationen des Palmblattes überein, war das zutreffende Manuskript aufgefunden. So ergab sich eine Art von Frage-und-Antwort-Spiel, bei dem sich Siddharta durch Rückfragen vergewisserte, ob die auf den Palmblättern angegebenen Daten – die sich sämtlich auf meine Vergangenheit und die momentanen Lebensumstände bezogen – mit der Realität übereinstimmten. Mr. Davis, unser Dolmetscher, übersetzte fließend und korrekt ins Englische, Thomas ins Deutsche. Zwischenzeitlich aber schien Mr. Davis sich königlich darüber zu amüsieren, daß wir die weite Reise aus Europa hierher unternommen hatten, bloß um von einem Fremden die Namen unserer Eltern aus einem Jahrhunderte alten Palmblattmanuskript vorgelesen zu bekommen.

Das Heraussuchen des Blattes ging folgendermaßen vor sich:

»Sie sind 29 Jahre alt« las Siddharta vom ersten Blatt vor.

»Nein« entgegnete ich.

»Ihre Mutter lebt noch. Ihr Vater ist tot.«

»Nein.«

»Sie haben 3 Kinder.«

»Nein.«

Und so weiter ...

Doch dann, als ich bereits zu zweifeln begann, ob denn in dieser Bibliothek überhaupt ein Palmblatt für mich bereit lag, war es geschafft. Siddharta trug in dem eigentümlichen Sprechgesang, den wir in den Schicksalsbibliotheken schon so oft gehört hatten, den Text der Jahrhunderte alten Abschrift vor, der im folgenden auszugsweise wiedergegeben ist.

Ich, Sarat Agasthya, bin glücklich, zu meinen Göttern Ganesha, Parvati und Shiva zu beten. Ich danke ihnen im Gebet für die Güte, die sie mir stets erweisen und dafür, daß sie der Welt die Palmblätter überlassen haben, auf denen die gesamten Leben aller Individuen, die geboren sind, beschrieben werden.

Dieses Palmblatt, welches am 13. Juli des Jahres 1995 – nach dem westlichen Kalendersystem – aufgefunden wurde, gehört zu einer Person weiblichen Geschlechts, die nicht dem hinduistischen Glauben zugehörig ist. Sie hat eine weite Reise unternommen, um zu diesem Ort zu kommen. Ihre Heimat liegt fern von hier im Nordwesten auf einem anderen Kontinent.

Der Name ihres Vaters beginnt mit dem Wort »Karl«, sein zweiter Name ist »Heinz«. Der Name ihrer Mutter fängt mit dem Wort »Erika« an. Sie selbst heißt mit dem ersten Namen »Annett«.

Annett ist an einem 31. Januar geboren, im Jahr 1972 nach dem westlichen Kalender.

Heute ist sie gemeinsam hier mit einem Mann, dem sie das Versprechen der Ehe gegeben hat. Der erste Name dieses Mannes ist »Thomas«.

»Treffen diese Informationen zu?« wollte Siddharta wissen.

»Vollkommen.«

»Dann ist dies hier Ihr Palmblatt«, antwortete er zufrieden. »Genauer gesagt, ist es so etwas wie ihre Karteikarte in unserer Bibliothek. Deshalb dürfen Sie dieses Palmblattmanuskript auch fotografieren und anfassen«, fügte Siddharta lächelnd hinzu.

Er war sogar bereit, mir die Stellen des alt-tamilischen Textes zu zeigen, an denen mein Name und der meiner Mutter verzeichnet war.

»Anhand dieses Palmblattes, das ich als Ihre Karteikarte bezeichnen will, ist es nun möglich, alle Informationen, die Ihr Leben betreffen, in unserem Archiv aufzufinden«, ließ uns der Nadi-Reader wissen. »Dort existiert für Sie ein Palmblattmanuskript, das aus 12 allgemeinen Kapiteln besteht, die Khandams genannt werden. Diese Khandams beschreiben die einzelnen Lebensbereiche eines Individuums. Außerdem gibt es vier weitere, spezielle Khandams, die sich mit besonderen Fragen befassen. Dieses Palmblattmanuskript aber bekommt kein Ratsuchender, sei er nun Hindu oder nicht, zu sehen. Sie sind nur den Nadi-Readern zugänglich. Heute wird für Sie das erste Kapitel des Palmblattes geöffnet. Es enthält allgemeine und weit gefaßte Informationen über Ihr gesamtes Dasein in dieser Inkarnation sowie über das ihrer Familie bis hin zu dem Tag, an dem sie Ihren irdischen Körper verlassen wird. Ich schreibe den Text des ersten Khandams dann in ein speziell für diesen Zweck bestimmtes Heft in der Schrift des heutigen Tamil nieder. Anschließend liest einer meiner Assistenten den Text nochmals laut vor. Diese Lesung wird dann auf Kassette aufgenommen. Der geschriebene Text und das aufgenommene Reading dürften Ihren Dolmetscher in die Lage versetzen, den Inhalt des ersten Khandams ohne weitere Schwierigkeiten wortgetreu ins Englische zu übertragen.«

Und so geschah es. Nachdem ich zwei Stunden später das Heft mit dem aufgezeichneten Inhalt der Palmblattlesung und die dazugehörige Kassette erhalten hatte, begann Mr. Davis noch am gleichen Tag mit der Übersetzung des ersten Khandams. Am nächsten Morgen präsentierte er mir strahlend das Ergebnis seiner Arbeit. Und das konnte sich wirklich sehen lassen. Auf sechs engzeilig beschriebenen Seiten des Heftes fand sich die englische Wiedergabe des ersten Kapitels aus meinem Palmblattmanuskript. Auch die Aussagen dieses Nadi-Readings in Kanchipuram waren sehr exakt und stimmten mit denen aus Madras und Bangalore überein – wobei natürlich nicht eine buchstäbliche sondern eine sinngemäße Identität gemeint ist. Natürlich wurde in dem nun zugänglichen ersten Kapitel meines Palmblattes, nicht so detailliert wie in Madras oder Bangalore über bestimmte Lebensumstände berichtet. Doch dies war ja auch nicht der Zweck dieses Khandams, das nach Siddhartas Worten lediglich einen ersten Überblick über das gesamte Dasein in dieser Inkarnation darstellte.

Weitergehende Ausführungen zu einzelnen Lebensbereichen waren den folgenden Kapiteln des Manuskriptes vorbehalten. Im Gegensatz zu den beiden anderen von uns besuchten Bibliotheken sind in Kanchipuram also mehrere – um genau zu sein, insgesamt bis zu 16 – Nadi-Readings möglich und wohl auch erforderlich, wenn man den Inhalt aller Kapitel einschließlich der speziellen Khandams erfahren will. Nach der ersten Palmblattlesung können die folgenden Kapitel (jedoch manchmal erst in einem zeitlichen Abstand) erfragt werden. Dann ist es möglich, den Inhalt des nächsten Khandams zu erfahren.

Diese Kapitel befassen sich detailliert mit einzelnen Lebensbereichen – so wird im zweiten Khandam über die Ausbildung, berufliche Karriere und das persönliche Vermögen des Klienten berichtet, während sich das fünfte Kapitel ausschließlich mit dem Schicksal der Kinder des Ratsuchenden auseinandersetzt oder aufzeigt, aus welchen Gründen es dem Ratsuchenden nicht möglich ist, in diesem Leben Kinder zu bekommen. In diesem Zusammenhang werden auch Möglichkeiten zur Erfüllung eines bestehenden Kinderwunsches aufgezeigt, von medizinischer Hilfe bis hin zur Adoption.

Im siebenten Khandam werden Informationen zu Liebe, Beziehungen und Partnerschaft gegeben sowie das Geburtshoroskop des idealen Partners in diesem Leben benannt. Die Aussagen können so präzise sein, daß sie sogar den genauen Ort und den Zeitpunkt der ersten Begegnung mit dem Lebenspartner bezeichnen.

Das achte Kapitel enthält Angaben zu gesundheitlichen und anderen Risiken der persönlichen Existenz und den Möglichkeiten ihrer Verhütung. Außerdem werden in diesem Kapitel der genaue Zeitpunkt, die Umstände und der Ort des eigenen Todes benannt.

Die letzten Kapitel hingegen widmen sich ausschließlich spirituellen Fragen, so etwa dem Sinn der Existenz in diesem Dasein und den zu erfüllenden geistigen Aufgaben. In diesem Zusammenhang werden auch Aussagen über die Möglichkeiten der persönlichen spirituellen Entwicklung durch das Studium bei einem auserwählten Meister oder die Zugehörigkeit zu einer bestimmten Religionsgemeinschaft erörtert. Reisen zu heiligen Orten sowie Anleitung zu bestimmten yogischen oder tantrischen Übungen stehen ebenso im Mittelpunkt vor allem des neunten Kapitels. Surja Namaskar, das Sonnengebet, ist beispielsweise eine solch alte Übung, um mit der Grundenergie des Universums in Verbindung zu treten. Man führt es in der Morgendämmerung aus, um die Energie der aufgehenden Sonne aufzunehmen und so den Blutkreislauf und den Bauchraum zu stimulieren.

Das elfte Khamdam gibt darüber hinaus Hinweise auf den Zeitpunkt und den Ort der nächsten Inkarnation oder die Möglichkeit, nach Vollendung des gegenwärtigen Lebens Moksha, also Erlösung vom Kreislauf der irdischen Wiedergeburten, zu erlangen.

Thomas und ich verließen die Palmblattbibliothek und die heilige Stadt Kanchipuram in der sicheren Gewißheit, daß die Palmblattmanuskripte ebenso wie die geheimen Archive der Tempel trotz des zunehmenden Touristenverkehrs und der auch in der indischen Gesellschaft immer weiter um sich greifenden Säkularisierung auch zukünftig durch treue Hüter bewahrt werden. Hier zeigte sich wieder einmal die Kraft einer seit Tausenden von Jahren ungebrochenen Tradition. Das überlieferte Wissen der Rishis wird nicht untergehen.

IX. Im Wandel der Zeiten

1. Indien im Wandel der Zeit

Schaue ich mir Indien zu Beginn des 21. Jahrhunderts an, so erkenne ich es kaum wieder. Viel hat sich verändert in den gerade einmal acht Jahren, seit ich Indien das erste Mal bereiste.

Das Straßenbild hat sich gewandelt. Der Mercedes, Jeeps und moderne Sportwagen verdrängen immer mehr den alten, mir liebgewordenen Ambassador mit seiner plüschigen Ausstattung. – Für Millionen Inder ist sowohl das Handy als auch das Satellitenfernsehen, eine eigene E-Mail-Adresse oder die Jeans für junge Inderinnen bereits zur Selbstverständlichkeit geworden. Man schwankt bei diesen Bildern zwischen Anerkennung des neuen Fortschritts und Angst um die alten Traditionen. Dabei wurde und wird von diesem Land oft ein falsches Bild gemalt. Die Worte »Spiritualität« und »Armut« bezeichnen das uns bekannte Indien, wobei der zweite Begriff »Armut« ebenso an Indien haftet wie auch das der »Hungersnöte«. Doch die sind für Indien seit über 40 Jahren kein Problem mehr. Dank der verbesserten Bewässerungssysteme, der Grünen Revolution und der vermehrten Transportmöglichkeiten in Notfällen funktioniert die Versorgung besser als je zuvor.

Die westlichen Medien tragen durch ihre Art der Berichterstattung dazu bei, Indien als ein Land der Katastrophen, der Gesundheits- und Unfallrisiken darzustellen. Darstellungen über Unglücksfälle, zum Beispiel bei Eisenbahnen, in Bergwerken, bei Erdbeben oder in Chemiefabriken, machen einen überproportionalen Teil der Indienberichterstattung aus. Doch derartige Katastrophen ereignen sich leider auch in anderen Ländern.

Indien ist immerhin neunmal so groß wie die Bundesrepublik! Die indische Kriminalität ist dagegen viel niedriger als in den meisten europäischen Urlaubsländern.

Die Inflation der indischen Währung ist seit einigen Jahren dank der wirtschaftlichen Entwicklung gestoppt und die Inflationsrate der Rupie sogar auf 1,6 Prozent gesenkt. Der kaufkräftige Mittelstand macht inzwischen ca. ein Drittel der indischen Bevölkerung aus. Das bedeutet auch, daß es sich die Inder heute wie nie zuvor leisten können, das eigene Land zu bereisen. Rund 100 Millionen inländische Touristen werden derzeit jährlich gezählt, so daß auch mehr in Hotels, in die Verkehrsindustrie und in vielerlei touristische Einrichtungen investiert wird. Im Vergleich dazu reisen »nur« knapp zweieinhalb Millionen ausländische Touristen in Indien ein. Aber auch hier ist eine Entwicklung zu sehen. Innerhalb eines Jahrzehnts ist diese Zahl um rund 50 Prozent gestiegen. Übrigens machen die deutschen Indienbesucher den größten Anteil der Europäer aus. Aber auch der Inhalt des Reiseziels hat sich im Laufe der Zeit gewandelt. Neben Sightseeing in Delhi, Agra und Jaipur sowie Relaxen an den langen Palmenstränden von Goa spielen heute andere Interessensgebiete eine große Rolle: Treckingtouren im Himalaja, Rundfahrten im historischen Luxuszug, Hausbootferien auf den Backwaters, Ayurvedakuren in Kerala und Yoga- und Meditationskurse in Ashrams.

Der wirtschaftliche Aufschwung in Indien begann am 21. Juni 1991. Damals stand der indische Staat vor dem Konkurs. Die neugewählte Regierung stoppte jedoch die Finanzkrise, die durch gesellschaftliche Strukturen bedingt war. Ausländische Investitionen waren durch prohibitive Gesetze und undurchdringliche Bürokratie ferngehalten worden. Dies sollte nun ein Ende finden. Die neuen Zauberworte heißen seither »Markwirtschaft« und »Privates Unternehmertum«. Wenn Sie sich vergegenwärtigen, daß Indien rund dreimal so viele Einwohner hat wie die gesamte Europäische Union zusammen, dann ahnen Sie vielleicht, was für eine gewaltige Aufgabe vor der indischen Regierung stand. Erschwert wurde diese Umstrukturierung vor allem auch durch die unzähligen Religionen, Glaubensgemeinschaften, verschiedenen Stämme und Volksgruppen mit unterschiedlichen Entwicklungs- und Bildungsgraden. Auf Grund der rückständigen Grundschulen auf dem Lande gibt es mehrere Millionen Analphabeten, in einigen Bundesländern sind es sogar über 50 Prozent der Bevölkerung.

In Indien existieren 17 offizielle Sprachen und 541 Dialekte. Die Ausdehnung des Landes beträgt 3.200 Kilometer von Nord nach Süd und fast 3.000 Kilometer von Ost nach West. Sieben große Religionen und unzählige Sekten existieren im Land, aber auch eine aufs Säkulare verpflichtete Regierung. Indien hat mehr als eine Milliarde Einwohner, 283 Einwohner pro qkm (in Ballungsgebieten oft weit über 2.000 pro qkm). Diese Zahlen sind erdrückend. Doch wer kennt nicht die Bilder aus der Berichterstattung im Fernsehen über Indien: Menschentrauben, die an völlig überfüllten Bussen oder Zügen hängen; religiöse Zeremonien am Ganges, wo Tausende Inder sich am Ufer drängen … Dennoch ist es immer ein farbenprächtiger Menschenstrom. Der einzelne Mensch zeigt sich freundlich, gefühlvoll und im höchsten Maße neugierig. Man wird immer wieder angesprochen: »Coming from?« Ebenso bekannt sind die Gastfreundschaft und der Nationalstolz der Inder. Und da finden wir wieder das alte Indien: in der Religion! Die meisten Inder sind zutiefst gläubig. Die Mehrzahl, ca. 80 Prozent, praktiziert den Hinduismus.

Vor fünf Jahren lernte ich »Maik« in Mahabalipuram kennen, der eigentlich Srinivasan heißt und sich für die Ausländer der Einfachheit halber den neuen Namen zulegte. Trotz seiner 64 Jahre begleitet der gerade 1,50 m große Brahmane Touristen durch den Ort und erzählt ihnen die Geschichten aus längst vergangenen Zeiten. Damit verdient er das Geld für das tägliche Auskommen für sich und seine Familie. Unter den Einheimischen jedoch ist er nicht der »Touristen-Guide«, sondern da ist Srinivasan der hochgeehrte Priester, der die alten indischen Traditionen pflegt. Jedes Jahr, Ende Juli organisiert und leitet er einen traditionellen Feuerlauf in einem kleinen Dorf nahe Mahabalipuram. Zu Ehren der Göttin Durga gehen dann nach ihm bis zu 400 Personen, vom Kleinkind bis zum Greis, mit nackten Füßen über 8 Meter glühende Kohlen. Dieses Ereignis wird drei Monate lang mit Fasten und Beten von allen Beteiligten vorbereitet. Zum Feuerlauf selbst sammeln sich mehrere tausend Schaulustige aus den Dörfern der Umgebung, um die Feuerläufer zu ermutigen. Die Göttin Durga, für die dieses Schauspiel stattfindet, ist die schrecklichste der weiblichen Gottheiten. Sie ist das Wesen der materiellen Energie, das erbarmungslosen Zorn in sich trägt. Die Feuerläufer wollen die Göttin durch die Überwindung ihrer Ängste besänftigen. Srinivasan erzählte mir: »In dem Moment, wenn wir übers Feuer laufen, geht Durga in unseren Körper hinein und läuft mit uns übers Feuer. Deshalb ist auch die Asche, die vom Feuer übrig bleibt, heilig. Das ist unsere Vibhuti, die wir für die Segnung verwenden.«

Der kleine, würdige Srinivasan mit dem schlohweißen kurzen Haar und dem kleinen Wohlstandbäuchlein war mir von Anfang an sympathisch. Er hatte trotz seiner wissenden Ausstrahlung immer so etwas Spitzbübisches im Blick. Durch ihn lernte ich das wirkliche Indien hinter der modernen Fassade immer besser kennen. Srinivasan zeigte mir völlig unbekannte Tempelanlagen und ließ mich an alten Ritualen teilnehmen. Er war es auch, der einmal zu mir sagte: »Die indische Tradition hat die Mogulherrscher überstanden. Die Engländer sind auch wieder gegangen. Und Indien wird immer noch Indien sein, wenn Amerika und sein McDonald längst Geschichte sind.«

Noch heute überrascht mich Srinivasan mit seinem spirituellen Wissen, denn sein größtes Talent liegt in der Astrologie, der Jyotir-Veda, und der Chiromantie, der Handlesekunst.

Die Astrologie in Indien ist eine Wissenschaft. Anders als im Westen sind in Indien Wissenschaft und Religion keine ausgeprägten Gegensätze. Sie werden vielmehr als zwei verschiedene, einander ergänzende Wege auf der großen Suche nach Wahrheit und Erleuchtung angesehen. In der hinduistischen Wissenschaft hängt das Verständnis der äußeren Wirklichkeit untrennbar vom Verständnis des Inneren, des Göttlichen ab. In Indien ist die Zukunftsdeutung untrennbar in den Alltag der Menschen integriert.

Der hinduistischen Tradition zufolge ist das Weltall älter als die Menschheit und selbst älter als die Götter.

Basierend auf dieser Grunderkenntnis geht die Jyotir-Veda davon aus, daß das Universum ein geschlossenes System darstellt und in seiner Gesamtheit den gleichen Gesetzmäßigkeiten gehorcht. Bei der Betrachtung eines beliebigen Teiles dieses geschlossenen Systems muß es daher möglich sein, auf das Verhalten anderer Teile dieses Systems zu schließen.

Der einst von abendländischen Hermetikern geprägte Grundsatz »Wie oben, so unten« besagt im Prinzip dasselbe.

Ein Horoskop zeigt nach Auffassung der Jyotir-Astrologen daher bei entsprechender Berechnung mit exakter Genauigkeit die Verteilung der Wirklichkeitsbausteine an, aus denen sich das Leben eines jeden Menschen im einzelnen zusammensetzt. Das Horoskop läßt also sichtbar werden, welche dieser »Bausteine« etwa in Form von Talenten, Neigungen und Veranlagungen mit in das Leben gebracht werden und welche es noch durch entsprechende Erfahrungen zu erwerben gilt. Es zeigt sogar die Art und Weise des Handelns oder Geschehens an, das die noch ausstehenden Erfahrungen erst ermöglicht. In einem solchen Horoskop sind daher Ausgangspunkt und Finalität eines Lebens vereint.

Das Horoskop, das für den Zeitpunkt der Geburt eines Menschen erstellt wird, beinhaltet aus der Sicht der Jyotir-Veda also die »Lebensformel« der betreffenden Person.

Für die Erstellung eines solchen umfangreichen Horoskops bedarf es allerdings neben möglichst exakten Ausgangswerten (Geburtstag, -zeit und -ort) vor allem gründlicher Studien und eines umfassenden Wissens. Deshalb kann fast jeder seriöse indische Astrologe auf eine Ausbildung zurückblicken, die in der Regel zwischen acht und zehn Jahren unter der Anleitung seines Meisters gedauert hat.

Die indische Astrologie – in alten Tagen wurde sie mit Astronomie gleichgesetzt – wird auf dem Subkontinent schon seit mehr als 1.500 Jahren in der heute bekannten Form ausgeübt. Sie ist einstmals aus der Synthese zweier großer Traditionen entstanden. In Indien selbst entwickelte sich ursprünglich die »Jyoti« – die »Wissenschaft der göttlichen Astronomie«.

Erste »Untersuchungen der Lichter am Himmel« finden sich in den Vedangas. Diese Kommentare sind die »Glieder der Veden« und um etwa 400 v.u.Z. zum ersten Mal schriftlich niedergelegt worden. Ebenso wie die frühe westliche Astrologie stellte die Jyoti-Lehre eine Wissenschaft dar, welche aus den Disziplinen Philosophie, Astronomie und Mathematik bestand.

Indiens erste Astronomen – Jyotischas genannt – beschäftigten sich vor allem mit der Erstellung eines religiösen Kalenders. Als Grundlage dafür wurde der Mond benutzt, der auf seiner monatlichen Bahn Gruppen aus 27 bzw. 28 Sternen durchwandert – die sogenannten »Mondhäuser«. Dieser ursprüngliche Zyklus erwies sich aber aufgrund der kosmologischen Gegebenheiten als zu unregelmäßig, so daß die Jyotischas nach einem längeren und vor allem konstanteren Zyklus zu suchen begannen. Als Grundeinheit dieses neuen Kalenders wurden schließlich 19 Sonnenjahre bestimmt. Sinn dieses komplizierten kalendarischen Systems war die Ermittlung des günstigsten Zeitpunktes für Opferungen. Da die Menschen des antiken Indien davon ausgingen, daß der Wohlstand und das Gedeihen ihrer Gesellschaft von richtig durchgeführten Opferritualen abhing, spielten die Jyotischas im alten Indien eine entscheidende Rolle. Welche Wertschätzung diesem Berufsstand damals entgegengebracht wurde, spiegelt ein Kommentar der Atharva-Veda wider, in dem es heißt, daß »ein König ohne Astrologe wie ein Kind ohne Vater« sei.

Diese Jyothi-Lehre verschmolz vor mehr als 1.500 Jahren mit dem altgriechischen System der Astrologie. Daher ist die indische Kunst der Sterndeutung der abendländischen auch in vielen Belangen recht ähnlich. Beide Systeme verwenden den Tierkreis und ebenso spielt der Einfluß der Planeten eine wichtige Rolle. Die ältesten erhaltenen indischen Schriften über Astrologie, die Jawana-Jatakas, sind eindeutig durch diesen altgriechischen Einfluß geprägt. Doch auch die althergebrachten Jyothi-Elemente wurden in das neue System integriert. So führte schließlich die Verbindung zwischen abendländischem und indischem Denken zu einer Blüte der wissenschaftlichen Astrologie. Dies dauert bis heute an, da die Horoskope indischer Astrologen im Gegensatz zu ihren europäischen Entsprechungen von einer bestechenden Präzision sind. Diese überaus große Genauigkeit mag in den Unterschieden zwischen beiden Systemen begründet sein. Neben den auch in westlichen astrologischen Systemen gebräuchlichen Planetenbezeichnungen, Häusern und Aszendenten spielen in Indien zwei weitere als »Ketu« und »Rahu« bezeichnete Planeten eine sehr bedeutende Rolle. Die Massen beider Planeten sind in der Tat im Sonnensystem vorhanden, wenn derzeit auch nur in Form des Asteroidengürtels zwischen Mars und Jupiter sowie des nach seinem Entdecker sogenannten »Kuiper-Gürtels« nahe des erdenfernsten Planeten Pluto.

Ferner bezieht die indische Astrologie ein weiteres Haus, das des

»Schlangenträgers«, mit in ihre Betrachtungen ein und nimmt die notwendigen Berechnungen nicht wie im Westen mit Konstanten, sondern mit Variablen vor, die aus ständigen genauen astronomischen Beobachtungen resultieren.

Die »Vishava«-Astrologie hilft bei der Partnerwahl und der Bestimmung des Termins für die Hochzeit. So ist es in Indien durchaus üblich, bei einer Partnersuche durch Zeitungsinserat auch das Horoskop des Wunschpartners mit aufzuführen.

Die Chiromantie kann in Indien ebenfalls im weiteren Sinn der Jyotir-Veda zugerechnet werden, da Handleser häufig auf astrologische Berechnungen zur Überprüfung und Konkretisierung Ihrer Aussagen zurückgreifen. Die indische Chiromantie weist auch starke Parallelen zur modernen Handlesekunst westlicher Prägung auf.

Dies erklärt sich daraus, daß die heute in Europa verbreitete Art des Handlesens vor allem von den wandernden Sinti und Roma eingeführt wurde. Diese Völkerschaften aber kamen ursprünglich aus Indien und tradierten das dort beheimatete System der Chiromantie – sicherlich mit einigen Abwandlungen – an die Einwohner des Abendlandes. Dennoch zeichnet sich die indische Handlesekunst durch einige Besonderheiten aus. Grundsätzlich liest der Chiromant aus beiden Händen seines Klienten, wobei angenommen wird, daß in der linken Hand die in dieses Leben mitgebrachten Anlagen, Fähigkeiten und Neigungen abgelesen werden können, während sich aus der rechten Hand die künftige Entwicklung des Klienten deuten läßt.

Zahlreiche eigene Erfahrungen lassen mich zu dem Schluß kommen, daß indische Chiromanten vor allem eine präzise Analyse des Charakters sowie der Fähigkeiten und Veranlagungen einer Person zu erstellen imstande sind. Bezüglich künftiger Voraussagen sind sie in der Lage, konkrete Ereignisse und deren Verlauf wirklichkeitsgetreu zu prognostizieren. Die zeitliche Einordnung hingegen wird nicht so exakt vorgenommen, so daß in einem solchen Fall eher zur Konsultation eines Astrologen geraten werden kann.

Trotz der hervorragenden Aussagen der indischen Astrologen und Handleser, erhielt ich in den 7.000 Jahre alten Palmblattbibliotheken präzise Erkenntnisse sowohl von den Ereignissen als auch von den zeitlichen Abläufen her. Dennoch: das Horoskop, das Palmblattmanuskript oder die Handlesung sind Beschreibungen unseres Lebens. Leben aber müssen wir unser Leben letztendlich selbst jeden Tag aufs Neue.

So schreiben wir schließlich das Buch unseres Schicksals selbst.

2. Ich im Wandel der Zeit

Wie seltsam, aber doch unbeirrbar die Wege des Schicksals sind, mußte ich im Laufe der Jahre selbst feststellen. Ich hatte die Aussagen von drei Palmblattbibliotheken, die übereinstimmend meinen weiteren Weg beschrieben.

Jetzt am Beginn des neuen Jahrtausends blicke ich auf turbulente Jahre zurück. Ich bin nicht der Mensch, der tagtäglich in seine Aufzeichnungen von den Palmblattbibliotheken blickt, um zu sehen, was der heutige Tag bringt. Und dennoch haben die Palmblattbibliotheken mein Leben nachhaltig beeinflußt – im positiven Sinne!

Ich baute ein kleines Reiseunternehmen auf. Ich machte meine Heilpraktikerausbildung. Ich heiratete Thomas … Und dennoch spürte ich, daß irgend etwas nicht stimmte.

Die letzten Jahre hatte ich genutzt, um nun endlich Englisch zu lernen. Nicht in einem Lehrgang, nein, die Inder selbst auf meinen vielen Reisen waren meine besten Lehrer. So kommt es auch, daß ich mich mit jedem Inder im indisch-englischen Kauderwelsch bestens unterhalten kann, aber an den Engländern scheitere.

Diese erneute Unzufriedenheit in meinem Leben führte zu allererst zu einem tiefen Zweifel an den Aussagen der Palmblattbibliothek. Ich war innerlich wie zerrissen, da für mich nun alles wieder in Frage stand. Wieder tauchten verstärkt die Visionen der ersten Jahre auf, die mich nun Tag und Nacht quälten. Aber ich konnte einfach nicht darüber reden. Jetzt nicht einmal mehr mit Thomas. Er hatte sich nach unserer Hochzeit so verändert. Ich hatte mich verändert … Wo waren die alten, glücklich-vertrauten Zeiten?

Ich zog mich immer mehr zurück und stürzte mich in meine Arbeit, um mich abzulenken, um nur nicht denken zu müssen. Schließlich wurde ich dazu gezwungen, über mein Leben nachzudenken. Ich wurde schwer krank. Ein Zeckenbiß hatte mein Bein, meinen Arm und auch Teile des Gesichts gelähmt. Unheimliche Schmerzen banden mich mit starken Medikamenten ans Bett. Was passierte hier? Ich wußte es nicht! Nur an einem Ort konnte ich die Antwort finden: in den Palmblattbibliotheken in Indien.

So machte ich mich im Sommer 1999 trotz der Krankheit auf den Weg ins ferne Indien.

Eine innere Stimme sagte mir, daß ich nicht in die drei bekannten Palmblattbibliotheken gehen, sondern eine neue aufsuchen sollte.

In den letzten Jahren hatte ich weitere Adressen erhalten und wählte die Palmblattbibliothek von Mr. Sundaram am Stadtrand von Madras aus. Srinivasan war bereit, mich dorthin zu begleiten und vom Tamil ins Englische zu dolmetschen.

Mr. Sundaram selbst ist schon ein hochbetagter alter Herr, der nur noch wenige Lesungen macht. Er wohnt mit seiner recht modernen Familie in einem ebenso modernen Reihenhaus. Sein Sohn begrüßte mich an der Tür und meldete mich bei seinem Vater an. Der alte Herr saß bereits in einem kleinen, über und über mit bunten Darstellungen der indischen Gottheiten geschmückten Zimmer. Sein Gesicht hatte herbe Züge, doch er begrüßte mich sehr freundlich. In seiner Palmblattbibliothek muß man nur das Geburtsdatum angeben. Daraus errechnet sein Sohn mittels eines modernen Computers ein Horoskop. Diese Daten ermöglichen es seinem Vater dann das entsprechende Palmblatt aufzufinden.

Wieder saß ich vor einem Palmblattleser, wieder mit einer unverhohlenen Spannung. Doch diesmal war es anders.

Abermals wurde mein Lebensweg beschrieben, wie bereits schon in den anderen Palmblattbibliotheken. Doch dann …

»… Du und Dein Mann werden verschiedene Wege gehen. Er hat bereits eine andere Frau kennengelernt. Aber auch Du wirst in spätestens zwei Monaten deinen neuen Partner treffen. Du wirst im nächsten Jahr geschieden werden, aber auch bald wieder heiraten …«

Ich war sprachlos und hörte gar nicht mehr auf die astrologischen Erklärungen für diese Aussage.

»Kenne ich diesen neuen Mann?« platzte es aus mir heraus.

»Ja, aus vielen früheren Leben, aber jetzt seid ihr Euch noch nicht begegnet. Sein Name ist Peter. Er ist älter als Du, aber ihr werdet sehr glücklich werden, da ihr Euch in vielen Dingen ergänzt. Ihr werdet an drei Orten leben, doch Euer Hauptwohnsitz wird in Spanien sein, westlich von Marbella.«

Was? Ich konnte nicht glauben, was ich da hörte. Meine eigene innere Stimme hatte das immer gesagt. In Marbella wartet etwas auf mich! Dieser Peter?

Wie benommen reiste ich nach Hause zurück. Das folgende möchte ich abkürzen. Ich stellte Thomas zur Rede, und er gestand mir, daß diese Aussagen auch bereits ähnlich in den anderen Palmblattbibliotheken gemacht wurden. Teilweise hatte er es mir so übersetzt (aber ich wollte es ja gar nicht hören, verdrängte es sofort wieder), teilweise auch verschwiegen. Als Motiv nannte er die Tatsache, daß er damals so in mich verliebt gewesen ist und Angst hatte, daß mich die Aussagen beeinflussen würden. Aber kann man eine stabile Beziehung auf einer Lüge aufbauen?

Die Wege des Schicksals führten mich dennoch, trotz der nicht korrekten Übersetzung, in die richtige Richtung.

Genau an dem Punkt, als es mir am schlechtesten ging, traf ich ihn – Peter.

Meine Ehe war am Ende. Ich kam nach meiner Krankheit gerade aus dem Krankenhaus und wußte nicht, wo ich noch hingehen sollte. Ein Zuhause gab es für mich nicht mehr. Ein Freund hatte mich zu einer Veranstaltung, bei der er selbst einen Auftritt hatte, mitgenommen.

Da sah ich Peter, und Peter sah mich. Ich hatte das Gefühl, als würde mich ein Blitz treffen. Er lächelte mich an und ich hatte das Gefühl, wir seien uns so vertraut, als würden wir uns schon ewig kennen.

Peter fuhr als Kapitän zur See und hatte ebenfalls viele Klippen zu umschiffen und das nicht nur auf dem Schiff, sondern auch im wahren Leben. Er stammte wie ich aus Dresden, hatte sich aber bereits in der Nähe von Marbella ein neues Heim geschaffen. Das also war es, was in Marbella schon so lange auf mich gewartet hat!

Peter (mit seiner Liebe und Stärke) hatte ich es zu verdanken, daß ich die noch schwerere Zeit meiner Scheidung gut gemeistert habe. Nach meiner langen Krankheit stabilisierte ich gemeinsam mit ihm meine Firma wieder und nun bauen wir zusammen dieses Heilzentrum in Spanien auf.

All diese Erfahrungen haben mir gezeigt, daß alles richtig ist, wie es ist und alles kommt wie es kommen muß.

Nur die Rishis allein wissen in ihrer Weitsicht um den wahren Grund.

3. Schicksale im Wandel der Zeit

Auf meinen vielen Reisen nach Indien – inzwischen sind es weit über 50 Reisegruppen, die ich begleitete – lernte ich natürlich viele Schicksale kennen. Spektakuläre, aber auch die kleinen zwischenmenschliche Probleme und seltsame Wege fächern sich wie eine Farbpalette vor dem geistigen Auge auf. Ich möchte hier einige Beispiele bringen, habe jedoch die Namen und Wohnorte geändert, um die Anonymität der Fragenden zu wahren.

Gerhard aus Chemnitz, 82 Jahre:
Gerhard war unser bisher ältester Reiseteilnehmer. Trotz seines Alters hatte er eine gerade Haltung und stand den anderen Reiseteilnehmern in nichts nach. Dennoch wirkten seine Augen rastlos, und er mußte unentwegt von früheren Zeiten erzählen. Seine Familie besaß seit Generationen einen gut laufenden Handwerksbetrieb, den er über die Kriegswirren gebracht und auch zu sozialistischen Zeiten, als die privaten Betriebe in der DDR immer schwierigere Auflagen bekamen, erfolgreich geführt hatte. Nie hatte der Betrieb rote Zahlen geschrieben und darauf war er sehr stolz! Mit 70 Jahren schließlich übergab er das Firmenruder an seinen einzigen Sohn Rolf. Auch unter den Händen des neuen Chefs florierte das Geschäft weiter. Rolf selbst war glücklich verheiratet, hatte sich ein eigenes Haus am Stadtrand von Chemnitz gebaut und lebte dort mit seiner Fami-

lie. Doch eines Tages plötzlich im November 1995 erschien Rolf nicht in seiner Firma.

Wie immer war er morgens von seiner Frau Zuhause verabschiedet worden, und fuhr dann mit seinem BMW die 20 Minuten bis zur Arbeit. Dort kam der 50-Jährige nie an. Eine spätere Suche der Polizei ergab schließlich nur, daß Rolf mit seinem Auto bis zu einem Parkplatz in der Nähe eines Flusses gefahren war und dort das Fahrzeug verschlossen abstellte. Die Autoschlüssel und auch sein Feuerzeug fand die Polizei einige hundert Meter entfernt am Flußufer im Gras. Mord oder Selbstmord? Eine Leiche wurde trotz intensiver Suche in dem mit nur geringer Strömung dahinfließendem Gewässer nicht gefunden. Waren die Fundorte nur ein Täuschungsmanöver? Wenn ja, weshalb? Intensive Recherchen ergaben keinerlei Hinweise. Weder die Firma noch Rolf privat hatten Schulden. Die Ehe schien intakt. Es fehlten weder Geld noch seine persönlichen Sachen, etwas also, das auf ein geplantes Weggehen schließen ließ. Es gab eigentlich keinen ersichtlichen Grund für das plötzliche Verschwinden von Rolf.

Gerhard hatte in der Zwischenzeit wieder die Firmengeschäfte übernommen, doch er litt sichtlich unter der Ungewißheit über das Verschwinden seines Sohnes. Wie sollte es weitergehen? Wer würde die Firma nach seinem Tod weiterführen? Diese Fragen und die Ungewißheit trieben Gerhard hin und her. So trat er sogar an Fernsehsender heran und lobte eine Belohnung von 50.000 DM aus für Hinweise auf Rolf. Zahlreiche Anrufe kamen von Leuten, die Rolf angeblich gesehen hatten. Gerhard ging allen Informationen nach, flog sogar nach Mallorca und Griechenland, weil dort angeblich jemand seinem Sohn begegnet war. Doch alle Hinweise endeten nur noch in tieferen Enttäuschungen. Gerhard gab die Hoffnung nie auf. »Ich muß wissen, was mit Rolf passiert ist, ob er noch am Leben ist! Erst dann kann ich in Ruhe sterben!« sagte mir Gerhard vertraulich im Gespräch. Sein Optimismus basierte auf drei Anrufen, die in der Zeit nach dem Verschwinden von Rolf bei Gerhard ankamen. Es hatte jedesmal geklingelt, doch als er sich meldete, kam keine Antwort am anderen Ende der Leitung. Er hörte nur den Atem. Gerhard rief den Namen seines Sohnes, doch statt einer Antwort hängte der Anrufer auf. Wollte Rolf mit seinem Vater reden und verließ ihn dann der Mut? Gerhard wollte endlich Gewißheit!

Als Gerhard von mir von den Palmblattbibliotheken hörte, sagte er: »Ich vertraue Ihnen und hoffe, daß mir in Indien eine Antwort auf meine Fragen gegeben werden kann!« – Er erhielt seine Antwort in Bangalore: Sein Sohn war trotz des Erfolges in seiner Firma immer innerlich haltlos gewesen. Eine Leere in ihm verlangte nach einem Sinn in seinem Leben. Nur die Arbeit und seine Frau konnten ihm diese Leere nicht ausfüllen. So glaubte Rolf schließlich in der Lehre einer Sekte den Sinn seines Daseins gefunden zu haben. Der Guru verlangte nur absolute Verschwiegenheit und Anonymität. Er umgarnte ihn mit seiner Lehre und forderte ihn schließlich auf, sich seiner Gruppe anzuschließen und seinen bisherigen Lebenskreis zu verlassen. Deshalb ging Rolf ohne ein Wort und ohne Papiere und Geld in diese neue Gemeinschaft. »Ihr Sohn lebt in einer Sektengemeinschaft in Südfrankreich. Er hat bereits diesen Schritt bereut, deshalb versuchte er auch mit Ihnen Kontakt aufzunehmen, aber noch fehlt ihm der Mut. Es wird noch drei Jahre dauern, bis er sich endgültig von der Sekte lossagt und zu Ihrer Familie zurückkehrt«, sagte Gunjur Sachidananda Murthy, der Palmblattleser von Bangalore. Was allerdings nur ich zwischen den Zeilen hörte, war, daß er meinte, daß Gerhard diese Heimkehr nicht mehr erleben würde – doch das sagte ich dem alten Mann natürlich nicht.

Gerhard war nun viel entspannter. Tränen waren in seinen Augen, als er vor die Palmblattbibliothek trat und tief durchatmete, als hätte man ihm einen schweren Stein von seiner Brust genommen. Die Freude, daß sein Sohn wirklich noch lebte und er wieder zurückkommen würde, hatte ihn völlig verändert.

Er reiste bereits am nächsten Tag nach Hause zurück, um seiner Familie diese freudige Botschaft zu überbringen. Eine zweite Palmblattbibliothek wollte er nicht noch aufsuchen: »Was wollen die mir denn noch anderes sagen?«

Gerhard starb zwei Jahre später, zwar ohne seinen Sohn noch einmal gesehen zu haben, aber doch im inneren Frieden. Rolf kehrte bald darauf zu seiner Familie zurück und übernahm einige Zeit später wieder die Firma.

Monika aus München, 43 Jahre:

Monika ist attraktiv und achtet sehr auf ihr Äußeres. Sie ist Hausfrau und Mutter einer 12-jährigen Tochter und eines 10-jährigen Sohnes. Ihr Mann verdient recht gut im Bankgewerbe, ist allerdings beruflich sehr viel unterwegs. Sie besitzen ein kleines Haus in einem Vorort von München. Monika selbst kümmert sich um die Familie und vertreibt sich ansonsten die Zeit bei verschiedenen esoterischen Seminaren. Nach 15 Jahren Ehe lernte sie bei einem dieser Seminare den sieben Jahre jüngeren Dirk kennen, in den sie sich Hals über Kopf verliebte. Er arbeitete als Computergrafiker in seiner Einmannfirma und schlug sich mit mehr oder weniger gewinnbringenden Aufträgen durchs Leben. Dafür jedoch hatte Dirk oft für Monika Zeit, brachte ihr Blumen mit zu den Rendezvous. Sie bezahlte dafür das Essen und den Hotelaufenthalt. Monika fühlte sich wohl bei ihm und träumte von einer gemeinsamen Zukunft. Finanziell wäre sie nach einer Scheidung durch den Unterhalt ihres Mannes abgesichert, vielleicht könnte sie sogar das Haus mit den Kindern behalten. Dann würde Dirk bei ihnen einziehen.

Nur Träume? Monika erwartete eine Bestätigung in der Palmblattbibliothek, denn ihr Mann wollte so gar nichts von Scheidung wissen. Monika hoffte, daß er noch in die Scheidung einwilligte und alles nach ihren Wünschen verlief. Doch so kam es nicht. Monika erfuhr, daß es keine Scheidung geben und sie mit ihrem jetzigen Mann alt werden würde. Dirk würde sie bald wegen einer anderen verlassen.

Ich erinnere mich noch genau an Monikas versteinertes Gesicht, als sie aus der Palmblattbibliothek kam. Erst setzte sie sich stumm auf eine Bank, dann plötzlich schimpfte sie, daß alles nicht stimmen kann und sie es besser wüßte!

Nur leider waren auch hier die Wege des Schicksals ganz anders …

Jürgen aus Detmold, 47 Jahre:

Als ich Jürgen zum ersten Mal sah, schätzte ich sein Alter auf Ende 50. Sein Gesicht war von Falten durchzogen, denn eine fast unbekannte Krankheit hatte ihn gezeichnet. Seit drei Jahren litt Jürgen an einer seltenen Nervenkrankheit, die zu einer Verkrampfung der Gesichtsmuskulatur um die Augen herum führte und mit unheimlichen Schmerzen verbunden war. Dazu kam ein nicht enden wollender Kampf mit Ärzten, die ihm nicht helfen konnten und deshalb die Bürde an den nächsten weitergaben. Keiner von ihnen half Jürgen und vermochte sein Leiden zu lindern. Die Erkrankung wäre zu selten und deshalb von der Pharmaindustrie zu wenig erforscht – hieß es immer.

Jürgen mußte seine Arbeit aufgeben und fühlte sich nun wie ein Klotz am Bein seiner schwer arbeitenden Frau. Als DDR-Flüchtlinge hatten sie sich im Laufe der Zeit eine schöne Wohnung einrichten können. Auch hatten sie eigentlich noch viele Pläne für ihre Zukunft, bis plötzlich diese Krankheit begann.

Jürgen reiste allein mit unserer Gruppe, doch mit allen guten Wünschen seiner Frau nach Indien.

Als der immer freundliche Jürgen aus der Palmblattbibliothek kam, zitterte er vor Freude. Man hatte ihm dort gesagt, daß ein Ayurveda-Arzt in Bangalore ihm sein Leiden nehmen und er wieder völlig gesund werden würde.

Die 5.000 Jahre alte indische Heilmethode machte ihn tatsächlich gesund. Wir suchten natürlich noch am selben Tag mit Jürgen die benannte Ayurveda-Klinik auf. Nach einer fast zweistündigen Behandlung, unter anderem mit einer ayurvedischen Ölmassage, trat Jürgen völlig verändert aus dem Behandlungszimmer. Er strahlte übers ganze Gesicht und umarmte uns. »Endlich bin ich seit drei Jahren zum ersten Mal schmerzfrei!«

Wolfgang aus Linz in Österreich, 56 Jahre:
Er reiste eigentlich nur seiner Frau Martha zuliebe mit nach Indien und für ihn stand von Anfang an fest, das dies alles nur Humbug sei. Wolfgang war seit vielen Jahren Schlosser in einer großen Stahlfirma. Martha arbeitete in einer Buchhandlung. Sie war deshalb auch sehr belesen und sofort Feuer und Flamme, als sie von den Palmblattbibliotheken hörte. Martha überzeugte ihren Mann, mit ihr im nächsten Urlaub nach Indien zu reisen. Er willigte ein, wollte sich jedoch nur die faszinierenden Tempel und die Städte ansehen, nicht jedoch in die Palmblattbibliothek gehen.

Wie auf jeder Reise saßen wir allabendlich am Strand von Maha-balipuram beim Abendessen zusammen und unterhielten uns ange-regt. Wolfgang war ein ruhiger, zurückhaltender Typ, der lieber mit den Händen arbeitete als Bücher zu lesen oder über Spiritualität zu philosophieren. Doch schließlich erzählte Wolfgang, daß er am näch-sten Tag nicht in die Palmblattbibliothek gehen würde. »Warum denn nicht, wenn Du einmal hier bist?«, fragte eine Frau neben ihm. Er winkte nur mit schüttelndem Kopf ab, ohne eine Antwort zu geben. Nun stürmten auch die anderen auf Wolfgang ein und überzeugten ihn schließlich, nun doch nach seinem Schicksal zu fragen, auch wenn er skeptisch der Sache gegenüberstand. Damit Wolfgang am näch-sten Tag in der Palmblattbibliothek nicht wankelmütig wurde und es sich noch einmal anders überlegte, schob ihn seine Frau als erstes in den Raum der Lesung hinein. Nach über einer Stunde erschien Wolfgang, hochrot im Gesicht und wütend, wie ihn seine Frau lange nicht mehr gesehen hatte. »Was ist passiert?«, fragte sie leise.

»Was passiert ist?« fragte Wolfgang zurück. »Ich habe es immer gewußt, das ist Scharlatanerie! Mir wurde gesagt, daß ich schwer krank bin und in sechs Monaten sterben werde. – So ein Quatsch! Ich bin kerngesund. Mir fehlt nichts!« Wütend lief er im Raum her-um und war bis zum Ende der Reise kaum zu beruhigen, auch nicht, als die anderen Reiseteilnehmer von ihren Erlebnissen in der Palm-blattbibliothek berichteten.

Fast ein Jahr später erhielt ich einen Brief von Martha. Sie be-dankte sich nochmals für die Reisebegleitung und daß sie dies alles erfahren durfte, denn das hatte es ihr leichter gemacht, die zwischen-zeitlichen Schicksalsschläge durchzustehen. Was war passiert? Nach der Indienreise war in Wolfgangs Firma eine Reihenuntersuchung aller Mitarbeiter vorgenommen worden, bei der überraschend fest-gestellt wurde, daß Wolfgang Lungenkrebs im fortgeschrittenen Sta-dium hatte. Er selbst mußte schon länger etwas von der Krankheit bemerkt haben, aber er klagte nie und ging auch zu keinem Arzt. Nach dieser Diagnose ging dann alles weitere relativ rasch. Die Ärz-te konnten nicht mehr viel für ihn tun – und so starb Wolfgang tat-sächlich sechs Monate nach der Indienreise. »Doch ich glaube, daß mein Mann ruhiger gestorben ist, da er nun wußte, daß es mehr gab zwischen Himmel und Erde, was wir nur nicht sehen!« endete der Brief von Martha.

Gabriele aus Bern in der Schweiz, 48 Jahre:

Gabriele hatte ihren Bernd vor über 20 Jahren geheiratet, aber Kinder waren für sie nie ein Thema gewesen. Sie arbeiteten beide, er in seiner eigenen Firma und sie als Sekretärin in einem größeren Betrieb. Finanziell ging es ihnen gut, so daß sie sich eine schöne Eigentumswohnung und regelmäßige Fernreisen leisteten. Indien war für beide ein schillernd-farbiges Land, das dieses Mal die Krönung nach harter Arbeit sein sollte. Es war weniger ein spiritueller Anspruch, den sie mit der Reise verbanden, sondern mehr das Abenteuer, etwas Neues zu erleben. Gabriele und Bernd hatten sich im Laufe der Jahre arrangiert, hofften wahrscheinlich aber beide noch einmal auf ein neues Glück. Sie waren sehr lockere und lebenslustige Reiseteilnehmer, welche die Palmblattbibliothek ebenso leger sahen. Und so erfuhr ich erst zwei Jahre später in einem Telefonat mehr von den Aussagen. Gabriele rief mich an und erzählte mir, daß sie damals nicht so recht an die Prophezeiungen der Palmblattbibliothek glauben wollte, doch inzwischen waren so viele Dinge eingetroffen. Sie hatte damals nicht alle Aussagen begreifen können. »Ok, daß ich meinen Job verloren habe, das konnte Zufall sein. Doch als dann plötzlich mein Bruder sich das Leben nahm und ich mich um meine beiden Nichten kümmern mußte, dann habe ich doch so vieles begreifen müssen.« Sie konnte in der Palmblattbibliothek nicht verstehen, weshalb sie die Kinder ihres Bruders aufnehmen würde. Dem ging es doch gut! – Jetzt begriff Gabriele erst, warum diese Reise damals nach Indien nicht nur ein Urlaubsvergnügen war, sondern ihr auch einen wichtigen Teil ihres weiteren Lebens zeigen sollte. Etwas deprimiert fügte sie noch hinzu, daß auch noch ihre Trennung von ihrem Mann im Palmenblatt gestanden hatte …

Detlef aus einem kleinen Dorf bei Rostock, 27 Jahre:

Er war zum Zeitpunkt der Reise noch Jura-Student. Detlef war überaus wißbegierig und immer interessiert, in den Semesterferien wieder ein Stück von der Welt zu ergründen. Sein dunkler Hauttyp ließ ihn in fast allen orientalischen Ländern als Einheimischen gelten und auch in Indien hätte man ihn für einen Nordinder gehalten. Detlefs Mutter, die ihn allein und unverheiratet aufgezogen hatte, behauptete, sie hätten unter ihren Ahnen keine Ausländer. Seinen angeblichen Vater, der verheiratet und mit weiteren Kindern bei seiner Familie lebte, hatte er erst mit 25 Jahren durch einen Zufall kennengelernt, als es wieder einmal um Papiere fürs Studium ging. Zwar hatte der Vater ähnliche Interessen wie Detlef, aber eine Ähnlichkeit im Aussehen fand sich nicht. Detlef schien dies wenig zu verwirren, denn er dachte schon wieder an seine nächste Reise. Als der Vater ein Jahr später starb, geriet dieser vollends wieder in Vergessenheit.

Als Detlef mit mir nach Indien reiste, fühlte er sich überall in der Welt Zuhause. Das sagte er jedenfalls zu mir, doch ich hatte das Gefühl, daß er seine wirkliche Heimat noch gar nicht gefunden hatte. Dennoch war ich sehr überrascht, als er mir von den Aussagen seines Palmblattes erzählte. Demnach war sein leiblicher Vater nicht der vorgegebene, sondern ein Kaschmiri aus Srinagar in Nordindien, der in Berlin Wirtschaft studiert hatte wie die Mutter von Detlef. Die Beziehung der beiden war nur von kurzer Dauer gewesen. Der Vater, dessen Name ebenfalls genannt wurde, lebte noch in Deutschland und hatte in Stuttgart ein Handelsgeschäft.

Detlef konfrontierte nach der Reise seine Mutter mit dieser Aussage, doch die stritt zunächst alles ab. Schließlich gestand sie dem Sohn, daß sie tatsächlich ein Verhältnis mit diesem Inder hatte. Die Schande, unverheiratet ein Kind zu bekommen und noch dazu von einem Ausländer, wollte sie nicht ertragen. Deshalb schob sie das Kind einem anderen zu, immer darauf bedacht, daß sich die beiden nie trafen. Im Laufe der Zeit hatte sie selbst an die Version ihrer neuen Geschichte geglaubt, doch die Realität konnte auch sie nicht ändern!

Andreas aus Leipzig, 34 Jahre:
Andreas war genau zum Zeitpunkt der deutschen Wiedervereinigung mit seinem Studium in seiner Geburtsstadt Köln fertiggeworden und entschloß sich, in den neuen Bundesländern als Unternehmensberater tätig zu werden. Er kam nach Leipzig und hatte sich

innerhalb von etwa 10 Jahren eine gutlaufende Firma mit mehreren Mitarbeitern aufbauen können. Finanziell ging es ihm sehr gut, und er konnte eigentlich mit seinem Leben zufrieden sein. Ihm fehlte nur eines noch zum Glück: eine Seelenpartnerin. Natürlich, Frauen gab es viele, die sich für ihn interessierten, aber er suchte eine dauerhafte Partnerschaft. Diese brennende Frage führte Andreas mit mir nach Indien in die Palmblattbibliotheken. Die Antwort, die er fand, war: »Du wirst in zwei Jahren in Deiner alten Heimatstadt Deine Seelenpartnerin finden. Ihr Vorname ist der Name einer Blume. Ihr werdet gemeinsam zwei Kinder haben.«

Und so gibt es viele Beispiele von Schicksalen, die mich immer wieder bewegten. Von der arbeitslosen Frau, der gesagt wurde, daß sie nach der Reise bereits einen Brief mit einem tollen Jobangebot Zuhause vorfinden würde, oder von der Mutter, die hofft, daß ihre Kinder ihre Arbeitsstelle behalten und sie zwei oder drei Enkel bekommt, oder von dem Mann, der wünscht, gesund alt und nie zum Pflegefall zu werden.

Eines jedenfalls wollen die Palmblattbibliotheken nicht: Ängste aufbauen oder gar mit schlimmen Prophezeiungen die Menschen erschüttern. Nein, die Palmblattbibliotheken sehen sich als direkte Lebenshilfe.

Ist es denn nicht so, daß wir in schwierigen Lebenslagen an der Hoffnungslosigkeit verzweifeln, weil wir nicht wissen, ob und wie es weitergeht? Es ist doch die Angst vor dem Unbekannten oder der Gedanke, daß gerade uns das schlimmste Schicksal ereilt, der uns immer mehr in einen Strudel der Verzweiflung zieht. – Die Palmblattbibliotheken jedoch warnen uns vor diesen Ereignissen im Leben.

Ich möchte diese Situation versinnbildlichen: Wir selbst segeln als Kapitän eines Schiffes über die weiten Meere. Am Ende unseres Lebens wollen wir in einen stillen Hafen einlaufen, doch bis dahin gilt es viele Abenteuer zu bestehen, denn nicht an jedem Tag ist ruhige See mit Sonnenschein und sanfter Dünung. Wir müssen auch Stürme, Nebelschwaden und Untiefen überstehen, müssen spitze Klippen umschiffen. Die Palmblattbibliotheken geben uns eine Art Seekarte in die Hand, die uns vor diesen Gegebenheiten warnt und uns einen idealen Weg beschreibt. Sie sagt uns, welcher Lotse – oder auch Freund – uns zur Seite steht, wenn wir besonders enge Kanäle passieren müssen, und wen wir eher meiden sollten. Sie beschreibt uns, woher der bessere Wind bläst, der uns weiter voranbringt. Natürlich kommen wir um bestimmte Ereignisse nicht herum, aber sie können durch diese Ratschläge und unsere Reaktion darauf gemildert werden. Die Palmblattbibliotheken verstehen sich also wirklich als Lebenshilfe. Segeln muß man letztendlich sein Schiff allein! Diese Verantwortung können uns auch die Rishis und ihre Helfer nicht abnehmen.

Aber jeder Tag ist ein neuer Anfang und eine neue Herausforderung an uns selbst. Die Rishis sind dabei immer gegenwärtig.

X. Der Weg nach Agartha und Shambhala

1. Die Rishis und Shambhala

Die Rishis! Immer wieder begegnen mir die Schöpfer der Palmblatt-bibliotheken im Antlitz Indiens. Fast scheint es mir, daß ich sie mit den Händen berühren kann und doch entschwinden sie wie Nebel-schwaden. Wo finde ich Euch, Ihr großen Lehrer, Ihr Wissenden des Universums?

Wieder einmal half mir meine Intuition, einen neuen Weg zu finden. Ich träumte von einer kargen Landschaft hoch in den Bergen. In einem Tal schlängelte sich ein fast ausgetrocknetes, steiniges Fluß-bett. Am Hang des einen Berges befand sich ein altes buddhistisches Kloster, zu dem ein sich windender kleiner Pfad führte. Auf der ge-genüberliegenden Seite jedoch befand sich ein Gesteinsmassiv, das einem Tor glich. Das Tor nach Shambhala! – Traum oder Wirklich-keit? Ich weiß es nicht, doch es zeigte mir deutlich meinen nächsten Weg.

Ich erinnerte mich an die vielen Aussagen der Priester und einfa-chen Leute im Süden Indiens, die mir immer wieder von diesem sa-genumwobenen Land hoch im Norden erzählten, wo die Rishis noch heute wohnen sollen.

»Die Rishis sind hohe geistige Wesen, viel höher als wir Men-schen. Sie haben auch keinen irdischen Körper wie wir. Aber es wird ihnen nachgesagt, daß sie nach ihrem Gefallen, einen menschlichen Körper anlegen können. Vor tausend Jahren noch sollen die Rishis alljährlich in Menschengestalt im Wasser des Ganges gebadet haben. Später jedoch, als sich das innere Ohr der Menschen für sie verschloß, sind diese Urlehrer der Menschheit weiter empor ins Gebirge gezo-gen, hoch in die Regionen des ewigen Schnees. Diese Gegend wird auch der Mittelpunkt der Welt oder das Paradies auf Erden genannt«, hörte ich noch immer die Stimme eines alten Mannes in meinem Ohr. Meinte er damit Tibet? Ich fragte ihn damals. Aber er antwortete nur ausweichend: »Sie sind in einem reinen Land, geschützt von un-sichtbaren Energiemauern.«

Nach einer alten tibetischen Legende soll es irgendwo an der Nordgrenze Afghanistans eine unterirdische Stadt geben. Es soll keine gewöhnliche Stadt sein, sondern sie wird eher mit einem unterirdischen Labyrinth gleichgesetzt. Kilometerlange Gänge, Kammern, Hallen und Säle ziehen sich in noch unbekannter Tiefe durch das Erdinnere. Diese Stadt wird Agarthi genannt.

Indische Legenden hingegen berichten von einer ähnlich angelegten Stadt, die sich wortverwandt »Agartha« nennt. Allerdings wird sie unter dem Himalaja-Massiv vermutet. Sie wird als »geheimnisvolles unterirdisches Königreich« bezeichnet, das sich im Zentrum der Welt befindet.

Die Legenden berichten, daß sich eine vorzeitliche Hochkultur der Menschheit in dieses Höhlensystem flüchtete, um einer Katastrophe zu entkommen. Dieses riesige Höhlensystem soll mit allen fünf Kontinenten verbunden sein und Zugänge in aller Welt haben.

Tatsächlich erzählen überall auf der Erde Völker in ihren Mythen und Legenden von ähnlichen unterirdischen Reichen. Besinnen wir uns doch auf unsere eigenen deutschen Überlieferungen, Sagen und Märchen, die von Kobolden und Zwergen nur so wimmeln, die sich in unterirdischen Reichen mit riesigen Schätzen verbergen. Wie wir auch immer diese unterirdischen Reiche nennen, ich denke, wir meinen alle dasselbe: Shambhala!

In frühen buddhistischen Schriften taucht dieser Ort unter dem Namen Chang Shambhala auf und wird als Quelle antiker Weisheit beschrieben. Das Wissen um seine Existenz war einstmals in Asien weit verbreitet. Aus China ist beispielsweise überliefert, daß es im Kunlun-Gebirge ein Tal geben soll, in dem Unsterbliche in nicht gekannter Harmonie lebten. Indische Legenden berichten von Kalapa, einem Ort, an dem vollkommene Menschen zu Hause sein sollen. Aus dem alten Rußland sind Berichte bekannt, nach denen man nur den Weg der Tatarenhorden in die Mongolei zurückverfolgen müsse, um nach Belovodye zu gelangen, einem Ort, wo heilige Menschen, getrennt vom Rest der Welt, im Land der Weißen Wasser lebten. Den Bewohnern dieser Reiche wurde ebenso wie den Meistern von Shambhala ein hohes moralisches und gesellschaftliches Entwicklungsniveau nachgesagt. Von einer hochentwickelten Technik ist ebenso die Rede. Aber am meisten beeindruckte wohl die außergewöhnliche spirituelle Reife.

2. Nicholas Roerich

Zu allen Zeiten hat es Menschen gegeben, denen es vergönnt war, in dieses verborgene Reich der Rishis oder Mahathmas – der »Großen Seelen« – vorzudringen. Zu den bekanntesten Forschern, denen dieser Schritt gelang, zählt die Familie Roerich. Nicholas Roerich war ein begnadeter russischer Maler, Philosoph und unermüdlicher Arbeiter für einen wahrhaft weltumspannenden Frieden. Seine Frau Helena war als Medium für den Rishi oder Meister Morya bekannt. Ihr gemeinsamer Sohn George wurde später Professor an der renommierten Yale-Universität. Gemeinsam unternahmen sie in den Jahren 1925 bis 1928 eine großangelegte Expedition durch Indien, China und die Mongolei bis zu den Grenzen von Tibet. Im Ergebnis dieser Reise veröffentlichten die Roerichs mehrere Bücher – eines davon trug den Namen »Shambhala«.

Für Nicholas Roerich war Shambhala das Symbol des kommenden Weltfriedens und der Aufklärung. Alles, was er auf seiner Expedition in Indien, China und der Mongolei aus erster Hand lernte, integrierte er in seine eigene Weltanschauung. Die Expedition der Roerichs hatte eine tiefe spirituelle, vielleicht sogar magische Dimension – und damit verbunden auch eine politische Aufgabe. Doch die Roerichs sollten ihr ersehntes Ziel – die Stadt Lhasa, Hauptstadt von Tibet – nie erreichen. Durch eine verweigerte Reiseerlaubnis war die Expedition gezwungen, den Winter 1927/28 wartend vor den Toren Lhasas zu verbringen. Ungenügend für einen solchen Fall ausgerüstet, verloren die Roerichs hier zahlreiche Reisebegleiter und fast alle der in diesen Breiten unersetzlichen Tragtiere durch Erfrieren.

Um so intensiver setzte Nicholas Roerich danach seine Suche nach Shambhala fort, von dem er schreibt:

»Shambhala selbst ist der Heilige Ort, an dem sich die irdische Welt mit den höchsten Bewußtseinszuständen verbindet. Im Osten weiß man, daß es zwei Shambhalas gibt – ein irdisches und ein unsichtbares. Es ist viel über den Ort des irdischen Shambhala spekuliert worden. Gewisse Anzeichen verlegen diesen Ort in den extremen Norden, indem sie erklären, daß die Strahlen der Aurora Borealis die Strahlen des unsichtbaren Shambhala sind. Dies ist jedoch so nicht zutreffend. Das irdische Shambhala liegt nur von Indien aus gesehen nördlich. Daher ist es im Himalaja, im Pamir, in Turkestan oder der zentralen Gobi zu suchen.«

In seinen Schriften verband Roerich die Idee Shambhalas wiederum mit den Überlieferungen, die von den Rishis oder Mahathmas berichten und außerdem mit der Idee des unterirdischen Reiches von Agartha. Den Überlieferungen zufolge, mit denen die Roerichs in Indien und China in Berührung kamen, existierte unter den Plateaus von Zentralasien ein ausgedehntes Höhlensystem. Diese gewaltigen unterirdischen Kavernen werden noch heute durch das Volk der Chud von Agartha bewohnt, schrieb Roerich. In ganz Asien war er auf Erzählungen über diesen verschwundenen, friedlichen und hochzivilisierten Stamm gestoßen. Die Chud waren durch Angriffe kriegerischer Nachbarn gezwungen worden, unterirdisch Schutz zu suchen. Diese Berichte über Agartha waren allerdings nicht von allzu großem Interesse für Nicholas Roerich, wie sich unschwer aus seinen Schriften erkennen läßt. Er erwähnte sie lediglich als Facette der Überlieferungen, die im wesentlichen um Shambhala kreisen.

Die Bücher, die der Rishi Morya Roerichs Frau Helena diktierte, waren vor allem der Frage gewidmet, was die Agni oder das Feuer Shambhalas sei und wie es an der Wende der Zeitalter funktionieren wird. Als Agni wird demnach die »große ewige Energie, diese unwägbare Materie, die überall verteilt ist und die uns jederzeit zur Verfügung steht« bezeichnet. In den vierziger Jahren des 20. Jahrhunderts, so sagte der Rishi Helena Roerich voraus, »werden sich Energien kosmischen Feuers der Erde nähern und viele neue Lebensbedingungen schaffen«. Leider geschah dies tatsächlich. Wenn die Roerichs gewußt hätten, in welcher Form Agni gezwungen wurde, sich im August 1945 über Hiroshima und Nagasaki zu zeigen, sie wären vielleicht vorsichtiger gewesen, es dem westlichen Teil der Menschheit zu empfehlen.

Erwähnt werden sollte auch, daß die Expedition der Familie Roerich am 5. August 1927 im Distrikt von Kukunor Zeuge einer klassischen UFO-Sichtung wurde. Roerichs Bericht ist sachlicher Natur, wenn er schreibt:

»Wir alle sahen, wie sich etwas Großes und Glänzendes, die Sonne reflektierend, in einer Richtung von Nord nach Süd, wie ein riesiges Oval mit hoher Geschwindigkeit bewegte. Als es unser Lager überquerte, änderte es seine Richtung von Süd nach Südwest. Wir sahen, wie es im tiefblauen Himmel verschwand. Wir hatten kaum Zeit, unsere Feldstecher zu nehmen und sahen ganz deutlich eine ovale Form mit glänzender Oberfläche, eine Seite von der Sonne bestrahlt.«

Der einheimische Führer von Roerichs Expedition, ein Lama, bemerkte zu dieser Sichtung: »Ein sehr gutes Zeichen. Wir werden beschützt. Rigden-Jyepo selbst achtet auf uns.«

Auch die deutsche Asienexpedition des Dr. Ernst Schäfer von 1938 wurde Zeuge ganz ähnlicher Ereignisse. In Anbetracht dieser Tatsachen bin ich überzeugt, daß es sich bei einem Großteil der alljährlichen »UFO-Sichtungen« höchstwahrscheinlich eben nicht um außerirdische Intelligenzen, sondern um die Vimanas der Rishis aus Shambhala handelt. Für diese Hypothese spricht ebenfalls das außerordentliche Interesse, welches die Besatzungen der fremden Flugobjekte für die Entwicklung der Menschheit und des Planeten Erde hegen. Wenn sie tatsächlich aus den Tiefen des Alls zu uns kämen, bestünde für sie kein nachvollziehbarer Grund, immer öfter die Menschheit vor einem kollektiven Selbstmord durch einen weltweiten Krieg oder durch eine hausgemachte Umweltkatastrophe zu warnen. Wenn unsere Zivilisation aber durch ihr leichtsinniges, um nicht zu sagen, größenwahnsinniges Spielen mit den Kräften der Natur auch an dem Ast sägt, auf dem zugleich mit uns die Rishis sitzen, dann besteht für diese tatsächlich Handlungsbedarf. Dann erscheinen die Legenden von Rigden-Jyepo und den Herren der Welt, über die auch Nicholas Roerich berichtet, plötzlich in einem neuen, brandaktuellen Bezug.

Rigden-Jyepo, den Herrscher Shambhalas, betrachtete Nicholas Roerich als Boten einer Neuen Epoche, der zur Zeit eine unbesiegbare Armee für den Kampf gegen die Mächte der Finsternis vorbereitet. Roerich identifizierte diesen Herren der Welt als Maitreya, den Letzten Avatar, welcher das Eiserne Zeitalter – das Kali-yuga – zu Ende führt und zugleich das neue Krita oder Satya-Yuga – das kommende Goldene Zeitalter – eröffnet.

Es existieren Hinweise darauf, daß Roerichs Expedition bei diesem Wechsel der Zeitalter eine aktive Rolle gespielt hat. Diese Hinweise beziehen sich auf einen geheimnisvollen Stein von einem fernen Stern, der am ehesten mit dem lapsit exillis – dem Grals-Stein aus Wolfram von Eschenbachs Parzival-Epos – verglichen werden kann oder mit dem Stein der Weisen westlicher Alchimie. Der größere Teil dieses Steines soll der Überlieferung zufolge in Shambhala verbleiben, während ein anderer Teil rund um die Erde zirkuliert und dabei seine magnetische (= geistige) Verbindung mit dem Hauptstein behält. Von diesem wird berichtet, daß er sich auf dem »Turm von Rigden-Jyepo« befinden und von da aus zum Wohle der gesamten Menschheit strahlen soll. Professor George Roerich, der Sohn des Malers, berichtete, daß dieser Stein vermutlich aus dem System des Sirius stammt. Ein Bruchstück des Steines wurde nach Europa geschickt, um bei der Gründung des Völkerbundes zu helfen. Roerichs Expedition soll dann eben diesen Teil des Steines wieder nach Shambhala zurückgebracht haben. In der Tat beziehen sich einige Gemälde des Chintamani-Zyklus von Nicholas Roerich ganz offensichtlich auf diese geheime Mission.

Befragen wir nochmals die Tibeter selbst nach diesem geheimnisvollen Land »Shambhala«. Der gegenwärtige Vierzehnte Dalai Lama gab bereits im Jahr 1981 dazu die folgende Erklärung an seine damaligen Schüler, die sich der Einweihung in das Kalachakra Tantra unterzogen:

»Das Kalachakra Tantra ist stets eng verbunden gewesen mit dem Lande Shambhala – seinen sechsundneunzig Distrikten, seinen Königen und deren Gefolge. Doch wenn du eine Landkarte ausbreitest und Shambhala suchst, so ist es nicht zu finden. Vielmehr scheint es ein reines Land zu sein, das man nicht einfach sehen und besuchen kann, mit Ausnahme derjenigen, deren Karma und Verdienste gereift sind. Wie es auch der Fall ist bei dem Fröhlichen Reinen Land, dem Himmelsterritorium, dem Glückseligen Reinen Land oder dem Berg Da-La. Sogar wenn Shambhala ein reales Land ist – ein wirkliches reines Land – können normale Menschen sich ihm nicht unmittelbar nähern. Es wird vielleicht möglich werden, wenn man in Zukunft die Raumschiffe bis zu dem Punkt verbessern kann, daß sie schneller als das Licht werden. In der Tat, bis dahin aber muß man reich an Verdiensten sein, um dort hin zu kommen.«

Khamtul Jhamyang Thondup, ein Sekretär des Dalai Lama, vervollständigte diese Beschreibung weiter.

»Die Erscheinung Shambhalas hängt vom Geisteszustand des Einzelnen ab«, sagte er. »Darum ist es schwierig, sie zu bestimmen. Die Lehren des Klachakra Tantra sagen aus, daß Shambhala aus den Atomen der fünf Elemente geschaffen worden ist, projiziert in das Zentrum des unbedingt leeren Raumes. Da das Erscheinungsbild dieses Ortes also vom eigenen geistigen Status abhängig ist, kann das, was von Shambhala gesagt wurde, also ebenso für Berlin, London oder New York behauptet werden. Jeder nimmt eine solche Stadt wahr, wie es die eigene Stimmung – lediglich eine andere Bezeichnung für »Zustand« – erlaubt, sie wahrzunehmen. Für einige ist es die Hölle, für andere der Himmel oder zumindest ein Fegefeuer.«

Durch dieses Beispiel manifestiert sich ein weiteres Mal die Macht des Maya, der Illusion, die alles auf dieser Welt beherrscht. Es gibt keine scharfe Trennung zwischen materiell und immateriell, zwischen der Welt des Stoffes und der Welt des Geistes. Was ist denn eine Stadt anders als das Ergebnis der Gedanken von Millionen von Menschen in Hunderten oder gar Tausenden von Jahren? Die Stadt verwirklicht die Züge der kreativen Ideen dieser Menschen – seien sie nun schön oder häßlich, edel oder schändlich. Daher ist es durchaus gerechtfertigt zu sagen, daß Shambhala genauso real ist für diejenigen, die es wahrnehmen können, wie Berlin es ist für alle, die diese Stadt besuchen.

Wenn in unserer Zeit Shambhala sich nun auch über den Grenzen der materiellen Wahrnehmung befindet, so scheint dies nicht immer so gewesen zu sein. Die Lehre des bereits erwähnten Kalachakra Tantra wird traditionell auf Siddharta Gautama, den historischen

Buddha, zurückgeführt. Er hat dieses Tantra auf Anordnung von Suchandra, dem König von Shambhala, ausführlich erläutert. Nachfolgende Herrscher hielten die Tradition des Kalachakra Tantra lebendig, so daß sie im 10. Jahrhundert v.u.Z. nach Indien gebracht werden konnte. Den Bewohnern von Shambhala werden neben einem hohen moralischen und gesellschaftlichen Entwicklungsniveau sowie einer damit verbundenen, auch für unsere Begriffe hochentwickelten Technik, vor allem außergewöhnliche spirituelle Kräfte nachgerühmt.

Es sind all jene Gaben, über die auch die Rishis verfügen. So ist es den Bewohnern von Shambhala möglich, mittels Levitation die Schwerkraft zu überwinden, sich telepatisch über weite Strecken zu verständigen und an mehreren Orten gleichzeitig zu weilen (Bilokation). Auch sogenannte Geist- oder Astralreisen sind diesen Wesen ohne weiteres möglich. Vor allem in den Palmblattbibliotheken Indiens, aber auch unter der Bevölkerung von Kashmir und im Punjab wird die Überlieferung bewahrt, daß die Rishis sich zu Beginn unseres »Eisernen« Weltzeitalters, des Kali-yuga nach Shambhala zurückzogen, als die von ihnen geschaffene Kultur mit einem Großteil des gesammelten Wissens beim Untergang der Dritten Welt vernichtet wurde. Von diesem sicheren Refugium aus sollen sie weiter über die Entwicklung der Menschen und Devas wachen, bis es auch diesen möglich geworden ist, in höhere, geistige Sphären zu gelangen.

Zu allen Zeiten verkündeten Seher und Propheten, denen ebenso wie den Rishis zu verschiedenen Zeiten ein Teil der Informationen aus der Akasha-Chronik zugänglich gewesen ist, schreckliche Kriege und weltumspannende Naturkatastrophen, die einen Großteil der Menschheit vernichten sollten. Doch ich bin überzeugt, daß diese Ereignisse nicht unbedingt eintreten müssen. Die Akasha-Chronik und ebenso die aus ihr abgeleiteten Palmblattbibliotheken sind keine Goldenen Bücher des Schicksals, in denen alle Ereignisse unabwendbar festgeschrieben stehen. Vielmehr handelt es sich bei diesem Weltgedächtnis um eine Art von virtuellem Speicher, der ständig Dinge und Ereignisse aufnimmt, die initialisiert oder verändert werden. Die entsprechenden Rückwirkungen erleben wir alle Tag für

Tag, denn unser Leben ist in unserem ureigenen Buch – oder Palm-blatt – beschrieben. Diese Beschreibung wird ständig ergänzt. Was auch immer geschieht, es kommt auf jeden selbst an, was in der Aka-sha-Chronik durch die Aktionen und Reaktionen auf bestimmte Le-bensumstände geschrieben steht.

3. Empfehlungen – Wünsche – Hinweise

Im Verlauf der Jahre habe ich sechs Palmblattbibliotheken besucht und konnte mich dabei von der Realität und den ausgesprochen ex-akten Voraussagen des dort abgehaltenen Nadi-Reading überzeu-gen. Nach mir vorliegenden Informationen existieren jedoch noch weitere Palmblattbibliotheken vor allem in Südindien, so unter an-derem in Tanjore, Trucharapalli und dem kleinen Ort Vaithisvaran-koil, südlich von Pondicherry, aber auch in Bombay und Kalkutta. Über die Qualität der Palmblattlesungen dort will ich mir kein Ur-teil erlauben, da mir die persönliche Erfahrung in diesen Fällen fehlt.

Denen, die sich selbst einmal auf die Suche nach »ihrem Palm-blatt« begeben wollen, möchte ich mit auf den Weg geben, daß Be-scheidenheit, Gastfreundschaft und eine tiefe Spiritualität jeden wirk-lichen Palmblattleser ebenso auszeichnen wie die Kenntnis der vedi-schen Wissenschaften und die Befolgung ihrer Regeln im Alltag. Dies gilt natürlich ebenso für Astrologen, Chiromanten und auch für Ih-ren spirituellen Lehrer, wenn sie in Indien auf der Suche nach einem solchen sind.

Vor allem sollte es bei ihrem Nadi-Reading niemals vordergrün-dig um den dafür zu bezahlenden Preis gehen, sondern vor allem um die Fragen, die Sie ganz persönlich bewegen und deren Beantwor-tung Sie sich von der Konsultation einer solchen Palmblattbiblio-thek erhoffen.

Sie müssen sich dafür aber nicht in den kulturell zwar äußerst spannenden, jedoch tropisch heißen Süden Indiens begeben. Auch in der Hauptstadt Delhi soll es eine Palmblattbibliothek geben. Und auch hoch im Norden des Subkontinents, im gemäßigten Klima des Punjab in der Stadt Hoshiarpur existiert eine Bibliothek, die sich auf den Rishi Brighu beruft. In dieser »Brighu Santa« genannten Schick-salsbibliothek sind die Texte allerdings nicht auf Palmblättern, son-dern auf pergamentähnlichem Papier aufgezeichnet. Seit einigen Jah-ren sollen findige Nadi-Reader dieser Bibliothek bereits damit be-gonnen haben, die alten Texte computermäßig zu erfassen. In letzter Zeit kann man leider auch »online« sein Palmblattreading erhalten. Angebliche Palmblattleser aus Bangalore und Kanchipuram bieten dort ihre Dienste für harte Dollar feil. Man muß per Email persön-lich Angaben einsenden und erhält nach ein paar Tagen (natürlich nach der Abbuchung der Bezahlung!) seine angeblich gelesenen In-formationen aus dem Palmblatt. Ich kann nicht sagen, daß diese Angaben sehr exakt waren. Eher erschienen sie mir wie ein Horo-skop aus dem Computer, das man auch hier allerorts erhalten kann. Den Anbieter dieses Online-Palmblatt-Dienstes aus Kanchipuram konnte ich sogar ausfindig machen, da sich sein Sitz nur zwei Stra-ßen weiter von der Palmblattbibliothek des Mr. Balasubramaniam entfernt befindet. Der eifrige Internet-Astrologe war tatsächlich frü-her einmal zum Palmblattleser ausgebildet worden, hatte dann aller-dings eine ansehnliche Summe im Lotto gewonnen und deshalb mit seinen Lesungen aufgehört. Er ging in Fernsehshows und brüstete sich mit seinen Voraussagen. Doch bald war das gewonnene Geld ausgegeben. Um nun seinen neuerworbenen Lebensstandard halten zu können, bot er übers Internet teuer seine Dienste feil.

Ob dies jedoch im Sinne der Rishis ist, soll dahingestellt bleiben. Nach meinen Erfahrungen bewirken nicht einfach die Informatio-nen der Palmblattlesung eine Veränderung im Leben des Ratsuchen-den. Vielmehr bedarf es dazu auch des Erlebnisses der vieltausend-jährigen indischen Kultur und des Alltags in diesem Land. Nur auf diese Weise kann jene grundlegende Erschütterung festgefahrener Lebensmuster erfolgen, welche erst die wirkliche Chance einer Neu-orientierung ermöglicht.

Zweifellos haben die Palmblattbibliotheken und die Reisen nach Indien mein Leben und das Bild, das ich mir von der Welt mache, entscheidend verändert. Doch trotz der langjährigen Beschäftigung mit diesem Phänomen bin ich sicher, eigentlich erst am Anfang mei-nes neuen Weges zu stehen, der im August des Jahres 1993 begann.

Daraus läßt sich aber ebenso ableiten, daß der von vielen ersehnte und propagierte Übergang in ein neues »Goldene Zeitalter«, das Satya Yuga, sich nur durch die Mitwirkung jedes einzelnen erreichen läßt. Die erwünschte Veränderung im Außen wird erst eintreten, wenn die Transformation im Innen gelungen ist.

Wem also in den Palmblattbibliotheken bestätigt wird, daß er sich auf einem geistigen Pfad befindet und die Anlagen für noch größere spirituelle Fähigkeiten in sich trägt, der wird enttäuscht über das Ausbleiben des Erfolges auf seiner Suche sein, wenn er in sein Alltagsleben zurückkehrt, ohne etwas daran zu verändern. In diesem Fall nämlich wird er seine spirituellen Anlagen verkümmern lassen. Pflegt die betreffende Person jedoch diese Fähigkeiten und nutzt die Hinweise des Nadi-Readings, so wird sie all das erreichen, was ihr das Palmblattmanuskript voraussagt.

Enttäuscht werden auch all jene sein, die heimlich wünschen, in Indien im Eilzugtempo und ohne große Mühe die Erleuchtung erreichen zu können oder jene, die mit ganz bestimmten Erwartungen, deren ausschließliche Bestätigung sie erhoffen, die Schicksalsbibliotheken aufsuchen.

Wer jedoch mit wirklichen Fragen und offenen Herzens in die Palmblattbibliotheken kommt, wird für seine Fragen jene Antworten erhalten, die er sucht und die für seine weitere Entwicklung wichtig sind.

Ich hatte bereits die Zeit mit einem mächtigen Strom verglichen. Zu diesem Bild wollen wir nunmehr zurückkehren. Ein guter Kapitän wird seiner Seekarte vertrauen, sich aber nicht ausschließlich auf sie verlassen, sondern zugleich Wind, Wetter und die See beobachten, um selbst den idealen Kurs zu finden. Wenn er diesen dann erreicht hat, so braucht er die Seekarte nicht länger. Bezogen auf die Palmblattbibliotheken bedeutet dies, daß jeder, der seine spirituellen Fähigkeiten kontinuierlich und diszipliniert vervollkommnet, sich also ernsthaft auf eine geistige Suche begibt und damit seine im Palmblattmanuskript dargelegte Aufgabe erfüllt, den Zugang zu den geistigen Welten und auch zur Akasha-Chronik erlangen kann.

Wie weiter oben ausgeführt, schreibt diese Chronik nicht den Ablauf der Ereignisse in dieser Welt unausweichlich vor. Vielmehr ist es möglich, mit ihr aktiv zu arbeiten, wie auch meine Erfahrungen mit den Voraussagen der Palmblattbibliotheken bestätigen. Diese sind ebenso wie die Akasha-Chronik selbst vor allem ein Hilfsmittel zur Klärung von Ursachen, die in der Vergangenheit liegen und sich in der Gegenwart auswirken oder sich möglicherweise erst noch in der Zukunft auswirken werden. Diese Zukunft durch die Voraussagen der Palmblattbibliotheken oder den Zugang zur Akasha-Chronik zu kennen, bedeutet auch, diese Zukunft beeinflussen zu können. Wenn es denn so etwas wie ein Geheimnis der indischen Palmblatt-bibliotheken gibt, dann ist es dies:

Die Palmblattmanuskripte sind eine Beschreibung unseres Lebens. Leben aber müssen wir es selbst jeden Tag aufs Neue. So gehen wir selbst unseren Weg des Schicksals.

Dieses Vermächtnis der Rishis läßt sich am besten wohl in jene Worte fassen, die Bhagawan Sri Shuka Maharshi zugeschrieben werden und die mir Gunjur Sachidananda, der Palmblattleser aus Bangalore, mit auf den Weg gegeben hat:

TROTZDEM

Die Menschen sind unvernünftig, irrational und egoistisch.
Liebe diese Menschen trotzdem.

Wenn du Gutes tust, werden dich die Menschen beschuldigen,
dabei selbstsüchtige Hintergedanken zu haben.
Tue trotzdem Gutes.

Wenn du erfolgreich bist, gewinnst du falsche Freunde
und wahre Feinde.
Sei trotzdem erfolgreich.

Das Gute, das du heute getan hast, wird morgen schon
vergessen sein.
Tue trotzdem Gutes.

Ehrlichkeit und Offenheit machen dich verwundbar.
Sei trotzdem ehrlich und offen.

Die Menschen bemitleiden Verlierer, doch sie folgen nur
den Gewinnern.
Kämpfe trotzdem für ein paar von den Verlierern.

Woran du Jahre gebaut hast, das mag über Nacht zerstört werden.
Baue trotzdem weiter.

Die Menschen brauchen wirklich Hilfe, doch es kann sein,
daß sie dich angreifen, wenn du ihnen hilfst.
Hilf diesen Menschen trotzdem.

Gib der Welt das Beste, was du hast,
und du wirst zum Dank dafür einen Tritt erhalten.
Gib der Welt, das Beste, das dir gegeben wurde.

Trotzdem.

Danksagung

Ein herzliches Dankeschön möchte ich all denen aussprechen, die meinen persönlichen Weg begleitet haben. Insbesondere gilt dieser Dank Thomas Ritter, der einen großen, nicht unbedeutenden Teil des Weges mit mir gemeinsam ging. Ich habe durch unsere Scheidung auch einen Freund verloren. Ich wünsche ihm alles Gute auf seinem Weg!

Ich möchte mich ebenso bei meinem Verleger Thomas Mehner, der mich seit 10 Jahren beim Umsetzen der Manuskripte mit großer Geduld und Einfühlungsvermögen begleitete, bedanken.

Auch den Palmblattlesern der besuchten Bibliotheken von Madras, Kanchipuram und Bangalore danke ich für Ihre Gastfreundschaft, ihre Güte und ihr Vertrauen, uns mit der Tradition des Nadi-Readings vertraut zu machen.

Nicht unerwähnt bleiben sollen die Kernphysiker des Instituts für Ionenstrahlphysik Rossendorf und die Philologen der Universität von Berlin, Prag und Göttingen, denen wir die wissenschaftliche Analyse der Palmblattmanuskripte verdanken.

Ein besonderer Dank auch meinem Mann Peter – meinem zu einem Menschen gewordenen Schutzengel!

Am meisten jedoch danke ich meinen Eltern, Erika und Karl-Heinz Mann, die mit mir durch viele Hochs und Tiefs gingen und mir stets zur Seite standen!

Mein Dank gilt weiterhin all jenen zuverlässigen Hoteliers, Dolmetschern, Kraftfahrern und vielen anderen hilfreichen Wesen in Indien, ohne die meine Recherchen vor Ort undenkbar gewesen wären.

Abschließend will ich all jenen nochmals Dank sagen, die in dieser kurzen Aufzählung nicht namentlich erwähnt werden konnten. Vor allem bedanke ich mich bei all den Reisenden, die sich meiner Führung zu den indischen Palmblattbibliotheken anvertrauten. Sie sind alle ein Teil meiner persönlichen Entwicklung – ein Teil jenes Weges, auf dem wir alle fortschreiten und der letztendlich jedes Wesen nach Arcadia führt.

Mein Dank und mein Ratschlag nun auch an Sie, liebe Leser, mit der Botschaft, die ich in den Palmblattbibliotheken und auf meinen Reisen durch Indien erfahren durfte:

»Verträume nicht Dein Leben, lebe Deinen Traum!«

Anhang und Erläuterung

Askese: strenge Enthaltsamkeit durch körperliche und geistige Selbst-überwindung zur Erlangung ethischer Ziele, übersinnlicher Fähigkeiten oder spiritueller Vollkommenheit.

Atman: Der göttliche Funke im Innern des Menschen – das wirkliche SELBST.

Avatar: der »Herabgestiegene«, Inkarnation Gottes, die in der materiellen Welt erscheint.

Ayurveda – wörtlich übersetzt »die Wissenschaft vom langen Leben« – ist eine 5.000 Jahre alte, auf reiner Kräutermedizin beruhende Heilkunde. Sie beinhaltet eine fortschrittliche und vielseitige Diagnostik, prophylaktische Methodik sowie Heilverfahren, die nicht nur den materiellen Körper, sondern auch die energetischen Ebenen des menschlichen Seins berücksichtigen. Die Ayurveda umfaßt ein großes Wissen der psychosomatischen Ursachenbehandlung. Den ayurvedischen Ärzten ist bekannt, daß zahlreiche Krankheiten auf Störungen im energetischen Bereich zurückzuführen sind. Gemäß der Ayurveda sind Krankheiten Signale des Körpers, die darauf hinweisen, daß das Verhältnis der Elemente im Körper gestört ist. Die Korrektur dieses Gleichgewichts beruht auf einer sehr differenzierten Ernährungswissenschaft. Die zentrale Rolle wird hierbei einer rein vegetarischen Ernährungsweise, angemessener Rohkost, gezieltem Fasten sowie der richtigen Atmung zugemessen. Ayurvedische Medizin ist kein verzweifelter Kampf gegen den Tod, sondern eine Unterstützung der natürlichen Gesundheit innerhalb eines vernünftigen Rahmens in der sicheren Gewißheit, daß bloße Gesundheit eben nicht das höchste Gut des Menschen ist. Der physische Tod ist nämlich unter keinen Umständen vermeidbar.

C-14-Methode: Mitte der 1960er Jahre begann man die Radiocarbon- oder 14C-Methode (umgangssprachlich als C-14-Methode bezeichnet) für die exakte Datierung archäologischer Funde zu nutzen.

Der amerikanische Chemiker und Physiker Willard Frank Libby (1908 bis 1980) entwickelte die Radiocarbon-Methode zur Datierung abgestorbener organischer Stoffe wie Knochen, Holz oder Samen, die in prähistorischen Erdschichten oder Gräbern erhalten blieben. Dafür erhielt Libby 1960 den Nobelpreis für Chemie.

Die von Libby entwickelte und bei weitem nicht unumstrittene Methode funktioniert folgendermaßen: In unserer Erdatmosphäre werden in ca. 15 Kilometer Höhe durch kosmische Strahlungen energiereiche Neutronen erzeugt. Trifft nun ein Neutron (n) auf ein Stickstoffatom (N), so wird durch Kernreaktion bei Abgabe eines Protons (p) ein radioaktives Kohlenstoffatom mit dem Atomgewicht 14 (14C) gebildet, das mit dem Luftsauerstoff (O_2) zu Kohlendioxid ($14CO_2$) oxidiert. Diese radioaktiven Kohlendioxidmoleküle werden in der gesamten Erdatmosphäre, im Wasser der Meere und in der Biosphäre gleichmäßig verteilt. Dabei stellt sich ein weltweit konstantes Verhältnis zwischen der Menge des radioaktiven und des normalen Kohlenstoffs mit dem Atomgewicht 12 (12C) ein, und zwar kommt auf eine Billion normaler $12CO_2$-Moleküle nur ein einziges mit dem radioaktiven Kohlenstoff 14C. Das Verhältnis der beiden Kohlenstoffisotopen ist deshalb konstant, weil ebensoviel 14C ständig neu gebildet wird, wie solches durch Radioaktivität zerfällt.

An dem konstanten Verhältnis von 14C zu 12C hat auch die gesamte belebte Natur Anteil. Durch Photosynthese gelangt die Mischung der beiden Kohlenstoffisotope auch in die Pflanzen. Tiere und Menschen nehmen sie dann mit ihrer pflanzlichen Nahrung auf. Stirbt aber ein Lebewesen, so wird naturgemäß die Zufuhr von neuen 14C unterbrochen. Das vorhandene 14C zerfällt jedoch aufgrund seiner Radioaktivität weiter mit einer Halbwertzeit von 5.730 Jahren. Dies bedeutet, daß nach diesem Zeitraum in den Resten des Lebewesens nur noch die Hälfte des ursprünglich vorhandenen radioaktiven Kohlenstoffes enthalten ist. Nach weiteren 5.730 Jahren ist in den Überresten nur noch ein Viertel des radioaktiven Kohlenstoffs enthalten, und so setzt sich dieser Prozeß immer weiter fort.

Um das Alter organischer Reste zu berechnen, muß man also das derzeitige Verhältnis von 14C zu 12C bestimmen und kann so unter Berücksichtigung der Halbwertzeit auf die Zeit schließen, die seit dem Tode des lebenden Gewebes vergangen ist. Die Strahlungsimpulse, die durch den radioaktiven Zerfall entstehen, werden gezählt. Aus der Halbwertzeit des 14C ergibt sich, daß nur solche Proben sinnvoll gemessen werden können, die nicht älter als 40.000 Jahre sind, weil sonst die Zahl der Strahlungsimpulse für eine statistische Berechnung zu klein wäre.

Während des letzten Jahrzehnts wurde die 14C-Methode noch wesentlich verbessert, aber dennoch ist die ursprüngliche Radiocarbon-Chronologie keineswegs überholt.

Brahma: das erste erschaffene Wesen im Universum; ist als Halbgott für die interne Schöpfung des Universums zuständig.

Brahmane: sanskr.: brahmana; Angehöriger der obersten Kaste der Hindus.

Devas: »leuchtete Wesen«, »Halbgott«.
Rishis sind (laut Armin Risi): 1. die großen Weisen auf den höheren Planeten, direkte Söhne Brahmas. 2. Titel der großen Weisen und Gottgeweihten in der vedischen Zeit.

Dhoti: indisches Kleidungsstück; einfaches Tuch, das ähnlich wie ein Lendenschurz getragen wird.

Dharma: Rechtschaffenheit; göttliche Ordnung; ethisch-religiöse Verpflichtung.

Gopuram: Trapez-Pyramiden. Sie stehen an planetarisch ausgerichteten Kraftorten. Sie sollen die Menschen an die hierarchische Ordnung der Dimensionen erinnern. Die Spitze und die Basis verlaufen parallel und sind durch immer breiter werdende Stockwerke verbunden. Die Tempel selbst sind wie großes Mandalas aufgebaut.

Guru: geistiger Führer; spiritueller Lehrer, der von Unwissenheit befreit, Illusionen zerstört und seinen Schülern den Weg zur Erlösung zeigt.

Harappakultur, benannt nach der ersten von Archäologen gefundenen Stadt dieser Zivilisation. Sie erreichte 2500 v.Chr. ihren Höhepunkt und war ihrerzeit die größte urbane Hochkultur der Erde. Ihr Gebiet reichte vom Arabischen Meer bis zum Vorgebirge des Himalaja im Norden und zum heutigen Neu-Delhi im Osten. Die zahlreichen Städte waren durch Handel und Blutsverwandtschaft verbunden, das Rad und die Bewässerung waren ebenso bekannt wie die (bis heute noch nicht entzifferte) Schrift. Handelsverbindungen lassen sich nach Mesopotamien nachweisen, was kein Wunder ist, da die gesellschaftliche Struktur wohl auf Handwerkern und Händlern beruhte.

Induskultur: Um circa 2500 v.Chr. entstand im Industal eine städtisch organisierte Zivilisation. Diese war genauso hochentwickelt wie die Hochkulturen Ägyptens, Mesopotamiens und Chinas. Die Hauptzentren dieser Kultur lagen in der Indusebene; ihre Fläche erstreckte sich über etwa 1,3 Millionen qkm im Nordwesten Indiens. Die Induskultur stützte sich auf eine stark entwickelte Landwirtschaft mit einer Vielzahl von Haustieren und Getreide bzw. Früchten und Gemüse. Auffallend künstlerisch waren die damals hergestellten Siegel, die mythologische Fabelwesen und geometrische Figuren wie Hakenkreuze darstellten und ein wichtiges Handelsgut waren. Sie wurden als Amulette oder Schlösser verwendet. Ausgrabungen belegen, daß ein reger Handel sowohl innerhalb der Induskultur als auch mit anderen Regionen herrschte. Status und Wohlstand waren aller Wahrscheinlichkeit nach gleichmäßiger verteilt, als in anderen Hochkulturen. So wurden keine Belege für die Existenz mächtiger Priester oder Könige gefunden, ebensowenig für eine Ausbeutung der Bevölkerung oder eine imperiale Macht. Man nimmt daher an, daß die Induskultur eher einer losen Föderation von Menschen mit einer ausgesprochen gut ausgebauten Handelsstruktur entsprach, als einem einheitlichen Staat. Es gilt heute als wissenschaftlich erwiesen, daß die Induskultur nicht durch äußere Einflüsse wie etwa Einwanderung entstand, sondern aus den ansässigen Gesellschaften heraus.

Karma: »Handlung«: Gesetz von Aktion und Reaktion.

Kali-yuga: das »Zeitalter von Streit und Heuchelei«, das vor fünftausend Jahren begann.

Mahabharata: das bedeutendste und umfangreichste Epos der Hindus, in dem deren Gedanken anhand der Geschichte der Bharatas, eines indischen Volksstammes, verdeutlicht wurden. Geschichtswissenschaftler gehen davon aus, daß diese Ballade vor ca. 3.000 Jahren entstand. Das heute bekannte Mahabharata stammt jedoch aus dem 4. und 5. Jahrhundert v.Chr.. Bharata war ein Herrscher, der durch sein weises und tapferes Handeln den ganzen indischen Subkontinent beherrschte. Die Inder nennen sich oft noch heute die Söhne Bharatas und Indien selbst Bharat oder Bharatavarsha. Kuru, ein Nachkomme Bharatas, war der Stammvater des Königsgeschlechts der Kauravas. Durch Familienzwistigkeiten kam es zum 18-tägigen Bruderkrieg zwischen den Kauravas und den Pandavas, der auf dem Schlachtfeld von Kurukshetra stattfand und den alten Stamm fast ausrottete. Der wohl bekannteste und schönste Teil des Mahabharata ist die Bhagavad Gita.

Mantra: Gesänge. Worte voll geistiger Kraft bzw. heilige Formeln.

Maya: das verhüllende Prinzip, das die Manifestation des Einen als materielle Wirklichkeit erscheinen und dadurch die Schöpfung entstehen läßt; der Wunsch nach »Vielheit«; die primäre Illusion.

Moksha: Befreiung des Geistes; Erlösung; Unterbrechung des Kreislaufs von Geburt und Tod; Erlangung ewiger Glückseligkeit; Einswerdung mit Gott.

»Namaskaar« bedeutet in Indien »Willkommen«.

Puja: Gottesdienst; rituelle Anbetung Gottes.

Ramajana: indisches Nationalepos mit 24.000 Doppelversen, wahrscheinlich von Walmiki verfaßt (4./3. Jh. v.Chr.). Erzählt die Sagen von dem göttlichen Helden Rama und den Kämpfen, die er zu bestehen hatte, um seine von dem Dämonengott Ravana geraubte Gattin Sita zu befreien.

Rishis: bedeutet wörtlich »Seher«. Die Rishis waren die Heiligen des vedischen Zeitalters in Indien. – Das Sternbild »Großer Wagen« steht mit seinen Sternen für die Sieben Rishis.

Sai Baba: 1926 in Puttaparthy geboren, hatte hellseherische Fähigkeiten. Mit 14 Jahren wurde er zur neuen Inkarnation des früheren Sai Baba erklärt. 1950 wurde der Ashram eingeweiht (Puttaparthy: ca. 3 Fahrstunden von Bangalore im Süden Andhra Pradeshs. Ehemals kleines Dorf mit heute riesigem Ashram zu Ehren Sai Babas.). Besitzt heute Millionen Anhänger in aller Welt, allerdings mittlerweile sehr umstritten. Zu seinen Wundergaben zählt – Berichten zufolge – auch die Fähigkeit, vibhuti (geheiligte Asche) mit heilenden Kräften zu versehen. Seine Lehre: Sai Baba möchte die Asche als Sinnbild der letzten weltlichen Dinge und Ausdruck des Verlangens danach, diese zu Gunsten des Göttlichen aufzugeben, verstanden wissen, und stellt daher seine Botschaft der universellen Liebe in den Vordergrund.

Samsara: Fluß; Kreislauf des Lebens; beständiger Wechsel; der endlose Zyklus von Geburt und Tod.

Sannyasins: Schüler Osho's.

Sari: langes Wickelgewand der indischen Frau.

Shiva: einer der drei Aspekte Gottes; Gott als Zerstörer, der auflöst, um Neues zu erschaffen; Gott der Hindu-Trinität.

Das **Srimad-Bhagavatam** (Bhagavata Purana) ist ein 18.000 Verse umfassender episch-philosophischer Klassiker der vedischen Literatur. Das umfangreiche Werk enthüllt, in Form von faszinierenden Erzählungen, Dialogen und Gleichnissen, alle Aspekte der vedischen Philosophie, Religion, Kunst und Geschichte. Es beschreibt die Gesetzte von Karma und Reinkarnation sowie verschiedene Wege des Yoga und der Meditation und gibt auch in zahlreichen anderen Wissensbereichen – wie Psychologie, Soziologie, Kosmologie, Astronomie und Ethik aufschlußreiche Antworten. Darüber hinaus enthält das Srimad-Bhagavatam eine Vielzahl detaillierter Aufzeichnungen einer bemerkenswert fortgeschrittene Zivilisation, die zu einer Zeit blühte, welche weit vor der uns bekannten Geschichte liegt. Es beinhaltet auch verblüffend präzise Voraussagen für die Gegenwart sowie für Zeiten, die uns noch bevorstehen.

In der heutigen Zeit, die von den Veden prophetisch als Kali-yuga (»das Zeitalter von Streit und Heuchelei«) bezeichnet wird, kommt dieser unvergleichlichen Wissensquelle eine immer größere Bedeutung zu.

Sumerer: Die Sumerer siedelten ab dem 4. Jahrtausend v.Chr. im Süden Mesopotamiens und gelten als Schöpfer der ersten Hochkultur. Ihr Einfluß reichte bis an Mittelmeer und nach Ägypten. Der letzte Herrscher Lugalzaggesi (um 2365–2340 v.Chr.) wurde von dem Akkadier Sargon I. entmachtet.

Das **Tantra** erscheint als eine recht unorthodoxe Form des Yoga. Tantra ist ein mystischer, aber dennoch klar vorgegebener Weg zur ekstatischen Befreiung durch die Lenkung der unendlichen Energien von Körper und Seele – es ist ein Yoga des Handelns. Die Tantrikas wollen den weltlichen Freuden nicht entsagen, sondern im Gegenteil aktiv erleben. Das bewußte Erfahren dieser Freuden soll soweit gehen, daß die dabei freigesetzte Energie zur höchsten Erleuchtung führt. Dabei wird das Göttliche in Gestalt der Frau verehrt. Die Tantrikas glauben daher an die Frau als Trägerin der göttlichen Macht. Aus diesem Grunde spielt auch der Geschlechtsverkehr als Ausdruck der Vereinigung von Männlichem und Weiblichem, also von transzendenter und immanenter Gottheit, im Tantrismus eine außerordentlich große Rolle.

Die **Veden**: Der Hinduismus begründet sich in den Veden, d.h. heiliges Wissen, die von den Weisen (rishis) »erschaut« wurden und die sie dann in Worte faßten. Lange Zeit wurde dieses Wissen nur mündlich überliefert, seine Hüter wurden Brahmanen genannt, im ursprünglichen Sinne eine spirituelle Bezeichnung für einen Wissenden, einen, der im Kontakt mit dem Brahman steht. Erst später wurden diese rituellen und magischen Formeln, Lieder, Opfergebete und Hymnen in Alt-Sanskrit aufgeschrieben. Im Mittelpunkt stand dabei immer das Opfer, das auf genau vorgeschriebene Art ausgeführt werden mußte, um das Wohlwollen der Götter und die universelle Harmonie aufrecht zu erhalten. Die Bedeutung des Opfers erklärt sich schon allein aus der Tatsache, daß die Arier ein nomadisierendes Hirten- und Kriegervolk waren und somit Kulthandlungen in Tempeln, wie wir sie aus dem heutigen Hinduismus kennen, gar nicht möglich waren.
Ebenso waren in dieser Zeit natürlicherweise personifizierte Naturgewalten wie Agni, Surya und Indra von großer Bedeutung. Sinn der Opferhandlungen war es, die Gunst der Götter auf sich zu ziehen, um recht irdische Dinge zu erlangen, wie viele Söhne, Wohlstand etc. Dem im Sinne des Dharma Lebenden, der alle Regeln seiner Kaste bezüglich Familie, Beruf, Gesellschaft etc. erfüllte, stand nach dem Tode das Land der Väter offen (scheint so etwas wie unser Paradies zu sein). Diese Religionsauffassung wird als Religion des Genießens im Gegensatz zu den später entstandenen Upanishaden verstanden, wo der Schwerpunkt auf der Erlösung (moksha) liegt. Die ältesten vedischen Hymnen sollen in die Zeit bis 1500 v.Chr. zurückgehen, während die ältesten Upanishaden ab 750 v.Chr. anzusiedeln sind.

Vibhuti: heilige Asche: Symbol der Vergänglichkeit und der Reinheit dessen, das durch das Feuer gegangen ist.

Vimana-Veda: die Wissenschaft der planetarischen und interplanetarischen Flugobjekte. Man sagte den Göttern nach, daß sie heute weitgehend unbekannte Energien verwendeten. In der Vimana-Veda werden verschiedene Flugobjekte beschrieben. Eine genaue detaillierte Beschreibung mit präziser technischer Genauigkeit würde eine perfekte Bauanleitung bieten. Es werden unbekannte Metallegierungen beschrieben, unbekannte chemische und physikalische Formeln aufgezeigt sowie Erläuterungen zu verschiedenen Energieformen gegeben. Vimana-Veda ist ca. 5.000 Jahre alt.

Vishnu: einer der drei Aspekte Gottes; Gott als Erhalter und Beschützer; ein Gott der Hindu-Trinität.

Yoga: Selbstkontrolle: spirituelle Disziplin mit dem Ziel des Einswerdens mit Gott.

Verwendete Literatur

Arz, Wilfried, Palmblattbibliotheken in Südindien, in DAO, Heft 2/1998, S. 20 ff., DAO Zeitschriften Verlag, Hamburg 1998

Bernbaum, Edwin, Der Weg nach Shambhala, 2. Auflage, Bauer-Verlag, Freiburg 1995

Blavatsky, Helena Petrovna, Die Geheimlehre, Secret Doctrine, Adhyar/Madras 1877

Blavatsky, Helena, Die entschleierte Isis, Isis unveiled, Adhyar/Madras 1888

Blumrich, J.F., Kasskara und die sieben Welten, Droemersche Verlagsanstalt Th. Knaur Nachf., München 1985

Buttlar, Johannes von, Gottes Würfel, Herbig Verlag, München 1992

Childress, David Hatcher, Lost Cities of China, Central Asia and India, Adventures unlimited, Stelle, IL 60919, USA, 1991

Childress, David Hatcher, Lost Cities of Ancient Lemuria & the Pacific, Adventures unlimited, Stelle, IL 60919, USA, 1987

Churchward, James, Mu – der versunkene Kontinent, Windpferd/Reihe Atlantis, Aitrang 1990

Däniken, Erich von, Reise nach Kiribati, Ullstein Sachbuch, Düsseldorf 1983

Frankenberg, Peter, Spuren im Weltgedächtnis, in VISIONEN, Heft 01/1997, S. 49 ff., Sandila Verlag, Herrischried 1997

Finlay, Huge & Kollegen, Indien-Handbuch, 5. Auflage, Gisela E. Walther Verlag, Bremen 1997

Gehring, Heiner, Die Innere Erde – Eine Übersicht, Innere Erde Gemeinschaft 1997 im Vertrieb des CTT-Verlages, Suhl 1997

Godwin, Joscelyn, ARKTOS – Das Buch der Hohlen Erde, Edition Neue Perspektiven, Peiting 1997

Gruschke, Andreas, Die heiligen Stätten der Tibeter, Eugen Diederichs Verlag, München 1997

Hedin, Sven, Transhimalaya – Entdeckungen und Abenteuer in Tibet, 7. Auflage, F.A. Brockhaus, Mannheim/Leipzig 1985

Hopkirk, Peter, Foreign Devils on the Silk Road, Oxford University Press, Oxford 1980

Krack, Rainer, Hindi für Globetrotter, Kauderwelsch-Sprachreiseführer Bd. 17, 3. Auflage, Peter Rump Verlag, Bielefeld 1991

Krack, Rainer, India obscura, Peter Rump Verlag, Bielefeld 1986

Krassa, Peter & Habeck, Reinhard, Die Palmblattbibliothek und andere geheimnisvolle Schauplätze dieser Welt, Herbig Verlag, München 1993

LePage, Victoria, Shambhala, Quest-Books, Wheaton 1996

Lippert Helga & Kollegen, Das Mysterium des Shiva, in Gottfried Kirchner (Hrsg.), TERRA X – Von Atlantis zum Dach der Welt, Gustav Lübbe Verlag, Bergisch Gladbach, 1988

Mahajan, V.D., Ancient India, S. Chand & Company Ltd., New Delhi 1997

Morgenroth, Wolfgang, Das Schlangenopfer – Geschichten aus dem Mahabharata, Rütten & Loenig, Berlin 1987

Mylius, Klaus, Älteste indische Dichtung und Prosa, Verlag Philipp Reclam jun., Leipzig 1978

Narandra M.R., Pralaya 1999, Is this the last decade for human race?, H. Venkataramaiah & Sons, Mysore/India 1997

Prabhupada, Bhaktivedanta Swami, Srimad Bhagavatam, Zweiter Canto, The Bhaktivedanta Book Trust reg., Heidelberg 1983

Rausch, Barabara & Meyer, Peter, Indien – Nepal, 7. aktualisierte und verbesserte Auflage, Barbara Rausch Verlag, Wetzlar 1992

Reddy, Gouru Tirupati, The Secret World of Vaashtu, Padul-laparti Chandra Sekhar, Hyderabad/India 1994

Redfield, James, Das Geheimnis von Shambhala, Heyne-Verlag, München 1999

Risi, Armin, Gott und die Götter, 2. Auflage, Govinda-Verlag, Zürich/Berlin 1996

Ritter, Annett und Thomas, Dem Schicksal auf der Spur, CTT-Verlag, Suhl 1996

Rohr, Wulfing von, Es steht geschrieben …, Ariston-Verlag, Genf/München 1994

Schweia, Horst, Muruganadam, K., Tamil für Globetrotter, Kauderwelsch-Sprachreiseführer Bd. 39, 2. Auflage, Peter Rump Verlag, Bielefeld 1993

Taylor, Prof. John, Eine Schlacht in der Zeit festgebannt?, in Unglaublich – aber wahr, Verlag DAS BESTE, Stuttgart 1989

York, Ute, Eine Reise zu den indischen Palmblattbibliotheken, Reihe Esoterik, Droemersche Verlagsanstalt Th. Knaur Nachf., München 1995

Waterstone, Richard, Living Wisdom India, Duncan Baird Publishers, London 1995

Zeyen, Tigo, Das Palmblatt-Orakel, Hugendubel, München 2000

**224 S., Abb., Pb., A5,
ISBN 3-935095-19-8,
Originalausgabe,
Preis: 16,40 Euro**

**208 S., Abb., Pb., A5,
ISBN 3-935095-18-X,
Originalausgabe,
Preis: 15,30 Euro**

Unsere Erde ist innen hohl. Wir leben außen auf einer Schale, die 800 bis 1000 Meilen dick ist. Durch diese Schale ziehen sich zahllose Gänge und Höhlensysteme, durch die man in die Innere Erde gelangen kann. Bei den beiden Polen gibt es je eine riesige Öffnung in der Erdkugel. Die Innere Erde ist ebenso wie unsere Äußere Erde beschaffen, mit Meeren, Flüssen, Kontinenten und Leben.

Diese Aussagen klingen provozierend, widersprechen sie doch dem Lehrwissen vom Aufbau der Erde. Der Autor zeigt jedoch in seinem beeindruckenden Buch auf, daß es eine große Zahl von Besonderheiten gibt, die die Diskussion um die »Innere Erde« neu entfacht haben.

Auszug aus dem Inhalt: Eingänge in die Innere Erde – Gasaustritt an den Polen – Geologische Anomalien – Interview mit Admiral Byrds Enkel – Pollöcher auf Satellitenfotos – Neue Erkenntnisse über den Erdaufbau und über die Antarktis – Colonel Fawcett und die unterirdischen Städte – U-Boote unter dem Nordpol u.v.m.

Unterirdische Anlagen, geschaffen vor Jahrtausenden, stellen uns vor ein Rätsel. Kilometerlange Gänge, mehrstöckige Höhlen und regelrechte Labyrinthe lassen heute nur noch ahnen, welch unvorstellbare Ausmaße die Anlagen einst hatten. Welche Bedeutung haben die mittelalterlichen Gänge unter vielen Städten in diesem Kontext?

Millionen von Menschen wohnten einst unter der Erde, doch noch immer weiß niemand, warum das so war. Trieb das Wissen um die Gefahr einer kosmischen Katastrophe die Erbauer der Anlagen an und wenn ja, woher hatten sie dieses Wissen?

Forschungen in diesen Räumen werden unter strengster Geheimhaltung durchgeführt, es gibt keine Informationen über Ergebnisse. Warum? – Die Geheimnisse unterirdischer Gänge erscheinen durch dieses Buch plötzlich in einem neuen Licht ...

**Bestellungen an: AMUN-Verlag, Schleusesiedlung 2, D-98553 Schleusingen
Tel.: 03 68 41/23 30 57, Fax: 03 68 41/23 30 58,
Email: amun@amun-verlag.de, Amun im Internet: www.amun-verlag.de**

200 S., Abb., Pb., A5,
ISBN 3-935095-07-4,
Originalausgabe,
Preis: 15,30 Euro

220 S., Abb., A5, Pb.,
ISBN 3-935095-08-2,
Originalausgabe,
Preis: 17,80 Euro

Kennen Sie das »Jonastal« bei Arnstadt und seine Rolle gegen Kriegsende? Nein? – Das ist auch kein Wunder, denn es handelt sich um eines der bestgehütetsten Geheimnisse des Dritten Reiches. Aber auch nach dem Krieg wurde so gut wie nichts darüber bekannt. Vor einigen Jahren liefen dann im Zweiten Deutschen Fernsehen zwei Dokumentationen zu diesem Thema, die die im Jonastal befindlichen Stollensysteme als letztes Führerhauptquartier und als mögliches Versteck des St. Petersburgers Bernsteinzimmers zu interpretieren versuchten. – Doch war das der wirkliche Zweck von S III Jonastal?

Der Autor dokumentiert, daß in den bisherigen Betrachtungen die technologische Komponente übersehen wurde. Recherchen über dieses Gebiet ergaben verwirrende Vorgänge kurz vor Kriegsende. Viele Widersprüche, rätselhafte Aussagen von Zeitzeugen, das Problem fehlender Dokumente aus jener Zeit und eine heute immer noch andauernde Geheimhaltung seitens der Alliierten ließen den Eindruck entstehen, daß hier dereinst etwas höchst Außergewöhnliches entwickelt worden sein mußte. War jenes Areal im »Schutz- und Trutzgau Thüringen« Ort geheimster technologischer Experimente, die mit der der deutschen Atomphysik und der »Amerika-Fernrakete« zu tun hatten?! Sollten hier die vieldiskutierten »Siegeswaffen« produziert werden? Und, fußte die Angst der Amerikaner vor der deutschen »Bombe« auf Informationen, die bis heute geheimgehalten werden?

Harald Fäth löste mit seinem Buch »1945 – Thüringens Manhattan Project« eine lebhafte Diskussion um die technologische Komponente des Jonastal-Rätsels aus. Die von ihm postulierte Hypothese einer streng geheimen und in Untergrundinstallationen durchgeführten »Siegeswaffenproduktion« (unbekannte V-Waffen, Fernrakete, militärische Atomforschung), die bis heute verschleiert wird, erfährt in diesem zweiten Buch eine Bestätigung durch weitere interessante Hinweise und Indizien, die bis nach Österreich führen. Auch hier existieren eine Vielzahl zeitgeschichtlich-technologischer Fragestellungen, die mit den Geheimwaffensystemen und Untergrundanlagen verbunden sind und die es endlich zu beantworten gilt.

Unabhängig davon stellt der Autor neue Rechercheergebnisse zum Areal Jonastal – Truppenübungsplatz Ohrdruf (Thüringen) vor, die zeigen, daß seine Vermutungen zur deutschen Hochtechnologie einen wahren Kern haben.

Fünf Jahrzehnte nach Ende des Zweiten Weltkrieges wird es nun erst möglich, Licht in einige dunkle zeitgeschichtliche Technologiekapitel zu bringen, die zu einer Neubetrachtung bisheriger Auffassungen beitragen werden.

Bestellungen an: AMUN-Verlag, Schleusesiedlung 2, D-98553 Schleusingen
Tel.: 03 68 41/23 30 57, Fax: 03 68 41/23 30 58,
Email: amun@amun-verlag.de, Amun im Internet: www.amun-verlag.de

Wir laden Sie ein, mit dem Team von ZEITREISEN das sagenumwobene Indien mit seinen geheimnisvollen Phänomenen zu erleben.

Fragen auch Sie in den Palmblattbibliotheken von Bangalore und Kanchipuram nach Ihrem Schicksal!

Die Erlebnisse der Schauspielerin Dorit Gäbler in den **Palmblattbibliotheken** haben wir für Sie in dem 30 minütigen Video
Dem Schicksal auf der Spur
eingefangen.

Dorit Gäbler: „Oft ‚werden wir gelebt', verschenken wertvolle Energien. Wir beginnen zu suchen, oft am falschen Fleck. Krankheiten tauchen auf, die Seele brennt." Die eigene Zukunft kennen, heute wissen, was morgen oder auch im nächsten Jahr geschehen wird. Wo komme ich her? Wo gehe ich hin?

Die Palmblattbibliotheken in Indien geben Auskunft. **Realität oder Märchen?** Die Dresdner Schauspielerin Dorit Gäbler reiste nach Indien, um dieser Frage nachzugehen.

Video-Preis: 20,40 Euro (39,90 DM)

Das Geheimnis der Palmblattbibliotheken